吴尚之精选集

吴尚之◎著

人民日报出版社

北京

图书在版编目（CIP）数据

吴尚之精选集 / 吴尚之著. -- 北京：人民日报出
版社, 2023.10
ISBN 978-7-5115-8044-3

Ⅰ.①吴… Ⅱ.①吴… Ⅲ.①新闻工作—文集②出版
工作—文集 Ⅳ.①G21-53②G23-53

中国国家版本馆CIP数据核字(2023)第203377号

书　　名：吴尚之精选集
　　　　　WU SHANGZHI JINGXUAN JI
作　　者：吴尚之

出 版 人：刘华新
策 划 人：欧阳辉
责任编辑：周海燕　孙　祺
装帧设计：元泰书装

出版发行：人民日报出版社
社　　址：北京金台西路2号
邮政编码：100733
发行热线：（010）65369509　65369512　65363531　65363528
邮购热线：（010）65369530　65363527
编辑热线：（010）65369518
网　　址：www.peopledailypress.com
经　　销：新华书店
印　　刷：北京盛通印刷股份有限公司
法律顾问：北京科宇律师事务所　（010）83622312

开　　本：710mm×1000mm　1/16
字　　数：211千字
印　　张：20.5
版次印次：2024 年 1 月第 1 版　2024 年 1 月第 1 次印刷

书　　号：ISBN 978-7-5115-8044-3
定　　价：78.00元

自　序

　　人民日报出版社组织出版"人民文选"系列图书，邀请我加入其中，将自己从事新闻出版行政工作以来关于出版方面的文稿加以整理，精选若干，结集出版。为此，他们做了许多准备工作，收集了我以前在报刊发表过的部分文章目录。接到人民日报出版社约稿电话，我却有些犹豫不决：一方面自己还没有做好出版文集的思想准备，主要是以前关于出版的文稿数量不多，水平有限，难以做到"精选"；另一方面"人民文选"系列图书中，诸多作者是各学科、各领域德高望重、卓有成就的专家学者，而我则才疏学浅，造诣不深。在人民日报出版社的鼓励之下，才着手将过去的文稿加以梳理，从中遴选了与出版这一专题有关的文稿，按照丛书统一要求，以《吴尚之精选集》的书名出版。

　　全书收录了我在 2010 年 4 月至 2023 年 4 月从事新闻出版行政工作、中国期刊协会工作，以及担任第十三届全国政协委员期间关于出版方面的 43 篇文稿，按照时间顺序编排，其中绝大部分文稿都已经在刊物和报纸发表。这次整理出版时，根据书稿的体例和要求，对部分文稿的标题和内容做了修订，对有关材料和数据进行了核实订正。

从全书看，主要论及以下八个方面的问题：一是推动文化繁荣，建设出版强国。持续关注中国由出版大国向出版强国跨越的问题，研究提出建设出版强国的具体目标、发展思路和措施建议。二是提高出版质量，多出精品力作。精品力作是文化繁荣和出版发展的重要标志，也是满足人民群众精神文化需求的迫切要求。为此，深入分析做好精品力作出版工作的历史机遇和有利条件，研究提出加强精品力作出版工作的主要思路、基本要求和工作重点。三是弘扬中华优秀传统文化，做好古籍整理出版工作。几千年的中国出版宝库，积累了丰富的文化资源和出版资源。据初步统计，我国古代典籍（1911 年以前出版）保存至今的有 20 万种。针对古籍整理出版工作的新形势新要求，研究提出全面推进古籍整理出版工作的思路和举措。四是推动转型融合，促进出版高质量发展。我从 2010 年开始关注和研究传统出版向数字出版转型的问题。随着技术的快速发展，研究提出加快出版深度融合，促进出版高质量发展的思路和措施建议。五是深入推动全民阅读，努力建设书香社会。2006 年，新闻出版总署会同相关部门组织发起了全国范围的全民阅读活动。就深入推动全民阅读问题，研究提出建立健全长效机制、加强全民阅读立法等方面的意见建议。六是加强对外交流合作，推动中国出版“走出去”。面对中外出版交流合作的新趋势新要求，从提升内容品质、讲好中国故事、建设"走出去"平台、优化结构布局等方面，研究提出推动中国出版"走出去"的措施建议。七是坚守初心使命，建设一流期刊。针对期刊业面临的新挑战，从对标世界一流、加强内容建设、加快融合创新、促进产业升级等方面研究提出推动新时代期刊繁荣发展的意见建议。八是加强人才建设，打好发展基础。结合出版人才的现状和面临的问题，研究提出加强出版人才队伍建设基本要求、重点方向、主要措施等方面的意见建议。全书所选文章大体反映了我在这一时期对新闻出版业的思考认识和研究成果，希望全书提供的材料和研究成果有一定的史料价值和研究价值，对读者有所借鉴。

在书稿付梓之际，我要感谢在新闻出版总署、国家新闻出版广电总局、中国期刊协会工作期间，给予我悉心指导、热心帮助的各位领导和同事，感谢人民日报出版社对本书编辑出版工作的支持。限于学识和能力，书中可能有不少疏漏和错误，敬请各位读者指教！

吴尚之

2023 年 8 月 16 日

目录

努力实现由出版大国向出版强国的跨越 [*]

中国出版业经过 30 多年的持续发展，其规模已跃居世界出版业的前列，初步奠定了世界出版大国的地位。当前出版界从上到下都在思考：我们是否正处于出版业发展的历史转折点？出版单位转企改制即将完成，下一步如何发展？如何实现由出版大国向出版强国的跨越？本文从四个方面来谈谈由出版大国向出版强国跨越的初步认识和体会，供业界同行参考。

一、向出版强国跨越的背景和目标

改革开放以来，中国出版业取得了巨大成就。出版生产力的水平和产业的发展水平都已达到这一阶段的高峰。但是，从现在看未来，从国内看国际，从行业看社会，我国出版业的发展水平，

＊本文原载于《中国新闻出版报》2010 年 4 月 24 日第 5 版。

与国家的整体发展水平和经济发展实力相比，与人民群众的文化需求相比，与发达国家的出版业相比，还有不小的差距。我们需要思考、研究并提出中国出版业发展的战略问题，这就是：中国出版业未来 10 年的发展思路、发展目标和发展途径。

1. 向出版强国跨越的背景

2010 年全国新闻出版工作会议与以往会议相比，最受全行业和全社会关注的是，鲜明地提出了今后 10 年新闻出版工作的主攻方向和发展目标与要求：用 10 年左右的时间把我国建设成为新闻出版强国。为什么确定这个目标？提出这个目标的依据和背景是什么？我们认为，确定这个目标主要基于两个背景。

一是未来发展背景。2020 年，即将迎来中国共产党成立 100 周年；2020 年，也是全面建设小康社会目标实现之时，工业化基本实现，综合国力显著增强，国内市场总体规模位居世界前列，人均国内生产总值比 2000 年翻两番。目前，我国国内生产总值在全球所占份额已达 7%，美国是 20%。

二是国际背景。第二次世界大战以来，西方发达国家在经济复苏、社会发展取得一定成就时，都将发展文化产业置于国家长期发展战略的重要地位。目前，美国文化产业在国内生产总值中的比重已超过 25%，日本为 20%，欧洲平均在 10%—15% 之间。中国文化产业只占国内生产总值的 3%。

2. 出版强国的具体目标

出版强国是一个综合实力的衡量标准和指标体系。从我国出版业未来发展来看，出版强国的具体目标大致包含两个方面。

（1）从定性描述来看，有8个特征：一是形成科学合理的新闻出版产业结构，新兴产业达到世界先进水平；二是形成社会效益与经济效益俱佳的新闻出版产品的生产机制，出版产品极大丰富，服务供给能力极大提高；三是形成一批具有知名品牌、国际竞争力突出的骨干出版传媒企业；四是形成有较强原创能力和科研开发能力的创新体系；五是形成统一开放、竞争有序、健康繁荣的新闻出版市场体系；六是形成有力参与国际竞争的体制机制，中国出版传媒在国际上有较强的影响力、传播力；七是形成依法行政、调控有力、监管到位的行政管理体系；八是形成一批适应行业发展要求的高素质新闻出版人才。

（2）从定量分析来看，目前主要有这样几个参考指标：到2020年，新闻出版产业总产值占当年国内生产总值的5%左右（经济支柱产业）；图书人均消费6册（目前5.4册），期刊人均消费3.2册（目前2.3册），报纸每日每千人130份（目前90份）。

二、实现出版强国目标，
促进出版业发展的机遇和挑战

1. 发展现状

2008年，我国图书出版27.4万种，品种量居世界前列；动销品种200万种，产值802亿元，印数70.6亿册；期刊9549种，总印数31.05亿册；报纸1943种，总印数442.92亿份，出版规模居世界前列。印刷复制业位居世界第三，产值5746亿元；2009

年数字出版产值 750 亿元；新闻出版业总产值突破 1 万亿元。

2. 发展机遇

中国出版业正处于重要的发展机遇期，具备了向出版强国目标迈进的 5 个基本条件：一是经济条件。2009 年我国的国内生产总值增幅已达到 8.7%，第四季度为 10.7%，国内生产总值总量 33.5 万亿元。财政收入 6.85 万亿元，比上年增长 11.7%；农村居民人均纯收入 5153 元，增长 8.5%；城镇居民收入稳定增长，全年城镇居民人均可支配收入 17175 元，增长 9.8%。国家对文化产业尤其是新闻出版业投入持续增加。国家出版基金每年 2 亿元，农家书屋近 3 年中央财政投入 20.18 亿元，古籍出版基金每年 2000 万元，民族文字出版专项资金每年 3000 多万元，等等。国家还出台了若干发展文化产业的优惠政策。二是政治条件，即党和政府高度重视文化产业。党的十七大进一步从中国特色社会主义事业"四位一体"总体布局的战略高度，突出强调了加强文化建设、提高国家文化软实力的重要性，对兴起社会主义文化建设新高潮、推动社会主义文化大发展大繁荣作出了全面部署。2009年 7 月，国务院常务会议正式通过了《文化产业振兴规划》。三是文化条件，即我国有 5000 多年文明史和 3000 多年出版史，中华优秀传统文化和社会主义先进文化是中国出版业持续发展和加快推进的重要文化基础。四是社会条件。小康社会目标的确定，人民群众文化需求日益增长，文化市场将不断扩大。五是体制条件，即出版体制改革即将完成，新的体制机制，将极大地提高文化出版发展的活力。

3. 发展挑战

目前，就中国图书出版业而言，我们在出书品种方面是出版大国，但还不是出版方面的强国。要成为出版强国，无论是发展规模、发展实力，还是发展方式、发展质量，都存在很大的差距，发展方面的挑战还比较大。

一是发展的方式还有待转变。近年来，新闻出版业在发展方式转变方面，认识上有了提高，观念上有了转变，并取得了一定的成效。从 2009 年全国出版集团的产业发展来看，净资产的增长快于总资产的增长，重版图书品种量高于新版图书品种量，发货码洋高于造货码洋，利润率增长高于产值率增长。但是图书出版业粗放式经营问题比较突出，还没有实现又好又快的发展。比如，图书出版品种效益不高的问题比较突出。

二是图书出版创新能力不足。近两届推荐评选"三个一百"原创出版工程，每届都有空缺。同质化现象、跟风炒作现象还很突出，新瓶装旧酒的现象较为普遍。

三是图书出版集约化程度不高。产业集中度低，分散经营，竞争能力不强，市场化程度不高，抗风险能力较弱。图书出版产业的集中度仍属于原子型，产业集中度低。我国 27 家出版集团总体规模偏小，与国际出版集团相比差距较大。目前我国资产规模在 50 亿元以上的只有 11 家，仅有 1 家超 100 亿元；销售收入超过 50 亿元的只有 7 家，仅有 1 家过 100 亿元。中央在京出版单位 2008 年生产码洋在 1000 万元以下的有 9 家，其中，500 万元左右的有 4 家。

四是图书出版产业向数字出版方面的转型进展不快，传统媒体向新媒体的拓展还没有形成产业规模，作为内容提供商的意识还不强。

五是图书出版产业的市场主体还没有完全形成，不少出版单位还没有建立起现代企业法人治理结构，还不是完全的市场主体。产业发展的深层次问题即体制机制问题还没有完全解决。

六是出版业人才队伍建设还不完全适应产业发展的需求。主要是缺四种人才，即经营管理人才、科技出版人才、外向型人才和复合型人才。

三、实现出版强国目标，
推进出版业发展的思路和措施

1. 发展的主要思路

一是要积极拓展传统出版市场，推进传统产业做强做大。传统媒体尽管受到现代媒体的挑战，但是它还有很大的发展空间。图书的农村市场，期刊的市场扩张，报纸的市场拓展都还有很大的空间。我们的阅读群体还有待开发。我国期刊才 9000 多种，而国际上的出版集团如爱思唯尔集团就有 2325 种，施普林格有 1700 多种。我们还要支持鼓励内容创新，深度开发，多媒体互动。

二是要积极推进出版生产方式的转变，特别是要大力推进传统出版产业向现代出版产业的转变，大力发展数字出版。中国数字出版业产值 2008 年为 530 亿元，2009 年达到 750 亿元，增幅超过 40%。中国的网民达到 3.84 亿人，网站 323 万个。我国有手机用户 6.8 亿户。如按 1/10 计算，约有 7000 万人阅读，市场巨大。预计 3 年到 5 年之内，手机阅读产值将超过 50 亿元。尤其是在国家已经决定推进三网合一的情况下，手机阅读的产值前景不可限量。据 2010 年 4 月 7 日中国网报道，中国移动手机阅读基地试运行几个月，已有超过 500 万名活跃用户。中国移动的手机阅读平台已入库 6 万册图书。从国内外电子阅读器和电子书销售情况看：用于阅读数字内容的手持终端即电子阅读器，2009 年美国销售量 300 万台，2010 年将达 600 万台，2013 年市场规模将达 25 亿美元。在中国，2009 年销售约 50 万台，10 亿元人民币；2010 年预测 300 万台，约 60 亿元人民币。2009 年电子书市场约 5 亿元人民币，电子期刊约 10 亿元人民币。2009 年，我国电子书刊、电子阅读器市场约 25 亿元人民币，前景乐观。从发展趋势看，三商合一即通信运营商、硬件生产商、内容提供商联手推动的趋势明显。全国出版社中，已有 90% 的出版单位开展了电子出版业务，出版电子图书 50 万种。图书、音像、电子出版单位要立足于内容提供，抢占数字出版这一产业发展的制高点。

三是要努力探索创新机制，加快形成有较强原创能力和科研开发能力的创新体系。要重点推进出版内容、出版业态、出版手段、出版形式的创新。内容的创新既是出版业繁荣发展的源泉，又是应对各种新业态、新媒体挑战的基础。出版单位是优质信息和文化知识内容的提供者，必须在原创上下功夫，在内容创新上做文章。我们要在出版奖励、出版资助和宏观政策方面为出版内容的创新和新媒体、新业态的开发提供良好的条件和平台。

四是要大力实施产业发展战略。主要是抓好产业发展规划，实施重大项目建设。如农家书屋工程，一共要建 64 万个，目前已建成近 30 万个，中央财政投入 20.18 亿元。还要建设一批产业园区和产业基地。如音像行业，正在规划建设上海、广东、北京音乐出版基地。

五是要落实推动产业发展的优惠政策。包括产业发展专项资金、国家出版基金、"走出去"专项资金，出版资源优化配置与已有的支持改革和文化发展的税收优惠政策等。

2. 2010 年推进图书音像电子出版业发展的主要措施

（1）认真做好主题出版工作，重点组织出版一批马克思主义经典著作和马克思主义中国化时代化大众化的最新理论创新成果，一批阐述和研究中国特色社会主义理论和科学发展观的通俗理论读物，宣传社会主义核心价值体系的精品力作，一批服务学习型社会、学习型政党建设的优秀图书。

（2）认真编制"十二五"国家重点图书、音像、电子出版物出版规划（2000 种）、古籍出版 10 年规划（700 种）、辞书出版 5 年规划（100 种），继续推动《中华大典》和"二十四史"修订工程，启动《中国大百科全书》（第三版）等重大出版工程的出版工作，组织生产更多代表国家水准和当代科研水平的精品力作。同时，总结、宣传、推广"十一五"国家重点图书、音像、电子出版物出版规划项目的成果。

（3）认真做好服务党和国家工作大局的重点图书、音像、电子出版物的选题、立项、发行和宣传工作。组织出版一批宣传上海世博会、广州亚运会等重大活动的出版物。做好服务"三农"特别是农家书屋建设相关出版物的出版工作，进一步加强民族文字出版工作，加大支持力度。谋划好中国共产党成立 90 周年、辛亥革命 100 周年等重大纪念活动的主题出版工作。

（4）深入组织和大力推进全民阅读工程。与有关部门联合下发《2010 年全民阅读活动行动计划》；开展"阅读示范城市""阅读示范基地"创建活动；将全民阅读活动与农家书屋工程、职工书屋工程、社区书屋工程等重点公共文化服务体系建设结合起来，推动全民阅读进农村、进社区、进企业、进军营、进家庭，在农村、企业、社区以及不同阅读群体中开展读书征文、赠书、诵读活动；做好优秀出版物推荐工作，继续面向全国青少年推荐百种优秀读物，面向党员干部推荐优秀理论通俗读物；努力探索全民阅读活动的长效机制。

（5）做好音像业产业发展规划，提高音像产业集中度，重点支持上海、广东音像出版创意产业基地（园区）建设，充分发挥基地先行先试的示范作用，进一步完善基地建设的标准和功能定位，积极推动各项优惠政策的落实。

（6）加强对古籍整理出版工作的指导和规划，召开第四次全国古籍整理出版规划会议，总结 1992 年第三次全国古籍整理出版规划会议以来的主要工作成绩，交流经验，分析问题，提出今后工作的任务和目标。组织实施《2010—2020 年国家古籍整理出版规划》，落实《2010—2020 年国家古籍整理出版规划实施纲要》。

做好 2010 年度国家古籍整理出版项目资助工作。

（7）做好第二届中国出版政府奖图书、音像、电子出版物奖的推荐、评选工作，引导出版单位出版更多的优秀出版物。

（8）积极推进传统出版业向现代出版业转型，鼓励图书、音像、电子出版单位开发新媒体、新业态，积极推动内容创新，加大扶持数字出版的力度。表彰一批在数字出版方面成绩突出的图书音像出版单位。

四、实现出版强国目标的
重要途径在于加快推进出版改革

由出版大国向出版强国的跨越，从发展的原动力上讲，就是要极大地解放和发展出版生产力，改革原有不适应发展要求的体制和机制，打破发展瓶颈。因此，要实现由出版大国向出版强国的跨越，必须首先实现由旧的体制机制向新的体制机制的跨越，必须始终把推进出版改革放在首位。

1. 当前出版单位改革的进展

2009 年是出版单位转企改制攻坚之年。中央高度重视出版体制改革工作，上半年召开了中央各部门各单位出版社体制改革工作会议，下半年在南京召开了全国文化体制改革工作经验交流会。中央还下发文件，对中央各部门各单位出版社体制改革作出统一部署，成立了改革工作领导小组。新闻出版总署出台了《关于进一步推进新闻出版体制改革的指导意见》，制定了《中央各部门

各单位出版社体制改革工作方案》《音像（电子）出版业体制改革实施方案》等。经过各部门、各出版单位的共同努力，出版单位改革有了重要进展。

一是经营性出版单位转企改制取得重大突破。全国高校出版单位，到2009年年底102家全部进入转企改制行列；地方各出版单位，到2009年年底转企改制基本完成。中央各部门各单位出版社转企改制工作已全面展开。与此同时，全国音像出版单位的改制工作已经全面启动，与图书出版单位一起的音像出版单位一并转制，独立的音像出版单位已经启动转制工作。

二是公益性出版单位转制工作有了重要进展。人民出版社在2009年年底前挂牌成立人民东方出版传媒有限公司，将经营性部分从事业中剥离，实行公益性产品与经营性产品分开，事业体制与企业体制分开，即两个"两分开"。

三是跨地区、跨行业、跨媒体联合、兼并、重组的步伐加快。比如辽宁出版传媒与有关省市进行战略合作，成立北方出版传媒集团公司，中国出版集团与民主法制出版社等进行战略重组，还有一些地方报业集团、出版集团正在与北京的出版单位进行联合、重组。

四是上市融资又有重要进展。继辽宁出版传媒上市之后，又有安徽出版集团等借壳上市。目前国内还有几家出版企业正在准备上市。

2. 2010年图书音像出版单位改革的具体任务

2009年是出版改革攻坚之年，2010年是出版改革决胜之年。

中央明确要求，2010年文化体制改革，要在总结经验的基础上，进一步增强时不我待的紧迫感，按照已确定的"路线图"和"时间表"，重点突破，全面推进，取得决定性进展。要加大力度、加快进度，确保如期完成国有经营性文化单位转企改制任务。

2010年出版单位改革的5项任务：一是重点推进中央各部门各单位出版社改革工作，确保2010年年底前全部按要求完成转企改制。二是做好高校出版社和地方出版社转企改制验收工作，适时召开高校出版社和地方出版社改革工作经验交流会。三是进一步深化音像电子出版单位改革，2010年年底前全面完成音像电子出版单位改制任务。四是继续推动公益性出版单位的改革工作。五是大力实施"三个一批"。在改革的基础上，加快重组兼并，培育大型出版企业和战略投资者，研究实施组建大型出版集团的方案，鼓励出版单位、出版集团跨地区、跨行业、跨部门联合、重组、兼并。无论是从国家文化发展战略上讲，还是从加快出版业发展方式转变的角度上讲，都必须加快推进大型出版传媒集团的组建。在范围上，除了考虑中央在京出版单位进行重组之外，也可考虑地方与中央、地方与地方出版单位的重组兼并。既可考虑组建专业性的大型出版传媒集团，也可考虑组建综合性的大型出版传媒集团。思路上是多媒体立体式发展，方式上采用政府推动与市场相结合的方式。

在推动改革过程中：一是思想观念要进一步转变。二是工作要做细。改革是一项复杂的工作，涉及各方利益。各出版单位改革的工作特别是思想工作要做细。三是政策要讲透。改革的有关文件要深入学习，改革的政策要认真研究。四是支持要到位。要积极争取出版单位主管部门和各相关部门的支持和帮助。

实现出版大国向出版强国的跨越，是中国出版人的梦想，是中国出版人的使命，也是历史的必然和时代的要求。我们这一代出版人应当努力承担起这一光荣的使命，为向新闻出版强国迈进作出积极的贡献！

将少儿出版打造成建设出版强国的生力军 *

近年来，我国少儿出版快速发展，无论是出版规模，还是实力，都有较大的增长，已成为我国出版业发展最快、活力最强、竞争最激烈的板块之一。在推进我国由出版大国迈向出版强国的进程中，少儿出版将担负起生力军和排头兵的历史重任。

一、少儿出版业异军突起，产业规模和实力快速提升

改革开放以来，我国少儿出版业从小到大，由弱到强，在出版规模、产业格局、图书品种、版权贸易等各个方面都取得了长足发展，呈现出欣欣向荣的良好发展态势，进入新中国成立以来最好的发展时期，已经成为我国出版业成长性最好、活力最强的一个板块。

---

* 本文原载于《中国出版》2010 年第 13 期。

一是总体规模不断壮大。目前，我国年出版少儿读物品种接近 4 万种，占全国图书出版品种的 14.6%，从规模上看，已成为世界上少儿读物的出版大国。

二是成长性好，稳定性强。少儿出版近两年来，年产值增长都在两位数以上。2007 年增长 35.66%，2008 年增长 17.43%。少儿出版已成为拉动我国出版业整体增长的一支重要力量。

三是市场格局逐步优化，已成为出版单位参与度极高的大门类、大出版。随着少儿出版业的快速发展，各种出版机构对少儿出版的参与度不断提高，已经形成了以专业少儿出版社为龙头，其他各类出版社共同参与的竞争格局。全国 581 家出版社中，出版多种少儿读物的有 523 家。从 2010 年全国图书选题的上报情况看，少儿类选题近 4 万种，占各类图书选题总量的近 20%，其中非少儿专业的其他各类出版社上报选题 28093 种，超过了三分之二。这说明，我国少儿出版已不是一个小门类、小出版，而是参与度极高的大门类、大出版。

四是出版产品种类极大丰富，基本上满足了少年儿童的阅读需求。2009 年，我国少儿类图书总印数近 6 亿册，零售市场在销品种已达 8 万种，题材涉及面很广。品种的丰富也带来了销量的增长，据统计，2009 年少儿图书销量在 500 万册以上的儿童畅销书超过 10 种，发行量在 50 万册到 100 万册的有几十种，更出现了像《淘气包马小跳》这样累计销售超 2000 万册的超级畅销书。

五是产品结构趋于平衡。与 5 年前相比，市场上少儿图书的引进版与国产版比例由 7∶3 逐步改变为 5∶5；教材教辅类与其他类的比例也由 9 ∶ 1 调整为 3 ∶ 2。中国少儿读物海外版权进出口贸易日益频繁，约占出版行业版权贸易的 20%。

六是人才队伍发展迅速。我国少儿出版业专业人才队伍是随着产业的发展逐步壮大的，涌现出一大批优秀的少儿读物专业编辑、少儿出版经营管理专家，成为中国少儿出版的中坚力量。同时，初步形成了较为稳定的少儿读物作者群体，他们在孩子们中间拥有自己忠实的读者群。

二、切实加强对少儿出版的规划和指导，为少儿出版的健康可持续发展创造良好环境

新闻出版总署始终把为少年儿童提供优秀的精神食粮和营造健康和谐的文化环境作为一项十分重要的工作。近年来，新闻出版总署在少儿出版工作方面不断加大力度，推出一系列举措，取得良好成效。

一是抓出版规划，着力优化出版结构。从"八五"出版规划以来，每次五年规划中都专门设定"未成年读物出版子计划"，将少儿出版列入国家重点出版规划中统筹考虑。每年针对年度少儿图书选题情况，组织专家进行分析研究，并向业界公布报告，为出版单位做好指导和服务。加强宏观调控，在书号资源配置、出版物评奖、国家出版基金资助等方面对优秀的少儿出版单位和出版物给予政策支持，鼓励优质的少儿出版单位做强做大。

二是抓原创作品，着力打造国产原创品牌。创新是出版赖以

生存和发展的源泉，原创的实力是衡量出版业是否发达的一项重要指标。新闻出版总署对原创少儿读物的出版极为重视，已经举办了两届"三个一百"原创出版工程表彰活动，对少儿读物的出版实施倾斜政策，鼓励更多优秀原创作品的出版，提升我国少儿出版在世界上的竞争力。近年来，涌现出一批叫得响、传得开的优秀读物，如《淘气包马小跳》系列、《皮皮鲁总动员》系列、《笑猫日记》系列等畅销常销的品牌书，前几年排行榜上引进版少儿读物一统天下的局面已经不复存在，显示了中国本土原创童书的强大实力和竞争力。同时，国家出版基金也单独列项，对原创少儿读物进行资助，2009 年度就有《托起明天的太阳·民族文版青少年素质教育译丛》《中国原创图画书》《全国优秀儿童文学奖获奖作家书系》等原创精品图书获得了基金支持。

三是抓阅读推广，着力实施精品战略。从 2004 年起，新闻出版总署每年向全国青少年推荐 100 种优秀图书，培养青少年读者的阅读兴趣，提高优秀少儿图书的市场占有率。经过 7 年的发展，该项活动已成为全民阅读活动的重要组成部分，并且已建立为一种长效机制，产生了良好的品牌效应和社会影响力。通过这项活动，一些优秀的国产原创作品得到推荐，从而激励作者更加努力地进行创作，在很大程度上增强了我国儿童文学的原创力。同时，推荐活动也得到学生、家长、学校的认同。由权威部门组织的、经权威专家论证评选出的推荐图书书目，消除了学校、家长、学生购书选择的困惑，推荐书目日益成为学生的读书指南、购书指南。推荐活动取得的巨大社会影响，反过来进一步促进了少儿图书出版的繁荣发展,很多出版单位以此为契机,开始认真组织实施少儿出版精品工程,大力组织出版优秀少儿出版物,努力打造精品力作,树立品牌形象。

四是抓管理,着力净化发展环境。少儿图书的质量问题一直是业界和社会关注的热点,新闻出版总署建立了较为完善的少儿图书质量管理机制,切实加大对少儿图书的监管力度,针对内容低俗、编校质量较差的少儿读物,要求有关出版单位采取措施,对质量有问题的出版物进行妥善处理。经常组织人员对大型图书交易会及图书零售市场进行实地调查,了解少儿出版动向,及时发现存在的问题,对严重违规的出版物,严肃处理,有效净化了出版物市场环境,为广大青少年营造了健康向上的阅读氛围。

三、紧紧抓住当前我国少儿出版发展面临的新机遇,深入分析和认真应对发展中的困难和挑战

党的十七大对深化文化体制改革、促进社会主义文化大发展大繁荣作出了战略部署,我国出版业改革发展进入关键阶段,少儿出版业也同样面临着前所未有的机遇和挑战。

一是党中央、国务院对少年儿童的健康成长极为重视,为少儿出版业加快发展提供了强大的政策支持。党中央、国务院非常重视少年儿童事业的发展,就进一步加强和改进未成年人思想道德建设作出了重要部署,要求各级党委和政府要从党和国家事业后继有人的战略高度重视少年儿童工作,进一步加大政策支持保

障力度。学校、家庭及社会各个方面都在积极为少年儿童健康成长办实事、办好事。党中央、国务院的要求和全社会对少年儿童事业的关注，为少儿出版业改革发展提供了良好的社会大环境。

二是出版体制改革的不断深化，极大地增强了少儿出版业发展的动力。新闻出版总署《关于进一步推进新闻出版体制改革的指导意见》《关于进一步推动新闻出版产业发展的指导意见》等一系列体制改革文件的出台，逐步破除了制约出版业发展的体制机制障碍，进一步解放了出版生产力。在实现转企改制的过程中，包括少儿出版单位在内的整个出版业界，将经历一次浴火重生、凤凰涅槃的过程，最终会形成一批主业突出、实力雄厚、具有广泛社会影响力和较强竞争力的跨地域、跨行业、跨媒体、跨所有制的大型传媒集团，形成一批富有活力的"专、精、特"出版单位，形成一批拥有自主品牌、积极参与国际竞争的战略投资者。

三是我国巨大而稳定的市场需求为少儿出版业加快发展提供了广阔的空间。有人把少儿图书比喻为"中国出版市场中的一个金蛋"。中国少儿读物拥有 3.67 亿未成年人的巨大读者市场，每年销售近 6 亿册、50 亿元。改革开放 30 多年来，随着人民群众生活水平的显著提高，对精神文化产品的需求也越来越高，书籍消费已经成为越来越多人的重要支出。据统计，我国有 58% 的家长为孩子阅读每月投入超过 30 元。同时，随着我国经济的回暖及良好的预期，社会购买力进一步增强，将为少儿出版业持续快速增长注入强大动力。在发达的欧美图书市场，少儿图书占整体市场的销售比例是 20% 左右，我国少儿图书占整体市场的销售比例大约是12%，还有很大的发展空间。

机遇与挑战并存，我们也要清醒地认识到，当前我国少儿出版业的改革发展与中央的要求相比、与人民群众日益增长的精神文化需求相比、与国外成熟的少儿图书市场相比，还有一定的差距。一是产业发展还处于初级阶段。主要业务还局限在纸介质图书的出版营销，在产业链的打造和拓展、知识产权贸易方面开发不够。二是创新能力还有待进一步提高。少儿图书市场上，虽然涌现出许多原创的好书，但是，新作少、选本多，一些图书是旧内容、新包装、新组合，缺乏新意，有些作家的作品在多种选本中重复出现。从世界范围来看，随着读者需求的多元化和新材料新工艺的不断出现，少儿图书呈现多样化、功能化、精品化、玩具化、工艺化的特点，而我们的童书在这方面创新不够。选题范围狭窄，畅销书集中于几位儿童文学作家的作品，跟风现象、模仿现象、同质现象较为普遍，如《安徒生童话》目前在我国就有近200个品种。2010年度选题计划中，有9家出版社报了72种各种类型的同一作家的作品。三是集约化程度不高，市场化程度不高，竞争能力不强，抗风险能力较差。从年销售码洋来看，专业少儿社体量都不大，小社年销售几千万码洋，中等社、大社年销售码洋也就是三四个亿。从纯利率来看，一些少儿社的纯利率可以达到10%左右，但也有的出版社纯利率很低，有一定的规模，但出版效益不高。目前的少儿出版产业仍然是分散经营，这种分散经营、单兵作战的格局，很难应对国外大型出版集团的冲击和挑战。四是图书出版产业向数字出版方面的转型进展缓慢，业态创新不够。传统媒体向新媒体的拓展还没有形成产业规模，还没有找到合适的盈利模式，对多媒体出版带来的影响估计不足、准备不足，作为内容提供商的意识还不强，很多少儿出版社甚至还没有建立或保存本版图书的电子文档，造成资源的流失和浪费。五是同业竞争中存在各种不规范的现象。在作者、版权、市场的竞争中，缺少有效的行业规则和公平有序竞争的行业秩序。六是缺乏明晰的企业战略发展定位。追风追榜，缺乏特色，企业品牌模糊，缺乏具有持续影响力的品牌形象。在国外，一个产品形象的影响力和传播力可以持续几十年、上百年，如《彼得兔》《丁丁历险记》《蓝精灵》等，在这方面我们还有很多工作要做。

四、在由出版大国迈向出版强国的进程中，少儿出版要担负起生力军和排头兵的重任

当前，我国新闻出版业正处在新的历史阶段。经过新中国成立 60 多年特别是改革开放 30 多年的发展，我国已成为名副其实的新闻出版大国，在今年年初召开的 2010 年全国新闻出版工作会议上，提出了今后 10 年我国新闻出版工作的主攻方向和新闻出版业的发展目标，即向新闻出版强国迈进。这是一个宏伟的目标，也是一项艰巨的任务。作为出版业界最具活力的强势板块，希望少儿出版能够在这个伟大进程中乘势而上、大有作为，充分发挥生力军和排头兵的作用。

一是深化出版改革，培育国内一流、世界著名的少儿出版骨

干企业。培育骨干文化企业是新闻出版业深化改革、调整结构、转变发展方式的重要途径，是出版业打造规模优势、提升国际竞争力的重要手段。要在全球化竞争中取得优势，我国的少儿出版要有"专、精、特"的中小企业，更要志存高远，培育出版骨干企业和战略投资者。积极推动少儿出版专业领域发展基础较好、市场参与度较高的龙头企业发挥品牌优势，以资本为纽带，进行跨媒体、跨行业、跨地区、跨所有制的联合重组，形成包括少儿出版、少儿影视、游戏、网络、玩具、文具用品等内容的完备产业链，打造具有国际竞争力的大而强的少儿出版传媒集团，提升中国少儿出版在国内外的影响力。

二是做好产业规划，创造开放、竞争、有序的发展环境。要针对少儿出版的特点，加强对相关种类少儿读物的出版指导和投入，如少儿文艺作品、科普作品、动漫读物和图画书，把优秀少儿读物纳入国家出版基金资助范围，对于优秀品牌出版社、精品力作要加大出版资源和政策激励力度。要充分发挥少儿出版社联合体或行业协会的作用，强化企业自律、行业自律，搭建交流沟通的平台，抵制和消除不正当的无序竞争。健康和谐的发展环境对于少儿出版业的繁荣进步至关重要。全国581家出版社中已有523家出版少儿读物，其中130家出版社还专门设有少儿读物编辑室。但是，少儿出版也要追求稳健、优质、高效、可持续发展。不能只看到少儿图书市场发展快，就一窝蜂地抢滩，要充分认识企业自身的人才、品牌、资源等方面的优势劣势，认真评估这个市场的进入成本和撤出成本。

三是坚持正确导向，强化内容创新，实施精品战略，提供丰富多彩、健康有益的少儿文化产品。内容决定出版物的品质，创新决定出版业的发展前途。青少年时期是人生读书、汲取知识的主要阶段，也是世界观、价值观形成的主要时期，读什么样的书对青少年的成长会产生重要影响。出好书、出精品既是出版社打造自身品牌的需要，更是我们义不容辞的社会责任。少儿读物的内容建设，要做到"四个结合"：一是经典性与时尚性的有机结合，既要为青少年提供大量丰富的精神食粮，满足广大青少年多方面的阅读需求，还要努力打造、挖掘属于我们自己的国产童书经典，让经典一直伴随孩子们的成长；二是导向性与趣味性的有机结合，"润物细无声"，担负起引领和满足的双重责任；三是知识性与艺术性的紧密结合，使阅读成为一种愉悦的享受；四是创新性与传统的有机结合，用少年儿童读者喜闻乐见的现代的形式、先进的现代科学技术手段，弘扬我国的优秀文化遗产。

四是开展全民阅读，保障少年儿童的基本文化权益。开展全民阅读是建设新闻出版强国的重要途径，全民阅读的重点和主体是青少年。我们要切实抓好青少年群体的阅读活动，政府主导，社会参与，大力倡导公益性阅读推广。要研究发达国家的儿童分级阅读经验，认真培育读者、培育市场，在保障少年儿童的基本文化权益、满足多层次读者的阅读需求中，推动少儿出版产业的发展。尤其要关注农村留守儿童和进城务工人员子女，他们的文化生活相对匮乏，缺少书籍，阅读习惯亟待培育。我们必须把农家书屋作为有效载体和重要阵地，加大建设的力度，给孩子们提供健康实用、寓教于乐的阅读产品，同时要在农村、社区等基层社会开展丰富多彩的读书活动，维护和保障基层少年儿童的基本文化权益。

五是推动科技创新，拓展少儿出版更广阔的发展空间。随着数字出版等新型业态的快速发展，数字阅读等新型阅读方式越来越受到人们的关注，特别是受到青少年的青睐，人们的阅读方式和阅读习惯正在发生深刻的变化。预计 2010 年电子书等移动阅读的终端将超过 500 万台，"电子书包"也已经进入了校园和课堂。我们必须充分认识科技进步对出版业发展的重要作用，加快出版与科技的融合，充分挖掘自身丰富的内容资源和读者群，加强对互联网的利用，积极开发适合少年儿童阅读需求的数字内容产品，形成立足传统领域、着眼未来发展的出版格局，寻求新的文化传播手段，全面提高出版创新能力和传播能力。

六是扩大国际交流，提升我国少儿出版的国际影响力和传播力。要建设出版强国，就必须参与国际竞争，加强国家交流与合作，在这方面少儿出版一直走在出版业的前列。我们要积极向发达国家学习先进的出版理念、经营手段，利用博洛尼亚儿童书展、法兰克福书展等平台，宣传我们的优秀作家、优秀作品，把代表我国先进文化的优秀产品推广出去，加快"走出去"的步伐。在适当时机，设立世界级的少儿出版大奖，吸引各国少儿出版商、作家、读者，不断提升我国少儿出版的国际影响力和传播力。

七是加强人才队伍建设，保证少儿出版健康快速可持续发展。人才资源是第一资源，少儿出版的发展繁荣需要更多的专业人才。

要建立完善发现人才、吸引人才、培养人才、锻炼人才的机制，为人才成长、人才使用创造良好条件和环境。我们要充分尊重文化知识产权，尊重作家的创造性劳动，保障作家的合法权益，抵制追风模仿等不良风气，严厉打击盗版，为作家创造良好的出版环境，特别要做好培养和扶植新人新作的工作，为少儿出版长河不断引来活水。要不拘一格选拔人才，我们既需要懂业务、会经营、善沟通的复合型人才，也需要在写作、创意、设计、绘画等方面有突出特长的专门人才，要为他们提供发挥作用的平台，创造施展才能的机会和条件，同时要发挥少儿出版界新老专家的特长和作用。要加强对全国少儿出版从业人员的专业培训，把少儿心理和行为特点的研究、少儿读者阅读的特殊需求、少儿图书出版的特殊规律作为少儿图书编辑的培训重点。有条件的出版社也可以采取与国外少儿出版机构互换人员培训、请国外专家来国内培训等多种方式，提高少儿出版人员的专业水平。要鼓励创新、探索和超越，提倡"百花齐放、百家争鸣"，努力营造尊重知识、尊重人才、尊重劳动、尊重创造的氛围，抢占人才的制高点，掌握竞争的主动权。

少年儿童是国家和民族的未来。加强和推进少儿出版工作，为青少年提供丰富多彩的精神食粮，陪伴他们茁壮成长，功在当代，利在千秋。少儿出版担负着青少年教育培养和出版业发展繁荣的双重任务，使命光荣，责任艰巨。让我们共同努力，为培养和造就社会主义事业的建设者和接班人，为把我国建设成为新闻出版强国作出应有的贡献！

传统出版如何实现有效的转型 *

近年来，数字出版已成为全球出版业关注的热点。从法兰克福书展到北京国际图书博览会，来自世界各地的出版商，讨论最多的是数字出版问题。目前，中国出版业已进入传统出版和数字出版并存的时代。数字出版业发展势头强劲，增长迅速，大有后来居上之势。传统出版如何适应世界出版业发展的潮流，抓住产业发展的机遇，加快推进向数字出版的转型，已成为出版界迫切需要解决的问题。

一、传统出版向数字出版转型的紧迫性

传统出版，包括图书、期刊、报纸的出版，发展前景如何？对此有多种看法。其中较有代表性的观点是两种：一种是所谓"消

＊ 本文原载于《中国出版》2010 年第 23 期。

亡论"。20世纪90年代，当网络在中国逐步兴起的时候，就有人断言，传统出版业即将消亡，并迅速被网络等新媒体所取代。另一种是所谓"稳定论"。这种观点认为，传统出版历史悠久，形式独特，读者稳定，影响和冲击不大，传统出版与数字出版并行不悖。

从近10年来出版业发展的实际情况和未来发展趋势来看，上面两种观点都失之偏颇。一方面，传统出版不仅不会消亡，而且还有较大的发展空间。以2009年传统出版为例：我国图书出版品种已达301719种，图书品种、图书定价总金额、总印张三项指标都是增长的，增长率分别为10.07%、0.78%、5.68%；期刊9851种，种数、总印数、总印张、定价总金额分别增长3.16%、1.53%、5.23%、7.96%；报纸1937种，除了种数下降0.31%、总印数下降0.86%之外，总印张增长2.01%、定价总金额增长10.62%。由此可见，传统出版还在持续增长，并没有消亡。我国目前人均消费图书仅5.4册，期刊2.3册，报纸每千人每日90份。相比以色列人均消费图书60册，俄罗斯人均消费图书20册，我国人均消费图书的水平还很低。另一方面，传统出版要正视现实，数字出版等新业态对传统出版不仅有影响，而且影响越来越大，不存在超稳定的问题。要把整个出版产业做强做大，扩大文化和出版市场，传统出版迫切需要加快向数字出版的转型。

1. 产业转型的紧迫性

党的十七届五中全会明确提出："加快转变经济发展方式是我国经济社会领域的一场深刻变革，必须贯穿经济社会发展全过程和各领域，坚持把经济结构战略性调整作为加快转变经济发展方式的主攻方向，坚持把科技进步和创新作为加快转变经济发展方式的重要支撑。"这一要求对出版业有着重要的指导意义。从近两年出版业态来看，数字出版增长较快，增幅达 50.7%，规模已接近图书出版产业（见表1）。此外，从 2009 年全行业产业结构来看，全行业总产出 10669 亿元。其中，印刷复制业 6689 亿元，发行业 1815 亿元，而属于内容出版产品的（包括图书、报纸、期刊、音像和数字出版）共计 2092 亿元，仅占总量的 19.6%，内容出版业比重相对较低。所以，出版业转型和结构性调整迫在眉睫，多业态发展已成为急需。

表 1: 2008—2009 年出版业态发展情况

类别	2008 年	2009 年	增长幅度
图书	802.45 亿元（总定价）	848 亿元（总定价）	5.6%
期刊	187.42 亿元（总定价）	202.4 亿元（总定价）	8%
报纸	317.96 亿元（总定价）	351.70 亿元（总定价）	10.6%
数字出版	530 亿元（总产出）	799 亿元（总产出）	50.7%

2. 阅读需求的紧迫性

近年来，读者的阅读需求日趋多样化，不再是单一的传统出版物。据 2009 年全国全民阅读调查，读者的阅读形式正发生深刻变化。2009 年，我国 18—70 岁国民中接触过数字化阅读方式的占 24.6%，比 2008 年的 24.5% 增加了 0.1 个百分点。分别有 16.7% 的国民通过网络在线阅读，比 2008 年的 15.7% 增加了 1

个百分点；14.9%的国民接触过手机阅读，比 2008 年的 12.7% 增加了 2.2 个百分点；4.2% 的国民使用 MP4 或电子词典等进行数字化阅读，与 2008 年持平。2.3% 的国民用光盘阅读。其中，网络在线阅读和手机阅读是两大主要阅读方式。事实上，2009 年数字出版的构成也证实了这种变化趋势。2010 年上半年，中国的网民数量已达 4.2 亿，网站 323 万个，网络游戏的产出达到 256 亿元。手机阅读的人群也在增加。2010 年上半年我国手机用户数量已超过 8 亿，按十分之一计算，就有 8000 万人阅读。中国移动手机阅读平台已入库 6 万册图书，以满足读者手机阅读的需求。此外，电子书已成为大众阅读的新宠。2009 年全国销售了约 50 万台阅读器，电子书总产出 14 亿元。数字期刊、数字报刊（网络版）已成为人们阅读的方式。2009 年，数字期刊、数字报刊总产出分别达到 6 亿元和 3.1 亿元。这说明，随着科技的发展，新兴媒体的出现，可供人们选择的载体和阅读方式发生了较大的变化。与此同时，读者对出版物的价格有了比较。一般而言，同样字数的纸质图书价格比数字类产品要贵，且电子书携带方便，有的读者倾向于购买数字类产品。因而，传统出版业必须尽快适应读者阅读需求的变化，推进向数字出版的转型。

3. 生态环境的紧迫性

出版业的生态环保问题早已引起社会的关注。党的十七届五中全会提出："坚持把建设资源节约型、环境友好型社会作为加快转变经济发展方式的重要着力点。"传统出版物大多与纸张材料相关。以 2008 年为例，全国图书、期刊、报纸折合用纸量为 613

万吨，比 2007 年用纸量增长了 12.96%。在总的用纸量中，报纸用纸量占总量的 72.43%，期刊占 6.05%，图书占 21.52%。大量的用纸，在环保和资源方面产生两个问题：一是耗费了不少木材等资源，不利于生态保护。二是有的造纸企业带来环境污染，不利于环境保护。从这个意义上讲，加快传统出版向数字出版转型，也是保护生态环境，建设资源节约型、环境友好型社会的迫切需要。

二、重新审视出版的历史，充分发挥传统出版的优势

出版业的转型不是从今日始，中国出版史上早已有之。我们需要研究的问题是，出版的本质是什么，转型的实质在哪里？

中国是世界出版业发展最早的国家之一，根据现有考古资料，中国在战国早期已具备以竹简为载体的出版形式。如果从此时算起，中国出版已有近 3000 年的历史。从出版渊源上讲，在纸张发明之前，古代中国人就曾用甲骨、青铜、玉石作记事材料。从已发掘的 15 万片商代甲骨文来看，内容涉及四大类 21 项，记载了社会生产、国家政治、思想文化等方面的内容。从狭义上讲，这些甲骨文、青铜铭文和石刻文字有存史记事功能；从广义上讲，具备传播知识和文化的功能。这些载体可称为最早的书籍。中国古代最早的正规书籍，是写在竹简、木简上的简策和缣帛上的帛书。春秋战国时期，竹帛就成为书籍的主要载体。相对于商代的甲骨文，可以说这是中国出版史上的第一次重要转型。1978 年在

湖北随州擂鼓墩曾侯乙墓发掘出战国简策240多枚，是目前国内保存最早的一批古简。东汉和帝时的蔡伦发明了达到书写实用水平的植物纤维纸，使得原有的出版方式发生了革命性的变革，即由简策时代转变到了卷轴时代。由竹简、木简、帛书转变到方便实用的纸质图书，这是中国出版史上的第二次重要转型。书籍出版的种类和卷数都有了快速的增长。此后，唐代的雕版印刷，宋代毕昇发明的活字印刷术，进一步加快了纸质书籍的生产和知识文化的传播。自宋以后，随着印刷设备的更新，新技术的使用和新工艺的出现，出版物的规模和种类日益扩大，出版物的生产速度迅速提高。但是，以纸张为载体，用印刷方法制作出版物的传统出版方式仍然是出版的基本形式。自从20世纪发明录音技术和录像技术后，电子计算机成为传播各类信息资料的重要媒介，音像、电子出版物相继出现。特别是20世纪90年代网络在中国出现以后，随着信息技术的飞速发展，出版的传播方式、传播载体发生了深刻变化，给传统出版业又带来一次重大挑战和冲击。可以说是中国出版史上的第三次重要转型。回顾中国出版发展史，我们可以看到，出版的每次转型，变化的是载体形式，需要转型的是出版物由一个载体向另一个或多个载体形式转变，以适应时代技术发展和阅读需求的变化。无论载体如何变化，有一个问题是值得我们关注的，这就是出版的内容，出版物的内核。如果把知识文化和信息的内核抽掉，载体就是一般意义的物体，就绝不是文化产品，也不再成其为出版物。

　　反观出版历史，我们对出版的本质有了一个基本的判断。《中国大百科全书》（第二版）将出版定义为："将文字、声音、图像等作品编辑加工后，利用相应的物质载体进行复制，以传播科学文化、信息和进行思想交流的一种活动。"对出版物的定义是："精神文化成果中经过编辑、复制在一定物质载体上，通过发行而得以在社会上传播的作品。"所以，出版的本质是对精神文化成果包括文字、声音、图像等作品进行编辑加工的活动，即对内容的编辑加工活动。其功能是传播科学文化、信息和进行思想交流。

在推进传统出版向数字出版转型的过程中，最重要的是要抓住出版的本质，即内容的生产加工。这是传统出版的优势，也是实现转型的优势。

一是传统出版积累了大量的出版资源。据初步统计，我国古代典籍（1911 年以前）保存至今的有 20 万种。民国时期出版图书约 12.4 万种。中华人民共和国成立以来，从 1949 年到 2009 年，共出版新书 2545559 种。从"八五"出版规划开始，新闻出版总署相继制定了 4 个五年规划，共计出版近 6000 种精品图书。近 5 年，全国图书出版品种持续增加（见表 2），2009 年一年出版的新书就达 16.8 万种。其中，文化科学教育类图书达 92522 种，文学类 18203 种，艺术类 7090 种，经济类 9438 种，政治法律类 10214 种，工业技术类 11471 种，等等。这些历代积累下来的文献和图书都是重要的出版资源和内容优势，是向数字出版转型有待开发的"金矿"。传统出版物出版单位大多拥有这些出版物的版权，这是社会上许多数字出版企业所不具备的优势。

表 2: 全国图书出版近 5 年基本情况

指标	2005 年	2006 年	2007 年	2008 年	2009 年
图书品种数（种）	222473	233971	248283	274123	301719
新出图书种数（种）	128578	130264	136226	148978	168296
总印数（亿册）	64.66	64.08	62.93	70.62	70.37

二是传统出版企业（如全国 581 家出版社，有 62890 人）集中了一批高素质的人才，特别是集中了一批出版选题策划和编辑加工的高职称人才。事实上，现在图书、期刊、报纸等传统出版物相对其他企业生产的电子书产品，编校质量要高得多。

三是传统出版单位的编辑人员背后，还聚集了一批长期合作的作者。唯有高水平的作者才是出版单位的衣食父母，这又是传统出版单位的优势所在。

四是传统出版业在管理和出版物标准化方面，形成了一套行之有效的制度和规范。比如《图书质量管理规定》《重大选题备案办法》《图书质量保障体系》和"三审三校"制度、样书审读制度等，对规范传统出版业的发展起到了保障作用。这些管理经验和标准规范对从事数字出版有着重要的借鉴意义。

三、传统出版如何实现有效的转型

传统出版向数字出版转型，既包含出版业态的转型，又包含出版单位出版方式的转型，主要有五个方面的要求。

一是要实现出版理念的转型。传统出版企业要彻底改变只做纸质出版和营销的单一模式，必须立足于内容加工和内容提供商的地位，立足于全媒体、多载体、多形式的出版。传统出版已经生产和加工了很好的出版资源和出版内容，除了继续做大纸质出版物市场（如图书、报刊）外，还要把这些内容变成数字出版所需的内容，从而形成多载体并举、多业态经营、多途径赢利的局面。

二是要实现出版物内容的转型。传统出版单位积累了许多精品力作，出版了一批深受读者喜爱的畅销书和畅销期刊、报纸。当前，需要把这些已经出版的纸质出版物尽快数字化。同时，要解决好纸质版和数字版本同步化的问题，为数字出版打下坚实基础。

三是要实现技术和人才的转型。传统出版强于内容，弱于技术。数字出版是高技术行业，也是高投入行业。传统出版企业要适应这种变化，加强数字出版技术的研发和设施的投入，特别是要培养一批既懂传统出版又懂数字出版的复合型人才，实现出版人才的转型，才有可能实现出版业态的转型。

四是要实现出版经营模式的转型。传统出版单位有内容资源作为基础，如果有条件，应鼓励自主开发和经营数字出版产品，寻找自身的盈利模式。传统出版单位在这方面成功的案例也不少。如上海世纪出版集团开发的"辞海阅读器"等。在经营模式方面，三商合一即通信运营商、硬件生产商和内容提供商联手推动的趋势明显。传统出版单位由单一的自我经营模式转变为联合开发、合作共赢的经营模式，这样有利于达到降低成本、减少风险、提高效益的目的。

五是要实现管理方式的转型。在一段时期内，数字出版由兴起到发展，经历了一个由无序到有序的过程。目前，新闻出版总署逐步依法依规将电子书等数字出版活动纳入管理，明确提出依法依规建立电子书行业准入制度，并着手研究行业标准问题。这对推动我国数字出版业健康有序发展，有着重要的意义。相对传统出版来说，数字出版业有许多新的特点。比如，数字出版业的内容编辑、复制、发行大多是合一的，管理方式应由传统的多环节管理转变到综合管理和服务的方式上来。数字出版的载体形式丰富多样，而且变化较快，管理思路上要侧重于宏观，侧重于法规，侧重于标准规范，侧重于制定产业发展战略和规划。

切实加强精品力作的出版工作 *

党的十七届六中全会通过的《中共中央关于深化文化体制改革、推动社会主义文化大发展大繁荣若干重大问题的决定》（以下简称《决定》），把创作生产更多优秀作品，推出更多精品力作，提到了十分重要的地位。《决定》把"精品力作不断涌现"列为到 2020 年文化改革发展奋斗目标的重要内容之一，把"为人民提供更好更多的精神食粮"作为文化改革发展的重要任务之一，把"实施精品战略"作为推出更多优秀文艺作品的重要举措之一。这些重要论述和工作部署，为进一步促进新闻出版的繁荣发展指明了方向。

一、加强精品力作出版工作的重要性和紧迫性

精品力作的创作和出版问题之所以列入文化改革发展的奋斗

＊ 本文原载于《中国出版》2011 年第 23 期。

目标，受到全社会的高度关注，是因为在推动社会主义文化大发展大繁荣、建设社会主义文化强国的过程中，精品力作的创作和出版问题尤为重要，尤为突出。

1. 精品力作是文化繁荣的重要标志

如何衡量和评价文化繁荣？对此有多种角度、多种评价的标准。如果从量的方面来衡量，文化的品种是否丰富，数量是否增长，类别是否多样，均可以作为参照系。如果从质的方面来评价，就是要看创作和出版了多少精品力作。精品不是人们自封的，不是自夸出来的。按照《现代汉语词典》的解释，精品是指精良的物品或上乘的作品。从出版物上讲，从作品、艺术品上讲，《决定》对精品的内涵提出了明确的要求。《决定》指出："创作生产更多无愧于历史、无愧于时代、无愧于人民的优秀作品，是文化繁荣发展的重要标志。"可以说，精品就是无愧于历史、无愧于时代、无愧于人民的优秀作品。精品要经得起历史的检验、时代的检验、人民的检验。从这个标准来衡量文化是否繁荣，归根到底是看是否能创作和出版一批传承中华文化、弘扬时代精神、体现国家水准、群众喜闻乐见并能传之久远的精品力作。传之久远、留之后世的优秀作品，就是能够纳入中华民族永久记忆乃至世界永久记忆的精品力作。把精品力作作为文化繁荣的重要标志，也是符合中国文化发展脉络历史进程的。人们认为，春秋战国时期文化学术繁荣，诸子百家兴起，是因为有许多经典之作留之后世。如《论语》、《墨子》、《孟子》、《老子》（又称《道德经》）、《庄子》、《荀子》、《韩非子》、《管子》、《吕氏春秋》、《孙子兵法》、《孙膑兵法》、《国语》、《左传》、《战国策》、《楚辞》等一大批名家名作。人们常说唐代出现文化繁荣局面，也是如此。宋代欧阳修说："唐之学者自为之书者，又二万八千四百六十六卷，可谓盛矣。"在唐代人所著的28000多卷书中，流传至今的有不少经典，如《艺文类聚》《梁书》《陈书》《北齐书》《周书》《南史》《北史》《晋书》《隋书》。"二十四史"中，唐朝修了8部。还有《李太白集》《杜工部集》《昌黎先生集》《河东先生集》等大批诗文经典。

2. 精品力作是文化产业发展的重要支撑

关于《决定》的"说明"中有一段重要论述："不论是发展文化事业还是发展文化产业，基础工作是要创作生产更多优秀作品。这是文化繁荣发展的重要标志，也是文化繁荣发展的重要支撑。"这一重要论述具有很强的针对性和指导意义。出版产业本质是内容产业，无论是传统出版，还是数字出版，都要以内容作支撑。出版物的内容，即知识文化和有价值的信息，是出版产业的内核，是出版产业发展的根基。从这个意义上讲，如果没有优秀的作品，没有叫得响、传得开、留得住的高质量、高阅读价值的优秀作品，即使有最好的载体形式，也吸引不了读者和文化消费者，出版产业也不可能长久发展，更不可能有大的发展。所以，在传统出版和数字出版并存的时代，作为文化工作者、出版工作者，必须牢牢把握文化的本质和内核。只有把内容做强，把内容做优，在此基础上充分运用现代高科技手段，才能真正占领文化产业、出版产业的制高点，才能更快地推动文化产业、出版产业的发展。

3. 精品力作是推动中华文化走向世界的必然要求

要增强中华文化在世界上的感召力和影响力，增强我国在国际上的话语权，提升我国的文化软实力，真正使中华文化走向世界，出版"走出去"是非常重要的途径。出版物能深刻影响世界各国对我国历史、文化、政治、经济、社会发展等方面的看法和评价，影响中外的交流与合作。当前，我们的国际传播力、影响力和竞争力还不强，同时，越来越多的外国读者迫切希望通过出版物来了解中国。在这种情况下，我们更要对"走出去"的出版物加以选择，避免外国读者因读了一些不良的出版物产生误解、误判。所以要优中选优，精心遴选，特别是要组织对外翻译优秀学术成果和文化精品，加强中华文化经典的翻译出版，加强优秀文艺作品的翻译出版，加强反映我国当代经济、政治、文化、社会发展状况和重要研究成果的翻译出版。通过这些精品力作的翻译出版，有利于世界各国全面、客观、准确地了解和理解中国，让各国读者从内心深处接受中国的文化，传播中国的文化。

4. 精品力作是满足人民群众精神文化需求的迫切需要

改革开放以来，中国出版业发生了巨大变化，取得了令人瞩目的成绩。从数量上讲，我国每年出版的图书达到32.8万种，新书18.9万种。出版业的繁荣不仅反映在数量和规模的增长方面，同时也反映在质量的提高和精品力作的出版方面。以"十一五"时期为例，列入"十一五"国家重点出版规划的1397个项目得以出版，创历届规划完成率最高水平。重点出版规划的实施，有力地促进了精品力作的出版。一是马克思主义经典著作及其重要研究成果的出版，如人民出版社的《马克思恩格斯文集》（10 卷）、《列宁专题文集》（5 卷），累计发行 4 万套，创马克思主义经典著作发行纪录。二是围绕党和国家重大历史事件及活动的主题出版，推出了一批具有重要传承和史料价值的出版物。如红军长征胜利70 周年、中国人民解放军建军 80 周年、改革开放 30 周年、新中国成立 60 周年及中国共产党成立 90 周年等重大主题出版物，受到中央的肯定和社会的好评。三是集中出版了一批反映社会科学、自然科学创新成果、重要学术研究成果的精品力作。有 325 种重点图书列入国家 863 计划项目、国家 973 计划项目和社科基金、自然科学基金项目。如《中国可持续发展总纲》《国家人口发展战略研究报告》《北京谱仪 II：正负电子物理》等。四是在弘扬传统文化方面，完成了一批重大项目。如整理出版了《中国家谱总目》《中国古籍总目》《中医古籍孤本大全》《中国少数民族古籍集成》等。五是着力出版奠基性的文化精品，推出一批重大出版工程。如《中国大百科全书》（第二版）、《中国军事百科全书》（第二版）、《辞海》（第六版）、《中国美术分类全集》、《汉译世界学术名著》、《当代世界学术名著》等。六是文学艺术精品纷呈。如《长征》《解放战争》《苦难辉煌》《湖光山色》等一批原创佳作获得茅盾文学奖和中国出版政府奖。与此同时，还推出了一批深受读者欢迎的少儿读物、科普读物、文化普及读物。从"十一五"时期来看，出版物精品不少、硕果累累，在一定程度上满足了社会发展的需要和人民群众的文化需求。同时，也要清醒地看到，出版领域还存在一些不容忽视的问题。比如，在出版物结构上，有的出版单位盲目追求品种和数量扩张，不重视出版物的质量和效益，跟风炒作，重复出版，浪费资源。有的在出版物内容方面，是非不辨，善恶不分，出版了一些内容低俗、庸俗、媚俗的出版物，出版了一些毫无阅读价值甚至存在有害内容的出版物，误导读者、误导青少年，危害未成年人的身心健康。有的只讲究出版物豪华包装，忽视出版物内容的提升和文化品位，质次价高，损害消费者利益。有人问，我们出版的产品寿命能不能比人的寿命长？对此，人民群众反映强烈，迫切需要我们提供更多的优秀作品，提供更多的精品佳作。必须切实加强对出版工作的引导，坚持正确的出版方向，继续实施精品战略，充分发挥文化引领风尚、教育人民、服务社会、推动发展的作用。

二、加强精品力作出版工作的历史机遇和有利条件

"盛世修志""盛世修典"，这是中华民族的优良传统。社会的繁荣、经济的发展、民族的复兴，必然带来文化的繁荣，并为文化的发展提供重大的历史机遇和条件。改革开放以来特别是党的十六大以来，我们党始终把文化建设放在党和国家工作的重要战略地位，把文化建设与经济建设、政治建设和社会建设加以整体布局。党的十七届六中全会，专门研究文化改革发展问题，明确提出建设社会主义文化强国的战略目标，对推动社会主义文化大发展大繁荣作出工作部署，提出重大举措。这次中央全会专题研究文化问题，引起全社会的高度关注，社会各界参与、支持文

化建设，必将使我们迎来文化繁荣发展的黄金期，也将为精品力作的出版提供难得的历史机遇和有利条件。

1. 强有力的政策保障

"盛世修典"要有良好的经济条件，精品力作的出版同样要有经济和政策的保障。《决定》中明确提出的政策保障措施有六条，条条都有厚重的含金量。第一条，保证公共财政对文化建设投入的增长幅度高于财政经常性收入增长幅度，提高文化支出占财政支出比例；第二条，扩大公共财政覆盖范围，完善投入方式；第三条，落实和完善文化经济政策，支持兴办公益性文化事业；第四条，加大财政、税收、金融、用地等方面对文化产业的政策扶持力度；第五条，设立国家文化发展基金，扩大有关文化基金和专项资金规模；第六条，继续执行文化体制改革配套政策，对转企改制国有文化单位扶持政策执行期限再延长五年。以上六个方面的政策保障措施同时出台，提供了前所未有的经济条件。

2. 深厚的文化资源

目前中国虽然还不是文化强国，却是文化资源大国。从文化上讲，中国有 5000 多年文明史；从出版上讲，如果从战国的竹简算起，中国出版业已有近 3000 年的历史。历代以来，我国积累了大量的出版资源。据初步统计，我国古代典籍（1911 年以前）保存至今的有 20 万种。据北京图书馆编《民国时期总书目》统计，民国时期出版图书约 12.4 万种。中华人民共和国成立以来，从1949 年至 2010 年出版新书 2734854 种。从"八五"出版规划开始，新闻出版总署相继制定了 4 个五年规划，共计出版 6000 余种精品图书。历代积累和传承下来的 300 多万种文献和图书都是重要的出版资源，是我们开发精品力作的内容优势。

3. 规模庞大的高等院校、科研机构和创作机构与队伍

精品的出版有赖于国家整体的科研实力和水平，有赖于作者的研究和创作水平。目前，我国有 2409 所高校。从文艺创作队伍来看，中国作协会员有 9125 名，省一级作协会员有大约 5 万名。此外，还有规模庞大的科研院所。这些都是出版精品力作的潜在资源优势。

三、加强精品力作出版工作的主要思路和措施

加强精品力作的出版工作是促进文化繁荣的一项重大战略工程，需要调动各种积极因素，从多方面入手加以推进。

（一）加强精品出版工作的主要思路

根据党的十七届六中全会的精神，结合我国出版业的发展实际，主要从以下六个方面加以推进。

1. 解放思想，更新观念，拓展精品出版工作的思路

在精品出版方向，存在进一步解放思想、破除陈旧观念的问题。一是在精品出版方面，创新不够。二是对精品的理解相对较窄，思路不宽。精品出版，既包括内容的拓展，也包括形态的拓展。有的人认为，精品不能简单等同于经典，作为经典的东西肯定是精品，但是在学术、文化和科学知识普及方面，也存在出精品的问题。比如，艾思奇的《大众哲学》于 1936 年 1 月出版后，

深受知识青年的喜爱，此书受到毛泽东同志的高度评价。该书很好地普及了马克思主义哲学，畅销了几十年，影响了好几代人。此外，朱自清编撰的于1942年出版的《经典常谈》，针对我国古代典籍浩繁艰深的状况，以13篇要言不烦的文字介绍了我国民族文化遗产中的精华，内容从识字的《说文解字》开始，到《诗》《书》《易》《礼》《春秋》《四书》《史记》及诸子、辞赋、诗文，提纲挈领，娓娓道来，无论是初学者，还是治学者，读了都相当有益。该书不愧为普及经典之经典。从目前出版状况来看，我们在普及读物方面，确实存在精品不多的问题。

2. 加强精品出版规划，推进精品出版工程

精品生产必须加强规划和指导，充分发挥我国的制度优势、人才优势和资源优势。像"两弹一星"、航天工程、863计划一样，我国许多重大出版工程都是在国家层面上加以规划、指导完成的。点校本"二十四史"及《清史稿》的修订、《中国大百科全书》、《中国美术全集》等，莫不如此。从"八五"以来，我们出台了4个五年重点出版规划。下一步将重点做好两项工作：一是从完善精品出版机制入手，大力推进精品战略，建立健全从国家、省级到出版单位的三级精品出版网络，三级出版规划体系。二是根据党的十七届六中全会召开以后文化改革发展的新形势、新特点，进一步调整、充实《"十二五"国家重点图书、音像、电子出版物出版规划》，对规划实行动态管理。从2012年开始，对规划每年进行一次补充。将未来五年有重大出版价值的项目，特别是从国家层面规划的项目，补充进去。从数量上讲，力争在五年内将

精品出版物的数量由原计划的 2000 种增加到 3000 种，将这 3000 种作为国家层面的精品出版工程，力争每年推出代表国家水准的精品出版物 500 种。

3. 完善评价、评估体系，发挥精品的示范作用和导向作用

《决定》对完善文化产品的评价体系和激励机制提出了明确要求："坚持把遵循社会主义先进文化前进方向、人民群众满意作为评价作品最高标准，把群众评价、专家评价和市场检验统一起来，形成科学的评价标准。要建立公开、公正、公平评奖机制，精简评奖种类，改进评奖办法，提高权威性和公信度。"根据这一精神，我们将从两项重点工作入手：一是完善出版单位评估体系，在广泛征求意见的基础上，修改出版单位评估办法和指标体系，加大出版单位文化影响力、文化贡献力的比重，考核出版单位精品力作出版情况并增加这方面的分值。二是修改完善中国出版政府奖图书、音像、电子出版物评选办法，完善评奖机制，真正让社会认可、群众满意的精品出版物脱颖而出。

4. 加大政策和资金扶持力度，提供精品出版物的政策保障

在支持精品出版方面，一方面要落实好党的十七届六中全会提出的支持文化发展的各项政策，另一方面，从我们工作的角度要采取如下措施：一是加强精品出版工程、国家重点出版规划与出版基金资助工作的衔接，重点资助精品出版工程和列入出版规划的项目。二是充分发挥古籍出版专项经费的作用，重点资助古籍整理精品工程。三是要充分发挥出版资源配置的作用，将有关的出版资源配置重点向多出精品、出好精品的出版单位倾斜。

5. 深化改革，为精品出版提供良好的体制机制

精品出版能否形成长效机制，还在于出版单位能否通过改革，建立精品出版的体制机制。一是要通过深化改革，进一步优化产品结构，走精品之路、品牌之路，实现由数量规模型向质量效益型的转变，减少平庸之作，减少重复出版品种。二是要通过深化人事、收入分配、社会保障三项制度的改革，建立起精品出版的激励机制，使精品出版有制度保障，鼓励编辑出版人员一心一意出精品。三是在转企改制过程中，一方面要以建立现代企业制度为重点，完善法人治理结构；另一方面，要结合出版行业的特点，建立健全出版内容、生产和把关的相关制度，强化总编辑的工作职责，加强对编辑工作的指导，确保精品出版落在实处。

6. 加强人才队伍建设，培养一批能出精品力作的知名编辑和名家大师

出版是内容产业，关键在于人才。《决定》提出："要继续实施'四个一批'人才培养工程和文化名家工程，建立重大文化项目首席专家制度，造就一批人民喜爱、有国际影响的名家大师和民族文化代表人物。"这些论述很有针对性。历史上，我国的出版业不乏名家大师，从张元济、陆费逵、王云五、叶圣陶、邹韬奋、胡愈之，到吕叔湘、巴金、张中行、周振甫等，这些人既是出版名家，又是学问大师。相比之下，当前我们的出版队伍中名家大师还不多，特别是在社会上有重要影响和学术地位的知名编辑家凤毛麟角。所以，我们必须下大力气选拔和培养高层次的出版人才，包括一些出版业内的知名学者、文学艺术家和综合素质较高

的出版家，推动建立编辑出版首席专家制度，完善中国出版政府奖优秀出版人物奖的评选办法，创造名家辈出的环境和土壤。

（二）加强精品出版工作的重点

1.推进社会主义核心价值体系建设出版工程

《决定》提出，"社会主义核心价值体系是兴国之魂，是社会主义先进文化的精髓，决定着中国特色社会主义发展方向"，强调要"把社会主义核心价值体系融入国民教育、精神文明建设和党的建设全过程，贯穿改革开放和社会主义现代化建设各领域，体现到精神文化产品创作生产传播各方面"。做好社会主义核心价值体系建设的出版工作，既是中央的要求，也是出版人的职责和使命。关键是在如何深入上下功夫，如何做出更好的成效，使人民群众乐于接受、乐于阅读，真正做到入脑入心。

这些年来，在社会主义核心价值体系建设和出版工作方面，加强了马克思主义理论工程的出版，推出了一批有深度、有价值的研究著作，出版了一批有重要社会影响、深受群众欢迎的普及读物，如《理论热点面对面》等，出版了一批红色题材等主题出版物和通俗少儿读物，对推进社会主义核心价值体系建设发挥了重要作用。但是，也要清醒地看到在这方面存在的挑战和问题。从挑战来看，我们的出版物如何适应读者的新要求，如何面对变化了的新形势？当前青少年读者价值观、人生观的变化，给有关核心价值观的出版工作带来了较大的挑战。这就是说：我们的出版物，学生能不能读进去？买不买账、领不领情？从出版物存在的问题来讲，一是有的出版物在价值导向方面还存在一些问题，宣扬不正确的道德观；二是关于社会主义核心价值体系建设的出版物还缺少规划，不够系统，不够全面；三是有许多出版物往往是炒冷饭，简单化，满足于一些陈旧的概念和名词，不能真正回答、解决现实中的问题。

如何在深入上下功夫，这是我们全行业都要回答的问题。一是要解放思想，与时俱进，理清工作思路，努力探索将政治性、思想性和艺术性有机统一，直面社会现实，贴近社会现实，出版读者喜闻乐见的优秀出版物，防止简单化、空洞化。二是要加强针对性。对读者分层、分阶段进行社会主义核心价值体系教育，尤其要重视在少年儿童心里"播下一粒种子、长出一棵小苗"的工作。三是要让马克思主义理论和中国特色社会主义理论生动化、通俗化，真正让我们的理论读物吸引读者的眼球。四是要加强规划，特别是从国家层面、新闻出版总署层面加强选题规划和指导。我们要在"十二五"出版规划基础上进行补充完善，"十二五"期间推出社会主义核心价值体系建设重点出版物 200 种，即 100 种优秀理论读物，100 种优秀通俗读物，简称"社会主义核心价值体系建设'双百'出版工程"，内容涉及马克思主义理论研究和建设工程，中国特色社会主义理论精品读物，弘扬民族精神、时代精神的重点读物，以及社会主义荣辱观教育的重点读物。五是要在编辑队伍中深入进行社会主义核心价值体系教育。正所谓"正人先正己"，所出的出版物都不能违背社会主义核心价值体系的根本要求。

2. 加强哲学社会科学学术著作的出版和自然科学、工程技术科学成果的出版

联合有关部门推出哲学社会科学创新工程，出版一批具有中国特色、中国风格、中国气派的哲学社会科学优秀学术著作；推出中国科学技术领域高端学术成果出版工程。

3. 扶持、出版一批高艺术水准的优秀文艺作品

据了解，2011 年文学类图书选题达 15981 种。其中，小说达 2909 种。从近 4 年来看，前两年文学类图书都在 1 万种左右，近两年增长了 50% 多，逼近 1.6 万种。品种增多，但优秀作品还是不够。将与有关部门合作，推出中国文艺创作出版精品工程。

4. 推进一批少儿读物和科普读物精品出版

在少儿读物出版方面，进一步完善每年开展的"百种优秀少儿读物"推荐评选机制。从 2011 年来看，全国共出版 4.1 万多种少儿读物。少儿出版成为中国出版业的增长亮点，少儿文学又成为少儿出版的增长高地。少儿文学、少儿科普对青少年社会主义核心价值体系教育、科学知识的普及非常重要。在这方面，我们要继续打造好"百种优秀少儿读物"品牌，真正做到优中选优。

5. 进一步实施"走出去"战略，推动中华文化走向世界

组织翻译出版一批反映当代中国政治、经济、文化、社会发展成就，反映中国文学、艺术、学术和科研成果的高水平出版物，使中国的出版精品"走出去"。

（三）加强精品出版工作的基本要求

在精品出版的工作中，我们要着力协调和处理好以下几个方

面的关系。

一是要处理好传承与创新的关系。传承中华优秀传统文化是我们应尽的职责。同时,我们要把出精品的重点放在创新上。创新是文化的本质,是出版的基本功能,也是出版业繁荣发展的源泉和基础。目前出版业创新能力还不足,优秀的原创作品少,产品结构趋同,低水平重复现象严重,内容雷同,产品同质化。必须加强出版内容的创新。只有在出版内容中不断反映新的思想、新的科学发现、新的研究成果、新的文学艺术成就,才能履行好出版创新的功能,才能出好精品,赢得读者和市场。

二是要处理好繁荣与管理的关系。一方面多出优秀作品,多出精品力作,才能推动出版业真正繁荣;另一方面,要加强管理,提高质量,特别是要树立正确的出版方向,引导出版编辑人员牢记为人民服务、为社会主义服务的神圣职责,坚持正确的文化立场,重视出版物的社会效果,弘扬真善美,贬斥假恶丑,营造出版精品力作的良好社会风气。同时要在质量上下功夫,只有内容质量、编校质量是一流的,才有可能出一流的作品。

三是要处理好大与小的关系。一说到精品力作,许多人就想到要搞大制作、大工程。如果内容水准是一流的,品质是一流的,大也是精品。如果有的作品只有部分内容水准是一流的,非要盲目扩充,盲目求大,那就未必是精品。反之,小不一定就不是精品。如《唐诗三百首》,流传千古,多少代人都在吟诵,能说不是精品?是不是精品,关键是看内容水准,而不是作品的大小。从满足群众文化需求的角度出发,提倡多出短小精悍的精品。

精品的出版不能求一日之功,不能走捷径,不能急功近利,精品的出版必然是"十年磨一剑"。

以"五个优化"为基础，大力推动中国出版"走出去"*

输出版引进版优秀图书推介活动，是一项展示我国版权贸易成就，推动版权贸易工作的重要活动，也是出版"走出去"的一个重要抓手，已成为行业内最有影响的年度活动之一。近年来，为配合出版"走出去"战略的实施，活动主办单位不断严格推介标准、规范推介程序，增加了版权输出推介的数量，加大了获奖图书、获奖单位和获奖个人的宣传力度，得到了出版单位的积极响应和高度重视，引起了业界广泛的关注和好评。本次活动评出的 100 种输出版优秀图书，50 种引进版社科类图书，30 种引进版科技类图书，10 名典型人物，10 名优秀版权经理人，反映了 2013 年度我国输出版和引进版图书的重要成果，体现了我国图书版贸工作的主要成绩。

＊ 本文原载于《出版参考》2014 年第 25 期。

一、版权贸易成绩显著，版权输出呈现新亮点

2013 年，全国版权输出工作取得重要进展，总体来看，具体表现为"五个优化"。

一是比例结构不断优化。经过十年的努力，我国出版物贸易逆差大大缩小，从 2003 年的 15∶1 缩小到 2013 年的 1.7∶1，其中图书版权输出由 2003 年的 811 种增长到 2013 年的 7305 种，增长 9 倍多。

二是区域结构不断优化。我国对主要发达国家的版权输出逐年递增，2012 年对主要发达国家的版权输出与 2003 年相比增长了 77.65 倍。过去，对港澳台的版权输出在整个版权输出总量中占有很大比例，但近年来，对港澳台的版权输出数量在不断增长的同时，占版权输出总量的比例从过去的 80% 下降到 20% 左右。

三是内容结构不断优化。一批反映社会主义核心价值观、中国梦、中国道路、中国模式和中国当代政治、经济、文化及社会发展变化的优秀出版物进入发达国家主流市场。同时，以当代实力派作家及其作品为主体的中国文学图书，以让国外读者学好汉语为目标的对外汉语教材，以弘扬中华优秀传统文化为核心的中国传统文化图书版权输出数量和质量均有明显提升。

四是语种结构不断优化。在英文版权输出不断增长的同时，其他语种输出实现了较快增长。多语种特别是小语种图书的版权输出不断增长，让更多国家的读者使用自己的母语就可以直接阅

读中国出版物，使他们能够直观地认识中国、了解中国。

五是媒体形态结构不断优化。近些年，出版企业在大力推动纸介质出版物版权输出的同时，特别注重数字出版物的版权输出。一批大部头、专业性强的出版物借助数字版权实现了海外输出，在取得良好效果后又促进了纸质版的版权输出。

本次输出版引进版优秀图书推介活动，从推介的图书内容质量来看，涌现出不少精品力作。如人民出版社《民族复兴之路的回望和思考》、北京大学出版社《敦煌学十八讲》、北京语言大学出版社《汉字的智慧》、复旦大学出版社《中国思想史》、广东人民出版社《中国家庭史》等，代表了中国学术与文化研究的最新成果。石油工业出版社、上海交通大学出版社的图书均输出到欧美国家，人民军医出版社《人体反射区全真图解》、人民卫生出版社《肝门部胆管癌》等图书，输出到英国、德国等欧洲国家，这说明我国的科技出版质量正在不断提升。

今年获得推介的输出版图书中，更有不少出版物在国内首先以英文出版，而后又输出到其他国家，这体现了我国相关学科领域的国际影响力正在不断攀升。如浙江大学出版社的《智能影子》《中国食品安全管理》等书，先在国内以英文出版，而后又输出到德国、新加坡等国家。另外，本次输出版图书体现出了出版社对丝路书香工程的积极响应，如教育科学出版社、云南大学出版社等的图书输出到东南亚、中亚等地区。从版权输出模式来看，更多的出版社积极尝试合作出版，与国际优秀出版商联合协作，实现共赢。如华文出版社的《书法（国际版）初级》（上、下），

以『五个优化』为基础，大力推动中国出版『走出去』/

以合作出版的方式输出到 5 个国家；浙江古籍出版社与法国、美国出版社合作出版《中国古盐》等；黄山书社、上海交通大学出版社、人民卫生出版社、浙江大学出版社、外语教学与研究出版社、社会科学文献出版社、高等教育出版社等，都报送了一系列合作出版的优秀图书。

此外，在图书输出类别上，文艺、少儿类图书都有突出表现，无论是数量还是质量上，都出现了可喜的变化。一批国内知名作家的文学作品输出到海外，如铁凝的《永远有多远》和王刚的《英格力士》输出到土耳其。还有一批作品在海外也取得不俗的销量，比如，接力出版社的《黑焰》输出到加拿大，实现了 5.2 万册销量；江苏文艺出版社的《她的城》输出到泰国，实现了 10 万册销量。

二、积极做好版权输出工作，推动中国出版"走出去"

出版"走出去"是一项长期战略任务，其根本目的是提高我国文化软实力，推动中华文化走向世界，实现中华民族伟大复兴的中国梦。为此，我们应当着重做好以下三方面工作。

1. 突出重点内容，传播好中国声音，展示好中国形象

一是积极传播当代中国价值观念。当代中国价值观念，就是中国特色社会主义价值观念，代表了中国先进文化的前进方向。要把当代中国价值观念贯穿于对外版权输出和出版"走出去"的各个环节、各个方面。要把反映中国特色社会主义道路、中国特色社会主义理论体系、中国特色社会主义制度的优秀出版物，阐

释社会主义核心价值观的优秀出版物推向海外，做好这方面的版权输出。人民出版社、上海人民出版社、北京大学出版社、外文出版社、五洲传播出版社等单位，出版了一批影响力大、销售较好的主题类出版物，向世界展示了新时代的中国形象。

二是努力宣传阐释中华民族伟大复兴的中国梦。国际社会十分关注中国梦。中国的出版物要对外阐释好中国梦的深刻内涵和精神实质。中国梦的本质是国家富强、民族振兴、人民幸福。中国梦是和平、发展、合作、共赢的梦，中国梦与世界各国人民的美好梦想是相通的。本次推介活动的参评图书中，中国水利水电出版社的《爱上一支笔的幸福生活》等图书，讲述了世界人民心目中共同的真善美、共同的美丽梦想，在传递正能量的同时，自然而然地传播了价值观。

三是充分展示中华文化独特魅力，推动中华文化"走出去"。在 5000 多年文明发展进程中，中华民族创造了博大精深的灿烂文化。我们要努力把继承中华优秀传统文化又弘扬时代精神、立足本国又面向世界的当代中国文化创新成果传播出去。本次活动推介的图书中，黄山书社新版《中国美术全集》（20 卷）、《中国历代文物集》，复旦大学出版社《中国思想史》，上海文艺出版社《中国智慧》，世界图书出版西安有限公司《陕西非物质文化遗产名录图典》（6 册），五洲传播出版社《人文中国》（30 册）等，展现了中华优秀传统文化的独特魅力。这是世界了解中国的重要窗口，也是我国出版"走出去"的重要抓手。

四是及时反映当代中国社会的发展变化，及时展现当代中

以『五个优化』为基础，大力推动中国出版『走出去』/

国学术研究成果。中国出版"走出去",不但要传播中国悠久的传统文明,更要及时反映当代中国的经济、政治、社会、文化建设成就;不仅要及时反映中国的社会发展状况,更要及时展现中国的当代学术研究成果。本次推介活动的参评图书中,中国科技出版传媒股份有限公司等出版单位的系列学术出版物均成功走向国际市场,社会科学文献出版社的蓝皮书系列更是同步输出到海外,及时向世界讲述中国国情,反映了当代中国的发展变化。

2. 提高出版质量,多出精品力作,打造优秀品牌

提高出版质量、多出精品力作,是繁荣发展社会主义文化、增强国家文化软实力的重要保证,更是推动中国出版"走出去"的基本要求。

提高出版质量,要着重抓好四个方面工作:一是要抓好"走出去"项目的长远规划;二是要重视品牌建设;三是要着力优化选题结构,不搞低水平重复出版;四是要加强"走出去"出版物内容的针对性、可读性。

3. 进一步优化结构,增强中华文化影响力和传播力

做好版权输出工作,还要进一步优化出版结构和布局,增强国际影响力和传播力。一是要优化区域结构,关注版权输出的空白点。二是要优化语言结构,注重多语种,关注小语种。三是要拓展好媒体传播方式,加强数字版权输出工作。

积极推进传统出版与新兴媒体融合发展 [*]

　　当前全球出版业面临着一场深刻变革，以互联网和移动互联网为代表的新兴媒体呈现蓬勃发展之势，内容呈现与传播方式发生了深刻变革，出版业的产业结构出现了重大变化。如何在新形势、新变革中，寻求最佳的发展方向、选择最适合的发展路径，以激发更大的发展动力，相信这是全球出版业面临的共同问题。我们认为，在全新传媒格局下，推进传统出版与新兴媒体的融合发展，是提升出版业整体实力和核心竞争力的必然路径。

一、中国出版业发展的新特点和新趋势

　　2013 年，全球经济格局深度调整，国际竞争日趋激烈，在错综复杂的形势下，中国经济依然实现了超预期发展。与经济发展

＊ 本文原载于《中国出版》2014 年第 17 期。

的形势相适应，中国出版产业的发展也整体向好。传统出版在保持良好发展态势的同时，积极顺应产业发展趋势，呈现与新兴媒体不断融合的态势。

1. 出版业整体平稳增长，规模持续扩大

在过去三年里，中国出版业整体指标平稳增长，规模持续扩大。2013年，中国出版、印刷和发行服务实现营业收入18246.4亿元，比2012年增长9.7%，比2011年增长25.2%；利润总额达1440.2亿元，比2012年增长9.3%，比2011年增长27.7%（见表1、图1）。从中可以看出，2013年营业收入和利润总额的同比增长率增速虽然有所放缓，但仍处于平稳增长的态势。这表明中国传统出版在种种压力和挑战的形势下仍然展现着勃勃生机。

表1：2011—2013年中国出版业主要指标对比

指标名称	2013年	2012年	2011年	2013年较2012年增长率（%）	2013年较2011年增长率（%）
营业收入（亿元）	18246.4	16635.3	14568.6	9.7	25.2
利润总额（亿元）	1440.2	1317.4	1128.0	9.3	27.7

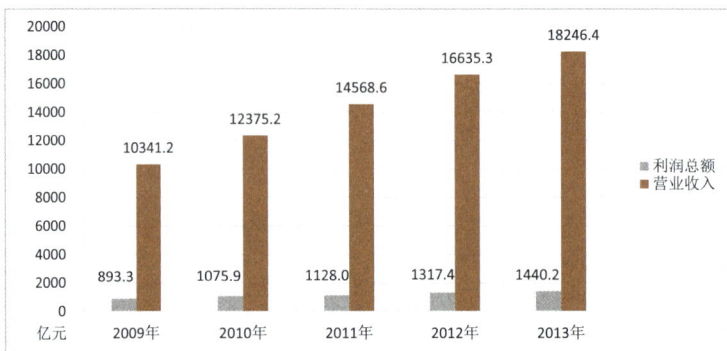

图1：2009—2013年中国出版业主要指标对比

2.传统出版呈现良好发展态势，由追求数量规模向提高质量效益转变

在人民群众日益多样的精神文化需求和新兴出版业态的蓬勃发展推动下，中国传统出版保持着持续良好发展态势。过去三年里，图书出版稳步增长，效益稳步提升。2013年，中国图书总印数为83.1亿册（张），比2012年增长4.9%，比2011年增长7.8%；图书出版实现营业收入770.8亿元，比2012年增长6.5%，比2011年增长19.6%；利润总额118.6亿元，比2012年增长2.9%，比2011年增长25.9%（见表2）。从中可以看出，在新媒体环境下，传统图书出版仍然呈现较为旺盛的生命力，保持良好发展势头。值得注意的是，2013年中国出版图书44.4万种，比2012年增长7.2%，品种增长幅度比上年下降4.7%。其中，重印、重版图书品种增长9.3%，增速提高3.1个百分点；新版图书增长幅度下降10.5%。表明出版业精品意识、质量意识逐步增强，中国图书出版正在推进由追求数量规模向提高质量效益的转变。

表2：2011—2013年中国图书出版各项指标对比

指标名称	2013年图书出版	2012年图书出版	2011年图书出版	2013年较2012年增长率（%）	2013年较2011年增长率（%）
品种数（万种）	44.4	41.4	37.0	7.2	20.0
总印数（亿册）	83.1	79.3	77.1	4.8	7.8
营业收入（亿元）	770.8	723.5	644.4	6.5	19.6

续表

指标名称	2013 年图书出版	2012 年图书出版	2011 年图书出版	2013 年较 2012 年增长率（%）	2013 年较 2011 年增长率（%）
利润总额（亿元）	118.6	115.2	94.2	2.9	25.9
重版重印（万种）	18.8	17.2	16.2	9.3	16.0
新版图书（万种）	25.6	24.2	20.8	5.8	23.1

2013 年，中国共出版期刊 9877 种，比 2012 年增长 0.1%，比 2011 年增长 0.3%；总印数 32.7 亿册，比 2012 年下降 2.3%，比 2011 年下降 0.6%；期刊出版实现营业收入 222.0 亿元，比 2012 年增长 0.5%，比 2011 年增长 36.5%；利润总额 28.6 亿元，比 2012 年增长 13.1%，比 2011 年增长 24.9%（见表 3）。从中可以看出，虽然 2013 年期刊出版的总印数有所下降，品种数和营业收入增速放缓，但是营业收入和利润仍呈现上升趋势，可见期刊出版在新媒体环境下仍具有发展空间。

表 3：2011—2013 年中国期刊出版各项指标对比

指标名称	2013 年期刊出版	2012 年期刊出版	2011 年期刊出版	2013 年较 2012 年增长率（%）	2013 年较 2011 年增长率（%）
品种数（种）	9877	9867	9849	0.1	0.3
总印数（亿册）	32.7	33.5	32.9	-2.3	-0.6
营业收入（亿元）	222.0	220.9	162.6	0.5	36.5
利润总额（亿元）	28.6	25.3	22.9	13.1	24.9

2013 年，中国共出版报纸 1915 种，比 2012 年下降 0.2%，比 2011 年下降 0.7%；总印数 482.4 亿份，与 2012 年基本持平，与 2011 年相比增长 3.2%；报纸出版实现营业收入 776.7 亿元，比 2012 年下降 8.9%，比 2011 年下降 5.2%；利润总额 87.7 亿元，比 2012 年下降 11.7%，比 2011 年下降 11.1%（见表 4）。从中可以看出，2013 年报纸出版总印数虽然保持平稳，但营业收入、利润均呈明显下降趋势。表明新媒体对报纸出版的挑战日趋严峻，报业亟须探索创新型商业模式，寻求新产业环境下的发展新路径。

表 4：2011—2013 年中国报纸出版各项指标对比

指标名称	2013 年报纸出版	2012 年报纸出版	2011 年报纸出版	2013 年较 2012 年增长率（%）	2013 年较 2011 年增长率（%）
品种数（种）	1915	1918	1928	-0.2	-0.7
总印数（亿份）	482.4	482.3	467.4	基本持平	3.2
营业收入（亿元）	776.7	852.3	818.9	-8.9	-5.2
利润总额（亿元）	87.7	99.2	98.6	-11.7	-11.1

3. 骨干出版传媒集团实力提升，竞争力不断增强

出版传媒集团作为中国出版业的生力军，实力不断提升，骨干地位进一步凸显。着重表现在两个方面。首先是经济效益的提升。2013 年，江西省出版集团公司与安徽新华发行（集团）控股有限公司的主营业务收入和资产总额均超过 100 亿元，与江苏凤

凰出版传媒集团有限公司、湖南出版投资控股集团有限公司、安徽出版集团有限责任公司、山东出版集团有限公司，共同跻身"双百亿"出版传媒集团行列，"双百亿"出版集团的数量由 4 家增至 6 家，表明中国出版传媒骨干企业的实力持续提升。其次是国际竞争力的增强。2014 年 6 月，据美国《出版商周刊》、英国《书商》、法国《图书周刊》、德国《图书报道》等媒体共同发布的"2014 全球出版业 50 强排行榜"，中国出版集团和中国教育出版传媒集团的排名较上年分别上升 8 位和 9 位，分列第 14 位和第 21 位。充分体现了中国深化文化体制改革的重要成果，为中国出版业"走出去"、赢得更多国际话语权创造了更好条件。

4. 数字出版发展势头强劲，产业贡献率不断提升

2013 年，中国数字出版产业发展势头依然强劲，产业规模继续扩大，整体收入达到 2540 亿元，比 2012 年增长 31.25%，占全行业营业收入达 13.9%，对出版业的贡献率不断提升。

在政府主管部门持续推进和出版企业自身不断探求下，中国数字出版在内容建设、技术应用、商业模式等多方面取得有效突破。在内容建设方面，传统出版企业的数字化转型已跳出简单的传统纸质内容数字化的单一模式，而是根据互联网和移动互联网的特点，改变内容加工方式、调整业务流程，推出新型产品。同时，互联网企业加强在出版业的布局，为中国出版业注入了新兴力量。在技术应用方面，MPR、二维码、云计算等技术在数字出版产品中得到广泛应用，并取得一定的市场反响和实际效益。在商业模式方面，众多出版企业经过积极实践探索，逐渐形成一些

较为成熟的模式。如一些出版传媒集团充分整合自身资源，打造系列化、品牌化数字产品；多家新闻出版企业建设了集报刊、网络、手机、音视频等多种现代传播手段于一体的全媒体传播平台。

二、中国出版业发展面临的挑战

传统出版业与新兴媒体正在不断磨合、彼此适应之中。融合发展是出版产业的一次重要变革，将给中国出版业带来多重挑战，主要体现在以下三个方面。

1. 用户阅读需求变化给出版业内容生产带来挑战

新媒体带来了新的阅读方式和新的阅读需求，主要表现在阅读终端的多屏化，以及阅读内容表现形式和传播形式的多元化。用户需求呼唤市场供给，传统出版企业要推出满足新型需求的内容与产品，继续延续自身的产业发展优势，就必须以新媒体环境为立足点，对用户进行重新定位，对阅读需求重新把握，对阅读产品和服务重新规划。这对于出版业来说，需要一个适应和调整的过程。第十一次全国国民阅读调查数据显示，中国 2013 年数字化阅读方式的接触率为 50.1%，较 2012 年上升了 9.8 个百分点，表明在新媒体影响下，人们的阅读习惯和方式正在发生转变。同时，手机成为中国第一上网终端，成为中国读者用户尤其是青年一代阅读的重要方式。如何在坚持出版品质的同时，提升用户对自身内容和产品的注意力和关注度，进而留住用户，是对出版业在当前新媒体环境下的挑战。

2. 技术环境变化给出版业创新能力带来挑战

得益于数字技术和网络技术的快速发展，如今出版业的整体信息化水平有了显著提高。同时，出版业面临的外围技术环境在不断发生变化，运用新技术的能力也在不断提高。但是，出版业整体的技术水平、依托新技术的新产品研发能力和创新能力仍然有限，对新技术的认识与把握程度依然存在不足。内容产品生产与技术的结合程度，标志着出版企业转型的深度。以信息技术为代表的新技术对人类生产、生活产生的影响是深刻的。出版业只有融入新媒体产业环境，提高产品与服务的技术含金量，才能强化自身的核心竞争力，在竞争激烈的市场中立于不败之地。

3. 产业竞争主体变化给出版业运营机制带来挑战

随着信息传播全媒体化，传统出版企业的市场竞争对手已经不单是原来出版业的同行，而是扩张到了互联网、移动互联网等新媒体企业，甚至是其他行业。传统出版企业的体制机制难以适应新的产业竞争环境。从产业体量和规模上来说，出版企业，包括目前一些上市的出版传媒集团与互联网企业相比，存在着较大差距。从体制方面来看，虽然出版企业已大体完成了转企改制的任务，但与新兴媒体企业完全适应市场的灵活多变的企业管理相比还有一定的差距。如何运用灵活的体制机制，以应对新媒体产业格局下日益激烈的市场竞争，需要企业观念上的根本转变，以及企业结构的全面调整。

三、中国出版业未来发展的思路

全球出版业格局发生巨大变革，传统出版与新兴媒体共同组成出版业的两支生力军，必将在产业发展中起到主宰作用。传统出版与新兴媒体的融合，不仅是传统出版自身在互联网时代下实现根本转型的必要手段，也是传统出版与新兴媒体发展的共同选择。需要看到的是，新兴媒体虽然给传统出版带来了各种挑战，但更应该看到其为出版业带来了更多的发展机遇和全新的发展空间。中国出版业将以融合作为产业发展核心目标，寻求融合思维下的有效发展路径，激发持续的发展动力。我们将按照中央全面深化改革领导小组第四次会议通过的《关于推动传统媒体和新兴媒体融合发展的指导意见》的精神，着力做好以下四方面工作。

1. 以政策为引导，支持推动出版业融合发展

政府管理部门针对出版业数字化转型升级提出指导意见，为出版业的转型升级指明方向，切实解决出版企业转型过程中资源加工、技术改造升级等方面的实质性难题。2014 年 4 月，国家新闻出版广电总局和财政部联合发布《关于推动新闻出版业数字化转型升级的指导意见》，提出"通过三年时间，支持一批新闻出版企业、实施一批转型升级项目，带动和加快新闻出版业整体转型升级步伐。基本完成优质、有效内容的高度聚合，盘活出版资源；再造数字出版流程、丰富产品表现形式，提升新闻出版企业的技术应用水平；实现行业信息数据共享，构建数字出版产业链，

初步建立起一整套数字化内容生产、传播、服务的标准体系和规范；促进新闻出版业建立全新的服务模式，实现经营模式和服务方式的有效转变"的主要任务目标；同时提出开展数字化转型升级标准化工作、提升数字化转型升级技术装备水平、加强数字出版人才队伍建设、探索数字化转型升级新模式四项推进转型升级的主要任务；并将通过加大财政扶持、充分利用新闻出版改革与发展项目库、加强组织实施三项措施推动新闻出版业转型升级的顺利进行。

政府部门将加强推进融合发展的统筹规划，进一步明确推进转型、促进融合的各项工作任务，进一步完善产业管理机制，优化新媒体格局下的产业发展空间，营造良性市场竞争环境，推动中国出版业在新形势新起点下繁荣发展。

2. 以内容建设为根本，着力打造优质品牌

内容建设是出版业的核心，是决定出版企业生存与发展的关键所在。出版业实现融合发展，在内容建设上要做到以下五点：一是始终坚持"内容为王"。新媒体改变的是内容呈现方式和传播方式，但并未改变人们对优质内容的需求。因此在出版业转型中，在强调技术应用的同时，仍要将内容建设放在首要位置。二是注重提升内容品质。持续在内容生产上追求专业权威、精耕细作，不断提升内容品质，通过融合发展使传统出版业的内容优势得到充分发挥，并延伸和拓展至新兴媒体。三是实施精品战略。生产出一批导向正确、内容丰富、题材广泛、特点鲜明的优质传统出版物和数字出版产品，打造融合发展时代精品出版物品牌，

同时积极推进优秀内容进行图书出版、动漫、游戏、影视作品等领域多重开发，实现优质内容的多维传播。四是加强创新。创新是出版业发展的源泉。要鼓励支持多出原创作品，多推新人新作。不仅要强调出版内容创新，还要强调出版形式创新，以不断适应读者的阅读需求。五是遵循新媒体传播规律。融合发展要求出版业遵循新媒体的传播规律，根据新媒体的特点进行内容加工，根据不同的产品形态、传播方式、传播渠道对内容予以差异化呈现。同时注重分众化互动式内容推送，既要提供具有市场共性需求的产品和服务，也要根据用户的不同需求，在内容和服务供给上做到量身定做、精准传播，丰富人们的阅读体验。

3. 以先进技术为支撑，驱动出版业融合发展

出版业的发展，既离不开内容建设，也离不开先进技术的有力推动。技术建设与内容建设具有同等重要的地位，二者有机结合形成产业高速发展的有效推力。出版业要站在媒体发展前沿，不断以新技术新应用引领和推动融合发展，将当今可用技术充分囊括到我们的视野中，寻求技术与自身优势的契合点，借助新技术充分发挥内容的影响力、传播力和竞争力。一是利用大数据和云计算技术推进内容生产，优化内容资源制作、存储、分发流程，提升数据处理能力，实现信息资源整合的现代化、专业化和规模化，夯实出版业的信息资源基础，充分挖掘信息内容潜在价值，拓宽内容来源渠道，实现市场需求的精准预测、个性化内容和服务的精准推送。二是充分利用移动互联网技术，借助移动通信技术平台，创办有特色、有影响的移动互联网创新产品，扩大在移

动终端的覆盖面和影响力，把握移动互联网的市场发展机遇。

信息网络技术发展日新月异，更新换代的周期越来越短，出版业需树立借力意识，充分借助已经成熟的技术，有效弥补自身的技术短板。出版业需强化互联网思维，培养用户服务意识，尊重用户需求，注重用户体验，利用最佳、最适合的技术，达到最好的水准，实现业务流程的革新和产品形态的创新，为用户提供高质量的内容、产品及服务，实现从内容提供到信息服务再到知识服务的功能转变。

4. 以全局化视角拓展产业服务边界，培育新兴出版业态

融合发展要求出版业坚持全局化视角，跳出传统出版的思维定式和业务范畴。未来出版业的产业格局将被重构，出版企业的产业角色和定位将被重塑，乃至出版业的内涵与外延也将在不断拓展中被赋予新的诠释。出版企业只有树立共赢意识，树立"大传媒""大文化""大出版"观念，树立融合一体化意识，树立开放共享的理念，才能真正实现融合发展。

一是强化产业共赢意识，开展产业深度协作。产业协作是产业迈向成熟的重要标志。要树立借力意识，充分的产业协作即是发挥借力作用的有效途径。产业协作既包括出版行业内部加强合作，通过资源整合，共建平台，共享渠道，实现出版实力的共同提升，转型升级、融合发展进程的共同加快；也包括传统出版与新兴媒体之间的合作，与新兴媒体在内容、渠道、平台、经营、管理等方面的优势互补和深度融合。二是放宽眼界，开放思维，积极开展跨地域、跨领域、跨行业、跨产业合作。出版业不能仅

仅局限于传统出版，要充分借助其他产业的资源、渠道、市场，以拓展出版业的产业边界和服务范畴。近年来，出版业在医药、旅游领域有所拓展，期待未来这样的跨界合作越来越多，取得更大突破。三是放眼全球，走向世界。在全球出版业竞争加剧的环境下，加强中国出版业与国际出版业的深度合作与交流，共同推动出版业的融合发展。

未来的出版业将是传统出版与新兴媒体、内容与技术深度融合的全新业态。在新媒体环境下实现出版业的繁荣发展，需要传统出版与新兴媒体携手奋进，开拓创新，共创产业发展新格局。

把握新时期古籍整理出版工作的新要求 *

在新时期要落实好习近平总书记提出的两个"讲清楚",让"书写在古籍里的文字活起来",关键是要对古籍文献进行创造性转化、创新性发展,积极应对新形势对古籍整理出版工作提出的新要求。

一、创新古籍整理出版内容的新要求

出版业实际上是一个内容产业,内容建设是出版业的核心,是决定出版企业生存和发展的关键所在。要着重从三个方面应对新形势下对古籍整理出版内容创新的要求。

一要深入挖掘古籍整理出版的深度。以往由于研究水平和出版条件的限制,有一些重要的古籍文献因篇幅过大或者整理难度

---

* 本文为作者 2014 年 9 月 24 日在第十三期全国古籍整理出版编辑培训班上讲话的一部分。

太大，只能影印出版，还有些典籍的整理方式比较简单，仅仅进行了标点。现在，简单的影印和标点已经不能适应学术的发展和读者的要求。要提倡和鼓励基于研究的高水平深度整理，充分吸收最新的研究成果，在整理方法、出版方式上根据不同类型古籍的特点加以创新，充分反映研究水平和整理含量，使古籍整理成果后出而转精。在这里我想提一本书——《敦煌经部文献合集》，主编是张涌泉教授。这套书通过分类、汇聚、定名、缀合、汇校等工作，把所有敦煌遗书经部写卷及其校录成果全部类聚在一起，全书对敦煌写本文献采取排印的方式出版，光造字就达 8000 余个。正是由于在整理方法、出版方式等方面不断深入创新，该书才能成为敦煌文献深度整理的典范之作。

二要努力拓展古籍整理出版的广度。古籍整理的对象和材料是古代典籍文献，从理论上说，传世文献、出土文献和民间文献构成了我国古代文献的全宗。传世文献的总量已经基本摸清，《中国古籍总目》统计出现存古籍品种总量达 20 万种。传世文献受重视程度最高，整理情况较好，但目前仍有一些欠缺，如对于散失海外古籍的清理工作还是零散的、区域性的，整理工作还未成体系，亟待进一步加强。出土文献一直是学术界、出版界关注的焦点。随着重大的考古发掘层出不穷，各地不断涌现出新的简牍、帛书文献，需要尽快整理发布，推动学术的发展。民间文献是保存在民间的承载历史文化信息的文献，如古代契约、族谱、账簿、诉讼文件、档案资料等，这部分文献可以称作古代的社会档案。民间文献的原始性、具体性尤其是区域多样性特征，是充实和完善现有学术体系不可或缺的重要材料，对于拓展学术研究的领域，催生新的研究热点甚至产生新的学科，具有十分重要的意义。近年来，学术界逐渐开始认识民间文献的价值，但是相关整理出版工作仍较为薄弱。不断拓宽古籍整理出版的广度，需要古籍出版工作者扩展学术视野，不断加强传世文献、出土文献和民间文献整理出版的薄弱环节，摸索更为合理的整理出版方法。

三要充分考虑需求的不同层次。要认真研究当前形势下细分市场对古籍整理出版内容生产提出的新要求。深入了解不同层次读者对古籍整理图书的不同需求，做到有层次、有针对性地开发古籍整理图书。古籍整理出版要学术与普及并重，对于学术性的古籍整理图书，不仅要做到更好地服务学术，更要力争做到推动学术进步，引领学术发展；对于普及性的古籍整理图书，不仅要严谨准确，更要努力按照时代的要求，赋予古籍新的时代内涵和现代表达形式，激活其生命力，增强其影响力和感召力。

二、创新古籍整理出版技术的新要求

出版业的发展，既离不开内容建设，也离不开先进技术的有力驱动。古籍数字化作为一种融合传统文化与现代技术、传统出版与新兴媒体的新形式，其重要性和必要性日益彰显。古籍数字化作为古籍整理的一种重要形式，在建设优秀传统文化传承体系，打破传统文化继承的封闭性，有力促进传统文化快速向广度和深度发展等方面体现出重要的作用。古籍数字化是出版企业数字化转型升级的客观要求，只有融入新媒体产业环境，提高产品与服务的技术含金量，才能最终强化自身的核心竞争力，在激烈的市场竞争中立于不败之地。古籍数字化是广大读者的迫切需要，用户需求呼唤市场供给，传统出版企业要继续延续自身的产业发展优势，就必须以新媒体环境为立足点，对用户进行重新定位，对阅读需求重新规划，对古籍数字化产品和服务重新规划。

古籍小组一直以来高度重视古籍数字化工作。2014年年初，古籍办对国内古籍数字化情况进行了一次深入调研。调查结果显示，出版行业目前已经初步具备了深入开展古籍数字化工作的思想基础、技术基础、组织基础和工作基础，但是总体实力偏弱，虽然出现了像中华书局这样的优势企业，但整体上与专业数字化公司的规模和产值还有相当的差距。目前的古籍数字化工作面临的主要突出问题是资源整合不够、产业体系不健全、盈利模式不清晰等，迫切需要推动古籍数字化工作，抢占行业的制高点。

三、创新古籍人才培养机制的新要求

目前古籍人才培养还存在一些问题：一是古籍编辑队伍还不够稳定。部分古籍专业出版社古籍出版工作十分艰难，一些单位的古籍专业人才流失比较严重。二是高水平的古籍编辑不足。现在能够与一流学者进行直接对话的编辑不多，很多出版社的古籍编辑队伍出现断层，只能依靠缺乏历练的年轻编辑开展古籍出版工作。三是领军型的古籍编辑培养乏力。四是既懂古籍整理，又懂信息技术的复合型古籍编辑严重匮乏。总的来看，古籍人才的现状与古籍整理出版发展的要求还不相适应，迫切需要我们进一步改善人才培养机制和激励机制，加大人才培养力度。

四、明确新形势下古籍整理出版的工作重点

要以五大工程为重点，完善和落实古籍整理出版规划。编制、完善和实施国家古籍整理出版中长期规划，是古籍小组和古籍办这几年的中心任务和重点工作。古籍小组充分继承和吸收前 6 次古籍出版规划编制的优良传统和有益经验，根据古籍整理研究的新形势，编制并实施《2011—2020 年国家古籍整理出版规划》，确定五大整理出版的重点工程，按照轻重缓急，循序渐进地安排和部署古籍整理工作。这五大重点工程包括：一是基础性古籍目录出版工程，通过加强总结古籍整理成果，整合古籍资源，为下一步的古籍整理工作奠定坚实的基础；二是散失海外中国古籍珍本回归工程，从国家层面入手，加强与国外有关机构的合作，系统性地清理海外存藏古籍目录，有计划有步骤地将这些珍贵文献引进来；三是出土文献整理出版工程，加强对甲骨文、金文、简帛、碑刻等出土文献的及时刊布和深度整理；四是社会档案整理工程，系统地挖掘历代政治、经济、文化等方面的第一手档案材料；五是古籍数字化工程，通过加强政策引导，推动古籍数字化资源整合和聚集，积极推动建设统一的古籍数字化平台，着力推动古籍数字化的产业化发展。

努力学习叶圣陶先生坚韧的文化担当精神*

叶圣陶先生是一位伟大的爱国主义者，是我国著名的出版家、文学家、教育家和社会活动家。他毕生致力于文化、教育、编辑出版工作，无论在哪一个领域，都为我们留下了许多宝贵的财富，在中国现当代文化和出版史上享有崇高威望。

叶圣陶先生一生始终与出版事业有着极为密切的联系。1923年，他进入商务印书馆从事编辑出版工作。作为文学研究会的发起人之一，他主编过文学研究会会刊《文学周报》，创办了我国新文学史上第一个诗歌杂志——《诗》，主编过现代文学史上有着重要影响的《小说月报》。1930年，叶圣陶先生转入开明书店，并成为开明书店的"灵魂"。他主编的"开明文学丛书""开明世界少年文学丛刊""开明少年文学丛书""开明青年丛书"，以及《中学生》《新少年》和《月报》"文艺栏"等图书、杂志，成为

＊ 本文为作者 2014 年 10 月 28 日在纪念叶圣陶同志诞辰 120 周年座谈会上讲话的一部分。

20世纪三四十年代最受青年学生欢迎的读物，风行一时。叶圣陶先生始终笔耕不辍，进行了大量的文学创作，发表了《倪焕之》《稻草人》《文艺谈》等在现代文学史上具有里程碑意义的精品佳作，产生了重要的文化影响。

叶圣陶先生还是公认的出版界伯乐，他广结文缘，慧眼识珠，集聚了一批又一批的名家，培养了一批又一批的新人，出版了一部又一部的名家名作和新人佳作。叶圣陶先生主持发表了茅盾、巴金、沈从文、丁玲、戴望舒等一大批作家的处女作和成名作，把他们推上文坛。王力先生早年翻译的《莫里哀全集》等作品以及主编的《古代汉语》均是在叶圣陶先生努力之下得以顺利出版。

新中国成立后，叶圣陶先生出任中央人民政府出版总署副署长，为新中国出版事业的开拓与发展付出了辛勤汗水，作出了重要贡献。他主持编写出版了新中国第一套全国通用的中小学和师范学校语文教科书与新中国辞书的开山之作——《新华字典》；他是新中国文字改革的重要领导者，积极主张汉语规范化，推动汉字简化方案和汉语拼音方案的制定实施；他亲自撰写《标点符号用法》，对标点符号的定义和书写格式作了明确规定。他在日记中写道，《标点符号用法》是他做得最满意的一件工作。从1958年2月成立国务院科学规划委员会古籍整理出版规划小组起，叶圣陶先生就是领导成员，之后的30年他一直参与我国古籍出版规划工作。

叶圣陶先生的一生是为我国文化、教育、出版事业不懈奋斗、呕心沥血、无私奉献的一生。他崇高的道德风范、高远的文化追求、坚韧的文化担当精神，永远值得我们继承和发扬。我们纪念叶圣陶先生，就是要学习他爱国爱民的坚定信念，学习他敢为人先、勇于开拓的创新精神，学习他品德高尚、行为世范的大家风范。

党的十八大以来，党中央以高度的文化自觉和文化自信，对文化建设作出了新的战略部署，新闻出版业迎来了繁荣发展的历史性机遇。我们要深入贯彻落实习近平总书记在文艺工作座谈会上的重要讲话精神，坚持以人民为中心的工作导向，坚持把社会效益放在首位。要始终以出版更多无愧于时代的优秀作品为中心环节，立足长远，抓好规划引导，加强出版创新，提升编校质量，着力推出一批代表国家水平，具有重大文化价值的精品力作，为中华文化的繁荣兴盛，为实现中华民族伟大复兴中国梦作出我们这一代出版人的贡献！

为少年儿童提供更多更好的精神食粮[*]

近年来，全国少儿出版界认真学习宣传党的十八大和十八届三中、四中全会精神，深入贯彻落实习近平总书记在全国宣传思想工作会议和文艺工作座谈会上的重要讲话精神，积极进取，开拓创新，少儿出版工作取得重要进展，呈现出积极健康向上的良好态势。

一、少儿出版工作的主要成效

1. 整体规模持续扩大

少儿出版进入新中国成立以来发展最快、整体规模最大的时期，已成为我国出版业成长性最好、活力最强的一个板块。全国583家图书出版社中，参与少儿出版的有近500家，形成了以专

＊ 本文原载于《中国出版》2015 年第 1 期。

业少儿出版社为龙头，其他出版社共同参与、互相促进的竞争格局。每年出版的少儿图书品种从10年前的1万多种增长到2013年的4万多种，约占全国年出书品种的10%。从品种规模上看，中国已成为当之无愧的少儿出版大国。

2. 产品结构更加优化

经过十多年的发展，全国少儿出版的产品结构中，教材教辅图书与大众图书的比例从原来的9∶1下降到目前的5∶5左右。一方面，儿童文学体裁类型更加丰富，除了传统的童话、寓言、小说等类别外，儿童报告文学、儿童诗歌、儿童散文等类别也推出了很多优秀作品；校园文学、成长文学等文学类型贴近中小学生的校园生活和心灵世界，阳光、幽默、风趣，动物文学、大自然文学关注人与自然的和谐共生，关注竞争、自立、磨砺、力量等少年儿童成长要素。另一方面，少儿出版物中还涌现出许多集知识性、科学性和趣味性于一体的优秀少儿科普读物，以及满足少年儿童不同年龄段多元化阅读需求的图画书、低幼启蒙读物等。

3. 精品力作不断涌现

推出了一批优秀畅销书，如《草房子》销售超过1000万册，《皮皮鲁总动员》系列总销量超过3000万册，《笑猫日记》系列总销量超过3000万册，均进入世界100种畅销书之列。推出了一批品牌化、系列化图书，如中国少年儿童新闻出版总社的《儿童文学典藏书库》等。塑造了一批儿童文学经典形象，如"皮皮鲁和鲁西西""男生贾里、女生贾梅""淘气包马小跳""丁丁当当"等儿童文学主角已经成为少儿心目中的经典形象。

4. 原创能力显著增强

我国原创少儿文学读物的市场占有率已远远超过引进版的同类产品，一大批原创少儿文学精品真正做到了既叫好又叫座，前些年少儿图书市场上引进版少儿读物一统天下的局面已经不复存在。中国少儿原创出版物成功崛起，打开了一片全新天地，如浙江少年儿童出版社的"冰心儿童文学新作奖获奖作者丛书"等。还有扎根地方、生机盎然的地域性儿童文学原创童书，如未来出版社推出的"陕西儿童文学作家方阵丛书"，晨光出版社的"七彩云南儿童文学精品书系"等。

5. 融合发展进程加快

近年来，少儿出版业在数字出版领域进行了积极的探索与实践，在内容资源、技术平台、产品种类、经营模式等方面都积累了一定的经验。以图书出版为核心的少儿文化创意产业发展迅猛，产业链已经向影视、动漫、戏剧、游戏及版权贸易等领域深度延伸，呈现出图书出版主业继续挺拔，电子图书、网上营销、手机阅读及动漫产业多业态并举的发展格局，培育和形成了多个新的经济增长点。很多出版单位积极发挥内容积淀优势，丰富数字出版的产品内容，如中国少年儿童新闻出版总社的"中少数字资源管理库"，利用手机阅读技术平台发展数字出版业务，积极开发各类型数字出版产品，满足小读者的多样化需求。

6. 对外输出快速增长

我国少儿出版对外版权贸易日益活跃，少儿出版"走出去"正在实现从量变到质变的突破。我国儿童文学图书市场中，国产版与引进版图书比例由 10 年前的 3∶7 变成 2013 年的 1∶1。如《彩乌鸦中文原创》系列，目前版权已成功输出到法国、德国、韩国等多个国家；《小猪波波飞》在博洛尼亚书展上签订了多个国家的版权输出协议；《淘气包马小跳》全球多语种版权被哈珀·柯林斯出版集团购买；《红豺》《小公主和矮爸爸》在英、俄、德、波兰、土耳其、捷克、瑞典、保加利亚 8 个国家同步上市，充分展现出我国少儿出版的实力和竞争力，大大提升了我国少儿出版的国际传播力。

7. 人才队伍更加壮大

作者队伍中，老一代儿童文学作家如孙幼军、金波等仍保持一颗童心一腔热忱，耕耘不倦。高洪波、曹文轩、郑渊洁、秦文君、沈石溪、刘海栖、保冬妮、常新港、汤素兰等较早步入文坛的中坚力量正处于黄金创作期，不断带来惊喜，成为中国少儿文学品质的象征。殷健灵、黑鹤、葛竞、郁雨君、徐玲、汤萍、汤汤、商晓娜等新生代作家如雨后翠竹，展示出了蓬勃的创作潜力。

8. 市场环境明显改善

2013 年 9 月，中宣部、国家新闻出版广电总局、教育部、全国"扫黄打非"工作小组办公室、国家互联网信息办公室 5 部门联合组织开展了净化少儿出版物市场专项行动。专项行动初期，依法严肃查处了 3 家出版低俗、色情内容出版物的出版社，责令其停业整顿 3 个月；依法处理了 5 家出版编校质量不合格图书的出版单位，责令其 30 天内收回不合格图书；通报批评了 4 家出版价格虚高、豪华包装图书的出版单位，责令其收回相关图书。推动出版行业自查自纠，成立少儿出版界反低俗出版联盟。通过中央电视台《新闻联播》《焦点访谈》栏目及中央主要媒体、门户网站对查处的典型案例进行连续和集中曝光，引起社会强烈反响。为巩固专项治理成果，国家新闻出版广电总局于 2014 年 1 月启动了深化少儿出版物市场整治专项行动，加大对少儿出版物市场整治力度。同年 2 月 26 日和 6 月 26 日，国家新闻出版广电总局依法处理并公开曝光了两批 15 家出版社出版编校质量不合格的少儿图书问题。各地"扫黄打非"部门依法取缔了一批销售非法出版物的游商、地摊和无证照经营者，中小学校园周边环境得到有效改善。同时，各地各部门通过媒体加大对少儿出版物市场整治行动进展情况和工作成果的宣传报道，在全社会形成了良好舆论氛围。

二、近年来少儿出版工作的主要做法

党的十八大以来，中宣部和国家新闻出版广电总局等相关部门相继推出和完善了以下七项举措，扎实推进少儿出版的繁荣发展，为少年儿童健康成长营造良好文化氛围。

1. 广泛开展主题出版活动

在学习贯彻习近平总书记系列重要讲话精神、中国特色社会主义和中国梦宣传教育、培育和践行社会主义核心价值观、弘扬雷锋精神、庆祝中华人民共和国成立 65 周年等主题出版活动中，策划出版了一批传播社会主义核心价值观、弘扬主旋律和传播正能量、具有精神高度和思想深度的优秀原创少儿出版作品。针对青少年阅读特点，以动画、小说、诗歌、故事汇编等生动活泼的形式，展现各行各业的英雄人物、先进事迹，彰显爱国精神、奉献精神，激励青少年树立正确的人生观和价值观。

2. 着力提升原创出版能力

为了推进原创出版，国家新闻出版广电总局于 2006 年启动了首届"三个一百"原创出版工程，并分别于 2008 年、2011 年、2013 年又举办了三届，用近十年的时间推出了 1106 种优秀原创图书，其中少儿图书有 160 多种。我们始终将精品力作为原创出版的目标，探索形成群众评价、专家评价和市场检验相统一的科学评审机制。实践证明，这些优秀原创少儿图书集中代表了近十年来我国少儿原创出版发展的成果，有力推动了少儿出版创新，在出版界、学术界，乃至社会各界都产生了积极的影响。

3. 深入推进全民阅读工程

党的十八大第一次历史性地把"开展全民阅读活动"作为扎实推进社会主义文化强国建设的重要举措作出部署。2014 年《政府工作报告》明确提出"倡导全民阅读"。按照党中央、国务院关于开展全民阅读活动的要求，我们在每年度的"大众喜爱的 50 种图书"推荐中将少儿读物列为重点，连续举办了 11 届向全国青少年推荐百种优秀图书活动，总计向全国少年儿童推荐了 1100 多种内容健康、题材丰富、形式多样、制作精良的优秀出版物。2014 年，国家新闻出版广电总局启动了"百社千校书香童年"阅读活动，100 家出版单位共举办各类读书活动 3000 多场次，邀请专家、作者、教师讲座 1000 多人次，捐赠图书 200 万册，码洋 4600 万元，覆盖全国 31 个省（区、市）的 3700 多所学校，350 多万名学生。

4. 建立完善质量管理机制

建立和完善包括选题分析、选题备案、出版物审读、质量监管、责任追究等贯穿出版各个环节的全流程管理机制。指导出版单位优化选题结构，确保导向正确。通过年度选题审读和书号管理，撤销或压缩了一批质量不高的选题，减少重复出版的选题。严格落实不合格出版物召回制度，严格执行辞书、中小学教辅读物的出版资质准入制度。2013 年开展的"出版物质量保障年"活动，以中小学教辅图书、文化科普类图书和少儿图书为重点，在全国范围内开展了图书质量专项检查，同时对各出版单位的图书质量保障体系修订和完善情况进行检查。2014 年开展的"出版物质量专项年"活动，结合深化少儿出版物市场整治专项行动，对少儿图书进行重点质检，并处罚了一批不合格图书和出版单位。

5. 及时组织市场专项整治

针对人民群众反映少儿出版物市场存在的一些突出问题，组织开展净化少儿出版物市场专项行动，对面向少儿的图书、报纸、期刊、音像、电子和网络出版物市场进行集中整治。公开处理一批违法违规的少儿出版物及相关出版社、报刊社、不法网站及印刷复制、发行单位包括网上书店。收缴销毁一批非法出版的少儿出版物，端掉一批非法制作窝点，取缔一批非法销售的游商、地摊和无证照经营者，关闭一批有害网站，惩处一批违法犯罪分子。

广泛发动社会各界参与，公布和宣传各级"扫黄打非"部门的举报电话和网址，通过发动群众举报、媒体监督等多种形式，鼓励社会各界参与对少儿出版物市场的监督，坚决查处群众举报和媒体曝光的案件，做到件件有反馈、事事有结果。

6. 大力推动少儿出版"走出去"

少儿出版界以"让中国的小读者与国外的小读者站在同一条阅读起跑线上"为目标，积极参加意大利博洛尼亚国际儿童图书博览会等国外童书博览会，向国际安徒生奖评委会、林格伦纪念奖评委会等大力推荐中国的优秀儿童文学作家和插画家。通过北京国际图书博览会，进行版权贸易和合作出版的深度交流。2013年，成功举办首届中国上海国际童书展。2014年，第二届中国上海国际童书展吸引了450家国内外参展商参加，并首次颁发陈伯吹国际儿童文学奖。

7. 不断加大政策扶持力度

经过多年的工作实践和经验总结，形成了精品创作和出版的"三级重点出版物出版规划网络机制"。当前正在实施的国家"十二五"重点图书出版规划中，未成年人出版物子规划共列入118个重点项目。这些项目将广大少儿读者的文化需求与提高文化素质、传播科学知识有机结合起来，兼具思想性、趣味性和可读性。同时，通过中国出版政府奖、国家出版基金、文化产业发展专项资金等评奖评优、资金资助等政策对少儿出版进行持续引导和扶持。以国家出版基金为例，2014年资助的少儿出版物金额达2000多万元。

在充分肯定少儿出版工作取得重要成绩的同时，我们也要清醒地认识到少儿出版工作存在的问题和不足。

一是一些少儿读物内容低俗的问题不容忽视。极少数出版单位以低俗为趣味、以恶搞为卖点，采取买卖书号等违法违规行为，出版了一些含有淫秽色情、凶杀暴力、恐怖残酷、封建迷信、荒诞离奇，以及颠覆传统、混淆是非、崇尚金钱、追求享乐等内容的少儿读物。同时，还有极少数不法人员非法制售含有违法违规内容的少儿读物。这些问题，给少年儿童的健康成长带来严重危害，引起社会各界特别是广大家长、教师的强烈不满。

二是一些少儿读物质量低劣的问题不容忽视。质量低劣既体现在出版物内容方面，有的粗制滥造，胡编乱写，品位不高；又体现在编校质量方面，差错较多，质量不合格。同时，少儿出版有数量缺质量、有"高原"缺"高峰"的现象同样存在。少儿出版如何优化结构，多出精品，提升质量，实现由数量规模向质量效益转型，仍是目前我们面临的突出问题。

三是一些少儿读物原创不足、创新不够的问题不容忽视。少儿读物也存在抄袭模仿、千篇一律和机械化生产、快餐式消费的现象。特别是在少儿科普、绘本图画书等领域，版权引进的数量规模依然较大，本土原创品牌影响力和竞争力仍显不足。少儿文学作品在体裁、题材、传播方式等方面创新还不够，具有新故事、新形象、新场景的作品，特别是反映少年儿童现实精神风貌和生活状态的好作品还不多。

三、新形势对少儿出版工作提出的新任务新要求

当前少儿出版工作面临着新形势、新任务、新要求。进一步贯彻党中央、国务院关于进一步加强和改进未成年人思想道德建设的工作部署，落实习近平总书记系列重要讲话精神，为少年儿童提供更多更好的精神食粮，创造健康成长的文化环境，培养德智体美劳全面发展的社会主义建设者和接班人，这是少儿出版工作的首要任务和职责。

1. 培育和践行社会主义核心价值观，对少儿出版工作提出了新的更高要求

培育和践行社会主义核心价值观，是推进中国特色社会主义伟大事业、实现中华民族伟大复兴中国梦的战略任务。习近平总书记指出："任何一个思想观念，要在全社会树立起来并长期发挥作用，就要从少年儿童抓起。"培育和践行社会主义核心价值观更要从小抓起，从孩子们的读书学习抓起。一个民族的文明进步，一个国家的发展壮大，需要一代又一代人的接续努力。为了中华民族的今天和明天，我们需要通过一本本好书，教育引导广大少年儿童打牢社会主义核心价值观的基础，树立远大志向，培育美好心灵，把个人的梦想与中国梦紧密联系起来，向往和追求讲道德、尊道德、守道德的生活，让社会主义核心价值观的种子在少年儿童心中生根发芽，开花结果。

2. 创作生产出无愧于我们这个伟大民族、伟大时代的优秀作品，对少儿出版工作提出了新的更高要求

习近平总书记在文艺工作座谈会上强调，必须把创作生产优秀作品作为文艺工作的中心环节。习近平总书记的重要讲话是对所有精神文化产品创作生产提出的明确要求。努力为少年儿童创作生产更多体现童真童趣、蕴含向上精神、歌颂美好生活的优秀作品，是少儿出版工作者义不容辞的责任和无上光荣的使命。需要我们志存高远、淡泊名利，静下心来、精益求精，不拘于一格、不形于一态，多出思想性、艺术性、观赏性有机统一，传得开、留得下，为少年儿童所喜闻乐见的优秀作品，为孩子们奉献文化的盛宴，为时代留下永恒的记忆。

3. 加强和改进未成年人思想道德建设，对少儿出版工作提出了新的更高要求

加强和改进未成年人思想道德建设，事关国家前途、民族命运，事关家庭幸福、社会和谐。未成年人成长成才，离不开良好的文化环境和阅读熏陶，一本好书就像蓝天上的阳光、春季里的清风一样，能够启迪思想、温润心灵、陶冶人生，甚至可以影响人的一生。少儿出版工作可以说是铸造灵魂的工程，少儿出版工作者作为灵魂的工程师，更要坚持以文化人、以文育人，努力为孩子们出版好的书籍产品、提供好的阅读服务、营造好的成长环境，让孩子们看到美好、看到希望、看到梦想就在前方。

4. 推动社会主义文化强国建设，对少儿出版工作提出了新的更高要求

少儿出版作为社会主义文化强国建设的生力军，是提高国家文化软实力的重要力量。需要我们不断加强少儿出版工作，切实增强我国少儿出版的整体实力和竞争力。面对科技日新月异的发展和传播渠道的日益多样化，面对少儿读者阅读需求的变化，少儿出版需要大力推动传统出版与新兴媒体融合发展，扩大优秀少儿读物的覆盖面和影响力，展示中华文化的独特魅力和中华民族的创造活力，提高少儿出版的国际传播力，为推动社会主义文化大发展大繁荣，提高国家文化软实力作出重要贡献。

四、强化责任意识，抓好重点工作

面对新形势新任务新要求，我们要进一步提高认识，强化责任，狠抓落实，重点抓好以下十方面工作。

1. 坚持不懈地抓好出版导向

抓好出版导向是少儿出版工作的重中之重，是出版工作的底线，也是出版工作的红线。少儿出版工作者要不断增强政治意识、大局意识和责任意识，肩负起为少年儿童提供优秀精神食粮的时代使命，牢牢把握正确导向，加强内容把关，自觉抵制低俗之风，唱响主旋律，传播正能量，始终将社会效益、社会价值放在首位，坚持社会效益和经济效益、社会价值和市场价值相统一。

2. 进一步抓好关于社会主义核心价值观的主题出版

少儿出版工作要引导和教育少年儿童树立崇高的理想信念，打牢实现中国梦的思想道德基础，激励和引导广大少年儿童自觉地为实现中华民族伟大复兴中国梦而努力奋斗。要进一步深化社会主义核心价值观主题出版工作。要针对少年儿童的阅读心理和阅读特点，在出版内容上，聚焦"三个倡导"的凝练表达，多推出一些深入浅出、情理交融、可信可学、少年儿童爱看爱读的高质量优秀通俗读物。在表达方式上，要改进创新、接地气，用小故事讲大道理的方式，"在落细、落小、落实上下功夫"。要着力讲好中国共产党、中国道路、中国梦等方面的故事。要用少年儿童身边的故事教育感化他们，传播社会主义核心价值观。在传播手段上，要融合创新，把握市场规律，注重内容多元、寓教于乐，推动市场孕育出符合当代少年儿童阅读特点、题材形式灵活多样的作品，为培养教育中国特色社会主义事业接班人提供强大精神动力、文化支持和智力支撑。

3. 着力推出一批大力弘扬中华优秀传统文化的少儿读物

中华优秀传统文化是中华民族的精神之根和文化之魂，包含着见义勇为、助人为乐、诚信为本、敬孝友善等激励人们向上向善的丰富内容。我们要认真汲取中华优秀传统文化的思想精华和道德精髓，按照古为今用、推陈出新的要求，发掘一批立足我国优秀传统文化，结合时代特点，阐发中华传统文化讲仁爱、重民本、守诚信、崇正义、尚和合、求大同的优秀少儿出版物，向孩子们讲清楚中华优秀传统文化的历史渊源、发展脉络、基本走向，讲清楚中华文化的独特创造、价值理念、鲜明特色，使少年儿童从小受到中华传统美德和传统文化的滋养和浸润。

4. 努力打造更多的少儿读物精品力作

我们要牢固树立精品意识，把精品力作创作生产作为少儿出版工作的重要目标和评价工作成效的重要标准；要加强规划引导，不断完善少儿出版领域规划体系，继续抓好重点出版项目，积极培育知名品牌；要加大政策扶持，通过国家出版基金资助、产业发展项目支持等，将政府资源更多向精品出版项目、优质出版单位倾斜；要完善评估标准、改进评奖机制，把精品生产情况作为考核出版单位、编辑人员的核心指标；要加强宣传推介，充分发挥优秀出版物的引导作用。我们要向经典看齐、以名家为范，在培育精品力作上花更大力气，推出更多叫得响、传得开、留得住的优秀作品。

5. 深入开展少儿阅读推广活动

要为少年儿童阅读创造更好的条件，推荐更多的好书，进行更多的指导。要科学研究不同群体、不同年龄段、不同性别少年儿童的认知能力和特点，吸收借鉴发达国家成熟的儿童分级阅读经验，大力推动儿童基础阅读工程，保障少年儿童的基本文化权益、满足小读者们多层次的阅读需求。我们要通过评选奖励"书香之家""书香之乡"，开展优秀少儿读物推荐、"百社千校书香童年"阅读活动，实施"书香·童年"学龄前儿童基础阅读工程等，坚持不懈地倡导少年儿童"爱读书"，始终如一地服务少年儿童"读好书"，润物无声地引导少年儿童"善读书"，营造良好的全民阅读氛围。我们要积极推动改善孩子们的阅读环境和阅读设施，让越来越多的没有阅读条件的孩子们因此受益，让越来越多大山深处、贫困家庭的孩子享受到读书的乐趣，让少儿出版的发展成果惠及千家万户、亿万儿童，共同打造人人阅读、书香洋溢的和谐社会。

6. 积极推动少儿出版的融合发展

要全面落实中央《关于推动传统媒体和新兴媒体融合发展的指导意见》，推动少儿传统出版和数字出版、网络出版的融合发展。积极运用数字技术再造流程，实现纸质少儿读物出版过程的数字化。积极开发点读笔、动感图画等数字应用技术，丰富内容呈现方式，增强传统少儿读物的吸引力。积极适应新媒体传播的特点和规律，根据不同的产品形态、传播方式、传播渠道对传统出版内容予以差异化整合呈现。要立足图书出版、发挥内容优势、运用先进技术、走向网络空间，实现传统出版与新兴媒体在内容、渠道、平台、经营、管理等方面的深度融合，将少儿出版打造为融新技术与文化创意为一体的朝阳产业。

7. 继续深化少儿出版物市场专项整治

要进一步深化出版物市场专项整治行动，继续加大对内容低俗、质量低劣、价格虚高和豪华包装的少儿出版物的查处力度，定期向社会曝光。要深入开展"扫黄打非"，严厉打击传播淫秽色情内容的非法出版物和网络信息，加大对违法和不良内容的少儿读物的治理力度，追源头、办案件、抓处罚，规范市场秩序，净化市场环境，绝不给有害出版物提供传播渠道。

8. 进一步加强少儿读物的质量管理

要切实把好选题质量、编校质量、装帧设计和印制质量关，坚决查处低劣出版产品，防止粗制滥造的作品流入市场。严格落实责任编辑制度、选题论证制度和"三审三校"制度、重大选题备案制度、质量考核奖惩制度。建立事前预防、事中引导、重点监管、成书审读、责任追究等贯穿出版各个环节的质量管理机制，对不合格出版物造成的经济损失及其相关责任人的责任，依法予以追究。创新书号管理方式，规范书号使用，遏制违法违规行为，推进出版物质量管理信息系统平台建设。

9. 大力实施少儿出版"走出去"战略

要加强与各国少儿出版界的交流，积极借鉴各国少儿出版先进的创作经验、管理理念、应用科技和推广手段。要统筹好国内国际两个市场、利用好两种资源。通过实施经典中国国际出版工程、丝路书香工程、版权输出普遍奖励计划，大力培育具有自主知识产权的知名少儿出版品牌参与国际文化竞争。要积极利用博洛尼亚书展、伦敦书展、法兰克福书展等国际专业或综合性图书交易平台，着力打造北京国际书展、上海国际儿童图书展等家门口的图书交易平台，推动少儿出版"走出去"，扩大中华文化在国际上的传播力和影响力。

10. 进一步加快少儿出版人才队伍建设

少儿出版的发展繁荣需要更多的人才，我们要广开进贤之路、广纳天下英才，为人才成长、人才使用创造良好条件和环境。要不拘一格选拔人才，既需要懂出版、会经营、善沟通的复合型人才，也需要在文学创作、内容创新、设计创意等方面有突出特长的专门人才，要为他们提供发挥作用的舞台。要加强对少儿出版工作者的专业培训，把少儿心理的特征、少儿阅读的特点、少儿图书的出版规律作为重点。要加强职业道德教育，引导其克服浮躁心理、力戒功利思想，做文化创造者，不当垃圾制造者。

少儿出版工作责任重大，使命光荣。让我们携起手来，用一本本好书、一滴滴知识之水，滋润一颗颗童心，浇灌一棵棵幼苗，为祖国的未来，为孩子们的健康成长，肩负起我们的历史责任，作出我们新的贡献！

古籍整理出版要保质量创高峰 [*]

　　党的十八大以来，习近平总书记就文化建设特别是传承和弘扬中华优秀传统文化发表了一系列重要讲话。习近平总书记指出："不忘本来才能开辟未来，善于继承才能更好创新。"习近平总书记系列重要讲话，对传承和弘扬中华优秀传统文化，特别是在新形势下做好古籍整理出版工作提出了新的要求。面对新形势、新要求，如何抓住机遇，加强创新，乘势而上，是古籍整理出版工作者需要认真研究的重要课题。

一、近年来我国古籍整理出版工作取得的成绩

　　全国古籍整理出版规划领导小组与原新闻出版总署合署办公以来，围绕古籍出版规划、精品图书出版、资助项目管理、古籍

＊ 本文原载于《中国出版》2015 年第 9 期。

人才培养等重点工作，在学术界、出版界的大力配合和共同努力下，近年来推动古籍整理出版工作取得新的进展和可喜的成绩。

1.古籍出版中长期规划不断完善，规划实施和落实取得明显成效

编制、完善和实施国家古籍整理出版中长期规划，是古籍小组和古籍办这几年的中心任务和重点工作。古籍小组充分继承和吸收前 6 次古籍出版规划编制的优良传统和有益经验，确定五大整理出版的重点方向，循序渐进地安排和部署古籍整理工作。编制和实施《2011—2020 年国家古籍整理出版规划》突出了两个特点：一是将古籍规划纳入国家中长期出版规划体系，实现了古籍规划的动态管理。所谓动态管理，就是根据古籍整理出版的新形势、新发展对规划进行定期调整、定期检查、定期督促。2013年古籍规划进行了第一次增补，增补了 41 个项目；2014 年又增补了 44 个重点项目。目前古籍规划已经收录了 554 个重点项目。二是将古籍规划与国家古籍整理出版专项经费、国家出版基金有效衔接，保障古籍规划的落实。近几年，古籍规划获得中央财政各类出版资助的项目共计 155 个，占项目总数的 29%。其中国家古籍整理出版专项经费共资助《中国古典文学丛书》《古本戏曲丛刊》《史记会注考证》等 127 个规划项目，国家出版基金共资助《点校本二十四史（修订本）》《全唐五代诗》《杜甫全集校注》等 28 个规划项目。通过加强规划的管理和保障，不仅有力促进了规划项目的实施，而且保证了规划项目的出版质量。规划实施三年多来，推动了一大批古籍整理精品力作的出版，得到学术界

的好评，取得了良好的社会效益，目前已有《顾炎武全集》《陆游全集校注》等近30个规划项目成果获得中国出版政府奖、中华优秀出版物奖等国家级出版奖项。

2. 古籍整理资助项目管理不断加强，专项经费使用绩效显著

2009年以来，国家古籍整理出版专项经费共资助603个重点项目，资助总金额达1.3亿元。为了用好这笔宝贵的出版经费，古籍小组和古籍办采取一系列措施加强经费管理，提高使用效率。一是建立起一套较为完善的古籍专项经费资助评审、项目监督和成果鉴定等管理机制。古籍小组相继出台《古籍整理专项经费管理暂行办法》《国家古籍整理出版专项经费资助项目管理办法（试行）》等一整套规章制度，推动经费使用和项目实施的规范化、科学化。古籍小组还根据实际需要适当调整和完善古籍专项经费评审工作，从2015年起，要求出版单位报送样稿的比例提高到全书的50%，力争通过关口前移、严格把关，提高资助项目的质量。二是项目成果质量检查和经费使用实地检查实现常态化、制度化，资助项目和资金的管理效果明显加强。2014年，古籍办组成检查组先后赴天津、辽宁、吉林等地对7家出版社进行实地检查，同时积极配合国家新闻出版广电总局开展的"出版物质量专项年"专项质检活动，进一步加大了资助项目成果的质检力度，通过初审、终审会，最终判定13种资助项目成果为不合格图书，并按照有关规定进行处理和整改。通过严格的管理，有效增强了出版单位的质量意识，切实提高了资助项目的出版质量。在第三届中国出版政府奖获奖名单中，有14种获奖图书为国家古籍整理出版专项经费资助项目。至此，在前三届中国出版政府奖图书奖的榜单上，共有 37 种国家古籍整理出版专项经费资助项目获此殊荣。一大批古籍专项经费资助项目成果能够在出版界最高奖项的评审中脱颖而出，充分说明专项经费的使用达到了预期的效果，也彰显出资助项目的卓越品质和示范引领效应。

3. 古籍整理出版队伍不断壮大，为古籍出版事业提供有力保障

为加强古籍出版队伍建设，古籍办通过政策引导，鼓励更多的出版单位加入到古籍整理出版事业中来。近年来，参与古籍整理的出版单位不断增多，从近两年申报古籍资助和古籍规划项目的出版社情况看，非古籍专业出版社所占的项目份额和项目质量逐步提高。中国出版协会古籍出版工作委员会的成员单位从一开始的 20 余家专业古籍出版社增加到现在的近 40 家，形成了特色鲜明、团结协作、良性竞争的古籍出版氛围。为加强古籍编辑的培养，古籍办每年定期举办古籍出版编辑培训班，迄今已经培训学员近 1100 人次，邀请著名专家学者举行了 170 余次专题讲座。同时，古籍办通过大型项目培养年轻编辑，在有条件的古籍专业出版社倡行编辑导师培养制，均取得了良好的培养效果。经过多年来的持续培养，目前全国已经形成了一支近 700 人的古籍编辑队伍，为古籍整理出版工作提供了有力的人才保障。

4. 古籍整理精品力作不断涌现，古籍整理出版影响不断扩大

在正确的规划导向、积极的资金引导、严格的管理措施和有力的人才保障下，近年来我国涌现出大批古籍整理精品力作，特别是在古籍小组确定的五大整理出版重点方向上取得了丰硕的成果。

在基础性古籍目录出版工程方面，推出了《中国古籍总目》《中国家谱总目》《二十五史艺文经籍志考补汇编》等一批重要的古籍书目类整理成果。

在散失海外中国古籍珍本回归工程方面，推出《美国图书馆藏宋元版汉籍图录》《日本宫内厅书陵部藏宋元版汉籍选刊》《日本国会图书馆藏宋元本汉籍选刊》等一批海外汉籍整理成果。

在出土文献整理出版工程方面，推出了《商周金文摹释总集》《肩水金关汉简》《江陵凤凰山西汉简牍》《北京大学藏西汉竹书》《陕西神德寺塔出土文献》《楚地出土战国简册研究》《洛阳新获七朝墓志》等一批最新的出土文献整理和研究成果。

在社会档案整理出版工程方面，推出《徽州文书》《闽台族谱汇刊》《清水江文书》《开滦煤矿档案史料集》等一批第一手的档案文献资料。

此外，还有《清文海》《楚辞珍稀文献丛刊》《历代曲话汇编》《子弟书全集》《苏轼全集校注》《元典章》《中国印论类编》《文献通考》等一大批重要古籍文献整理成果得以出版，有力推动了相关学科的学术发展。

二、把握古籍整理出版工作的新形势、新要求和新机遇

继承和弘扬中华优秀传统文化是古籍整理的根本目的。习近平总书记深刻阐述了中华优秀传统文化的精神内涵、时代价值和历

史地位，精辟分析了中华优秀传统文化对建设中国特色社会主义、培育和弘扬社会主义核心价值观、推进国家治理体系和治理能力现代化、实现中华民族伟大复兴中国梦的重大现实意义，提出了一系列新思想新观点新论断，为我们进一步做好新时期的古籍整理出版工作指明了前进方向，提供了根本遵循。

1. 进一步深刻理解做好古籍整理出版工作的重要意义

中华民族具有 5000 多年连绵不断的文明历史，创造了博大精深的中华文化，为人类文明进步作出了不可磨灭的贡献。中华文化积淀着中华民族最深沉的精神追求，包含着中华民族最根本的精神基因，代表着中华民族独特的精神标识，是中华民族生生不息、发展壮大的丰厚滋养。习近平总书记指出，我们提倡和弘扬社会主义核心价值观，必须从中华优秀传统文化中汲取丰富营养，否则就不会有生命力和影响力。中华优秀传统文化是中华民族的突出优势，中华民族伟大复兴需要以中华文化发展繁荣为条件，必须大力弘扬中华优秀传统文化。古籍整理出版工作为传承和弘扬传统文化奠定了重要的基础。要从建设中国特色社会主义，培育和弘扬社会主义核心价值观，实现中华民族伟大复兴中国梦的战略高度来充分认识古籍整理出版事业的重大意义，增强使命感、责任感，更加努力地做好这项关系传承中华文明、惠及子孙万代的伟大事业。

2. 进一步巩固提高古籍整理出版工作的水平

习近平总书记在文艺工作座谈会上指出，在文艺创作方面，也存在着有数量缺质量、有"高原"缺"高峰"的现象，存在着抄袭模仿、千篇一律的问题，存在着机械化生产、快餐式消费的问题。这些问题也值得我们每一位古籍整理出版工作者深思。新中国成立以来出版的古籍整理图书已近 3 万种，近 10 年来每年出版的古籍整理图书接近 2000 种，每年申报国家古籍整理出版专项经费资助的项目也接近 400 种。出版的绝对数量虽然增长了，但是并不代表精品的数量也同步增长了；出版的整体水平提升了，但并不说明代表国家顶尖水准的力作也增多了。古籍整理出版领域也存在一些重复炒冷饭的项目、大而不当的项目。近年来，国家古籍整理出版专项经费、国家出版基金每年资助的重点古籍整理项目一直保持在 100 种左右。要在巩固现有成绩的基础上，进一步提高古籍整理出版的水平，既要有数量，更要保质量；既要有"高原"，更要创"高峰"。习近平总书记明确指出，要以科学的态度对待传统文化。要坚持马克思主义的方法，采取马克思主义的态度，坚持古为今用、推陈出新，有鉴别地加以对待，有扬弃地予以继承；要传承和弘扬传统文化的思想精华。系统梳理传统文化资源，让收藏在禁宫里的文物、陈列在广阔大地上的遗产、书写在古籍里的文字都活起来；要对传统文化进行创造性转化、创新性发展。这在观念认识、系统挖掘、创新发展等方面都提出了更高的要求，需要我们认真地学习领会，在古籍整理、研究和出版工作中不断地加以贯彻落实。

3. 进一步加大优秀传统文化普及工作的力度

习近平总书记指出，要讲清楚中华优秀传统文化的历史渊源、发展脉络、基本走向，讲清楚中华文化的独特创造、价值理念、鲜明特色，增强文化自信和价值观自信。要做到这两个"讲清楚"，既要在学术上做到深入，也要在普及上做到浅出。学术和普及是古籍整理出版工作的两翼，二者互为支撑、相辅相成。目前，普及性古籍整理图书的受众面虽然更广，却存在规范性不强、创新性不足、质量总体不高等问题。要做好普及性古籍整理出版工作，关键是要坚持为人民服务、为社会主义服务这个根本方向，要把满足人民群众精神文化需求作为古籍整理出版工作的出发点和落脚点，努力满足不同层次读者对古籍整理图书的多样化需求。

三、在新形势下全面推进古籍整理出版工作

古籍整理出版工作要深入贯彻落实习近平总书记系列重要讲话精神，以实施古籍十年规划为龙头，充分发挥国家古籍整理出版专项经费的引导作用，加大古籍整理出版工作在内容、管理、技术和人才培养机制等方面的创新力度，促进推出更多精品力作。

1. 着力引导古籍整理出版的内容创新

内容是出版业的核心竞争力，内容创新是精品力作的必备要素。国家新闻出版广电总局和古籍小组将重点从三方面引导古籍整理出版内容创新：一要挖掘古籍整理出版的深度，提倡和鼓励基于研究的高水平深度整理，充分吸收最新的研究成果，在整理方法、出版方式上根据不同类型古籍的特点加以创新，充分反映研究水平和整理含量。二要拓展古籍整理出版的广度，扩展学术视野，增强学术敏感，不断探索新的古籍版本，挖掘新的文献资料，拓展新的出版领域，系统性地整理出版散失海外文献、民间

文献、出土文献、科技文献。三要充分考虑需求的不同层次，认真研究当前形势下细分市场对古籍整理出版内容生产提出的新要求。深入了解不同层次读者对古籍整理图书的不同需求，做到有层次、有针对性地开发古籍整理图书。对于学术性的古籍整理图书，不仅要做到很好地服务学术，更要力争做到推动学术进步，引领学术发展；对于普及性的古籍整理图书，不仅要严谨准确，更要努力按照时代的特点和要求，赋予古籍新的时代内涵和现代表达形式，激活其生命力，增强其影响力和感召力，努力实现创造性转化、创新性发展。为了进一步加强普及性古籍图书的出版工作，国家新闻出版广电总局和古籍小组 2015 年将开展"中华优秀传统文化图书推荐活动"，在推荐优秀普及性古籍图书的同时深入总结此类图书的编辑出版经验，不断提高中华优秀传统文化普及图书出版水平。

2. 继续深化古籍整理出版的管理创新

古籍小组将深入总结已有的工作经验，根据古籍整理出版工作的发展和需要，努力构建古籍规划、经费资助、项目管理、质量检查、人才培养、推优表彰、舆论宣传等多环节紧密衔接的古籍整理出版全流程管理体系。一是提高管理信息化水平，建设国家古籍整理出版专项经费管理信息系统，实现项目、经费管理的全程追踪与追溯。同时，在组织编纂"新中国古籍整理出版图书总目提要"的基础上，构建涵盖图书、出版项目、整理专家、责任编辑等信息在内的古籍整理出版数据库，为管理工作提供有力决策依据和重要参考资料。二是逐步完善质量管理标准，通过组织制定《古籍整理图书质量评定细则》，建立涵盖学术质量和编校质量的古籍整理图书质量综合评价体系，进一步提高古籍整理出版的规范化水平和整体质量。目前，"古籍整理图书质量评定体系研究"已经作为重点项目列入国家新闻出版广电总局 2015年新闻出版课题研究指南。三是探索资质准入机制，对于承担国家专项经费项目的出版单位和责任编辑进行必要的资质准入。将对资助项目申报中弄虚作假、项目实施不力、项目成果质量不合格等问题计入信用档案，将出版资源向诚信、优质的出版单位倾斜。四是加大古籍整理优秀成果的宣传力度。2013—2014 年古籍小组充分利用光明日报等国家级媒体对古籍规划和古籍精品力作进行深入宣传，取得了很好的效果。2015 年古籍小组将持续对首届向全国推荐图书进行深入宣传，将评介总结文章汇编成书，既扩大古籍精品图书的影响力，也起到总结交流经验的目的。

3. 有力推动古籍出版与新技术的融合创新

出版业的发展，既离不开内容建设，也离不开先进技术的有力驱动。古籍数字化作为一种融合传统文化与现代技术、传统出版与新兴媒体的业态形式，其重要性和必要性日益彰显。推进古籍数字化的统筹与创新，是一项十分重要而紧迫的工作。学术界和文化界非常关注，广大读者也非常需要。2014 年，国家新闻出版广电总局召开局长办公会对此进行专题研究探讨，确立了基本的工作思路。在此基础上，古籍小组通过广泛调研、反复论证，决定以整合全国古籍整理出版数字资源为基础，推进建立具有较高整理水平、较强创新能力、较大资源规模的国家级古籍整理出版数字平台，并以平台建设为抓手，切实推动我国古籍整理出版数字化工作的统筹协调和集约化发展，从而系统解决目前古籍数字化工作中存在的人才培养、标准建设、质量控制等方面的问题。该平台的建设将充分发挥骨干企业的示范作用，创新平台运营的体制机制，积极探索以资源和资本为纽带的平台建设发展路径，通过平台的企业化管理、市场化运营和可持续发展，全面提高整个古籍整理出版行业的技术水平，实现社会效益与经济效益的有机统一。为了推进平台的建设，国家新闻出版广电总局和古籍小组做了大量的统筹、协调和指导工作，平台建设目前已经进入实质性操作阶段。下一步，国家新闻出版广电总局和古籍小组将与有关部委密切合作，充分运用资金、资源等手段，有力推动平台建设，为古籍整理出版的技术创新和升级发展提供强有力的保障。

4. 努力探索古籍人才培养的机制创新

做好古籍整理出版工作，队伍是基础，人才是关键。目前经过各方努力已经建立起一支古籍整理出版队伍，但是总的来看，与新形势下古籍整理出版的新要求还不相适应，突出反映在高水平古籍编辑不足、领军型古籍编辑培养乏力，古籍编辑队伍不够稳定，部分出版单位的专业古籍编辑流失严重，队伍结构存在断层等方面，这就迫切需要我们研究进一步改善人才培养机制，加大人才培养力度。古籍小组正在探索建立短期培训、项目培养、专业培养相结合，多层次、全覆盖的古籍人才培养机制，积极推动高等院校定点培养高级古籍专门人才的模式，注重培养古籍整理出版领域的学者型编辑、领军性人才。

充分发挥学术理论报刊的示范引领作用 *

党的十八大以来，习近平总书记在系列重要讲话中，对培育弘扬社会主义核心价值观的重大意义、重要方针和目标任务进行了深刻阐述。

近年来，国家新闻出版广电总局围绕学习贯彻习近平总书记系列重要讲话精神和中共中央办公厅《关于培育和践行社会主义核心价值观的意见》要求，全面部署了社会主义核心价值观主题出版工作，规划了社会主义核心价值观国家重点图书出版项目，实施了社会主义核心价值体系建设"双百"出版工程，开展了社会主义核心价值观主题阅读活动，在新闻出版界掀起了传播弘扬社会主义核心价值观的热潮。

广大学术理论类报刊积极响应号召，策划刊发了一大批优秀的学术成果，形成了强大的声势，取得了突出的成绩。2015 年 5

＊ 本文原载于《传媒》2015 年第 10 期。

月 18 日，中宣部和国家新闻出版广电总局联合召开学术理论报刊社会主义核心价值观宣传研究座谈会，发布了《2014 年我国学术理论报刊关于社会主义核心价值观宣传研究专题审读报告》（以下简称《报告》），总结学术理论报刊在研究传播社会主义核心价值观方面取得的成绩和经验，交流报刊媒体进一步加强和深化社会主义核心价值观宣传阐释的意见建议。总结和交流，是为了更好地推动我国学术理论报刊对社会主义核心价值观的宣传研究，使其产生新成果、迈上新台阶。

一、学术理论报刊宣传阐释社会主义核心价值观成效显著

国家新闻出版广电总局新闻报刊司委托中国人民大学书报资料中心撰写和发布的《报告》，是对学术理论报刊宣传研究社会主义核心价值观成果的一个总结。从《报告》中可以看出，培育弘扬社会主义核心价值观，既是近年来的理论热点，也是当前报刊宣传工作的一个重点，相关的宣传研究成效显著。

一是数量大，覆盖面广。2014 年，共有 314 种报纸、909 种期刊组织刊发了 5298 篇以社会主义核心价值观为主题的学术理论文章，涉及全国各省区市和高等院校、学会协会、社科联等各类主办单位。党报、行业报，宣传理论类期刊、学术研究类期刊都对这一主题进行了深入的研究和宣传。这些都充分说明，我国报刊尤其是学术理论报刊在重大问题上积极作为，主动发声。

二是质量高，内容丰富。2014年，学术理论报刊围绕社会主义核心价值观的重大理论和现实问题，从学理解读、体系建构、践行主体、培育路径等层面刊发了大量有学术分量的成果，在重大理论问题上达成基本共识，在理论热点难点上进行了深入探讨，为进一步推进社会主义核心价值观向广度和深度传播奠定了坚实的基础。

三是亮点多，形式创新。各学术理论报刊结合自身办刊宗旨和读者群体，从不同角度，以不同形式对社会主义核心价值观进行宣传阐释。如《求是》杂志每期刊发具有指导性的文章，权威解读社会主义核心价值观涉及的重要理论问题；《光明日报》开设"核心价值观百场讲坛"，通过组织专栏、专题、笔谈等灵活多样的形式，强调科学阐释，注重推陈出新；《中国特色社会主义研究》杂志以社会主义核心价值观为切入点，从中国特色社会主义文化建设、社会建设、改革开放、国家治理等角度对社会主义核心价值观进行深度解读；《道德与文明》杂志组织专家学者重点围绕社会主义核心价值观与中华传统文化的关系展开深入探讨；等等。

学术理论报刊作为发表创新思想成果的最重要媒介，既是学术界的阵地和窗口，也是报刊界的理论策源地。相信学术理论报刊在研究传播社会主义核心价值观方面取得的成果，将会为各类媒体更好地宣传阐释社会主义核心价值观，为在全社会更好地培育和践行社会主义核心价值观提供理论支撑，发挥重要作用。

二、充分认识社会主义核心价值观 宣传阐释的重大意义

一是宣传培育社会主义核心价值观，是推进中国特色社会主义伟大事业的需要。在当前经济发展进入新常态、深化改革进入关键期的时代背景下，社会主义核心价值观的宣传培育，将为建设中国特色社会主义提供价值引领，凝聚正面力量。在社会主义核心价值观的引领下，致力民族全面复兴，推动社会全面进步，促进人的全面发展。在社会主义核心价值观的凝聚中，最大限度地统一思想认识，构筑团结奋进的强大力量，就能够把全党全国人民的力量汇聚到实现"两个一百年"奋斗目标上来，共同推进中国特色社会主义事业向前发展。

二是宣传培育社会主义核心价值观，是建设中华民族共有精神家园的需要。在当前社会快速转型、价值观日益分化、思想意识多元多样多变的时代背景下，社会主义核心价值观既与中华优秀传统文化和人类文明优秀成果相承接，又与中国特色社会主义发展的时代要求相契合。培育弘扬社会主义核心价值观，有利于积淀中华民族的共同精神追求，建设中华民族的共有精神家园，推动中华文明生生不息、发展壮大。

三是宣传培育社会主义核心价值观，是增强国家文化软实力的需要。核心价值观是文化软实力的灵魂，文化的自信首先是价值观的自信。在当前中国日益走近世界舞台中央，思想文化领域

交流交融交锋日趋激烈的背景下，培育弘扬社会主义核心价值观，对内有利于不断增强人民的道路自信、理论自信、制度自信和文化自信，凝聚共同建设中国特色社会主义的精神力量；对外有利于我们讲好中国故事，塑造中国形象，增强中华文化的传播力和影响力，加快提升我国的文化软实力。

三、把社会主义核心价值观宣传阐释工作推向新高度

价值观建设是一个潜移默化、日积月累的工程，需要各级各类报刊久久为功。在当前已有成绩的基础上，各级各类报刊要采取有效措施，加大工作力度，把社会主义核心价值观的宣传阐释工作推向新高度。

一是要坚持正确导向，在深化研究扩大宣传上下功夫。作为社会主义思想文化的主流阵地，报刊出版单位必须把握正确舆论导向。其中，学术理论报刊要解决好用中国理论阐释中国实践的问题，不断深化对社会主义核心价值观的理论研究，为社会主义核心价值观内化于心、外化于行积淀深厚的思想理论基础；党报党刊要把社会主义核心价值观贯穿到日常形势宣传、成就宣传、主题宣传、典型宣传、热点引导和舆论监督中，拿出重要版面、推出专栏专题，灵活运用多种形式传播弘扬社会主义核心价值观，做到全媒体宣传、全栏目融入、全覆盖普及，不断巩固壮大积极健康向上的主流思想舆论；行业专业类报刊要更加积极地投入到社会主义核心价值观的宣传弘扬中来，加大宣传报道力度，进一

步增强新闻性、思想性、生动性，把理论宣传与舆论引导结合起来，把指导性与可读性结合起来，使宣传报道更加生动鲜活，入脑入心。

二是要坚持守正创新，在传承中华优秀传统文化上下功夫。中华优秀传统文化是我国民族的"根"和"魂"，宣传弘扬社会主义核心价值观必须大力弘扬中华优秀传统文化。要加强对优秀传统文化思想价值的挖掘，梳理中华优秀传统文化讲仁爱、重民本、守诚信、崇正义、尚和合、求大同的思想精华，用民族魂脉滋养中国人的精神世界。同时，要对传统文化进行系统的梳理甄别，坚持古为今用、推陈出新，对中华优秀传统文化作出通俗易懂的当代表达，赋予新的时代内涵，使之与中国特色社会主义相适应，成为涵养社会主义核心价值观的重要源泉。

三是要坚持以文化人，在创新方式、落小落细上下功夫。价值观建设是一项灵魂工程，必须润人心、接地气，在贯穿结合融入上下功夫，在落细落小落实上下功夫。学术理论类报刊要不断策划推出深入浅出、情理交融、可信可学的文章，在潜移默化中发挥道德教化和智识教育的功能；都市类、行业类报刊要发挥自身优势，适应分众化特点，联系群众身边事例，运用大众化语言，用小故事讲大道理，在生动活泼的宣传报道中引导人们培育和践行社会主义核心价值观；外宣类报刊要运用易于为人们接受的融通中外的中国语言，讲好中国故事，体现中国风格，对外宣传好、传播好社会主义核心价值观。

四是要坚持媒体融合，在应用新媒体新技术上下功夫。媒体融合是发展所向、大势所趋，社会主义核心价值观的宣传阐释、弘扬传播同样要借助新媒体新技术的力量。各级各类报刊要立足自身特点，促进传统出版与数字出版融合，用正面声音和先进文化占领网络阵地，为社会主义核心价值观的培育弘扬营造良好的网上舆论环境，集聚网上舆论引导合力。

五是要坚持主题教育，在弘扬民族精神和爱国主义精神上下功夫。2015 年是中国人民抗日战争暨世界反法西斯战争胜利 70 周年，中央将隆重举行纪念活动，这为宣传弘扬社会主义核心价值观提供了重要契机。报刊媒体要围绕中央部署，宣传抗日战争的伟大历史意义和中国人民付出的巨大民族牺牲，宣传中国共产党的中流砥柱作用是抗日战争胜利的关键。弘扬以爱国主义为核心的伟大民族精神，因势利导，加强社会主义核心价值观建设。

宣传弘扬社会主义核心价值观，是强基固本的灵魂工程，是必须始终抓好的国家战略。报刊作为传播社会主流价值的主渠道、主阵地，在这项凝魂聚气、强基固本的基础工程中，承担着光荣的历史使命。我们要深刻认识宣传弘扬社会主义核心价值观的重大意义，经年累月，承担好宣传、阐释、研究、培育社会主义核心价值观的责任，为建设中华民族的共有精神家园，实现中华民族伟大复兴的中国梦作出新的更大贡献。

积极推进儿童文学出版繁荣 *

党的十八大以来，儿童文学出版工作面临着新的形势、新的任务、新的要求。推进儿童文学出版进一步繁荣发展，为少年儿童提供更好更多的精神食粮，是出版工作者肩负的神圣职责和历史使命。我们要把中央要求与自身实际结合起来，进一步认清儿童文学出版在培养德智体美劳全面发展的社会主义建设者和接班人中的重要地位，明确职责、细化措施、抓好落实，推动儿童文学出版工作开创新局面。

一、广泛开展主题出版，
在少年儿童中培育和践行社会主义核心价值观

习近平总书记曾指出："任何一个思想观念，要在全社会树立

＊ 本文为作者 2015 年 7 月 9 日在全国儿童文学创作出版座谈会上讲话的一部分。

起来并长期发挥作用，就要从少年儿童抓起。"培育和践行社会主义核心价值观更要从小抓起，从孩子们的读书学习抓起。儿童文学出版工作要引导和教育少年儿童树立崇高的理想信念，打牢实现中国梦的思想道德基础，激励和引导广大少年儿童自觉地为实现中华民族伟大复兴中国梦而努力奋斗。要进一步深化社会主义核心价值观主题出版工作，着力讲好中国故事，用少年儿童身边的故事教育感化他们。

要着力推出一批大力弘扬中华优秀传统文化的少儿文学读物，发掘一批立足我国优秀传统文化，结合时代特点，阐发中华传统文化的优秀少儿文学出版物，使少年儿童从小受到中华传统美德和传统文化的滋养和浸润。

二、紧紧抓住中心环节，倾力打造儿童文学精品力作

推动儿童文学出版繁荣发展，最根本的是要创作生产出无愧于我们这个伟大民族、伟大时代的优秀作品。当代儿童文学出版精品，既要有健康向上的思想，也要有百看不厌的内容，还要有喜闻乐见的形式。面对时代的呼唤，面对现实的要求，我们必须把多出优秀作品作为儿童文学出版工作的中心环节，作为少儿出版工作者的立身之本，牢固树立精品意识，向经典看齐、以名家为范，在培育精品力作上花更大力气、出更多成果。

对我们出版人来说，一边是一批大作家，一边是众多小读者。所以，我们要做好作者与读者的纽带，架好创作走向阅读的桥梁。

我们的使命和担当，就是要深入了解作家，深刻懂得读者，帮助孩子们在亲近文学中获得滋养。今天，在我们党带领全国人民实现中华民族伟大复兴中国梦的新征程中，少儿出版工作者更要始终坚守少儿文学出版的价值和责任，始终坚持质量第一、精益求精，深入研究不同性别、不同年龄、不同群体、不同地域少年儿童审美能力和阅读需求，努力服务那些潜心创作的少儿文学作家，大力扶持那些具有成长性的少儿文学作者，支持作家们"为小孩子写大文学"，在小读者中树立大品牌，推动形成儿童文学之苑繁花盛开的新局面。

三、持续加大扶持力度，
为儿童文学的创作出版提供保障

支持创新、激励创新、引导创新是提高我国儿童文学原创水平和竞争力的重要源泉。我们要加强规划引导，不断完善少儿出版领域规划体系，继续抓好重点出版项目，积极培育知名品牌；要加大政策扶持，通过国家出版基金资助、产业发展项目支持等，将政府资源更多向精品出版项目、优质出版单位倾斜；要完善评价标准、改进评奖机制，把原创精品生产情况作为检验出版单位、编辑人员的核心指标；要推动少儿传统出版和数字出版、网络出版的融合发展，丰富内容呈现方式，增强儿童文学读物的传播力和吸引力。

经过多年的工作实践和经验总结，儿童文学精品创作和出版的"三级重点出版物出版规划网络机制"已经形成。当前正在实施的国家"十二五"重点图书出版规划中，未成年人出版物子规划共列入 118 个重点项目。正在筹备的"十三五"出版规划中，儿童文学也将继续获得出版规划的重点扶持。同时，通过中国出版政府奖、国家出版基金等评奖评优、资金资助等方式对儿童文学出版进行持续引导和积极扶持。以国家出版基金为例，2014 年资助的少儿出版物金额达 2000 多万元。我们还通过实施经典中国国际出版工程、丝路书香工程、版权输出普遍奖励计划等措施，大力推荐中国优秀儿童文学作品"走出去"。

四、深入推进全民阅读，
努力满足少年儿童的阅读需求

党的十八大历史性地把"开展全民阅读活动"作为扎实推进社会主义文化强国建设的重要举措作出部署。我国有 3 亿多少年儿童，他们的阅读状况，关系着少年儿童的成长，关系着伟大祖国的未来。习近平总书记指出："人生的扣子从一开始就要扣好。"促进少年儿童阅读，重点要促进少儿文学阅读。优秀的儿童文学读物不仅给少年儿童带来心灵愉悦，还能让少年儿童感受和认知中华优秀传统文化魅力，理解和认同社会主义核心价值观，帮助少年儿童扣好人生第一粒扣子。

随着互联网的快速发展和读屏读图时代的到来，我国少年儿童图书阅读率有所下降，特别是还有大量革命老区、民族地区、边疆地区、贫困地区的孩子以及全国6100多万农村留守儿童，他们的阅读状况还没有得到应有的关注。我们有责任以政府推介、社会推广、专业推荐等多种方式，把小读者们领进少儿文学阅读的美丽殿堂。要为少年儿童的阅读创造更好的条件，推荐更多的好书，进行更专业的指导。要科学研究不同群体、不同年龄段、不同性别少年儿童的认知能力和特点，吸收借鉴发达国家成熟的儿童分级阅读经验，大力推动儿童基础阅读工程，保障少年儿童的基本文化权益、满足小读者们多层次的阅读需求。

我们将通过制定实施《全民阅读促进条例》等法律法规，遴选奖励"书香之家""书香之乡"，开展优秀少儿读物推荐、"百社千校书香童年"阅读活动，实施"书香·童年"学龄前儿童基础阅读工程等，坚持不懈地倡导少年儿童爱读书、读好书、善读书，营造良好的全民阅读氛围。我们要积极推动改善孩子们的阅读环境和阅读设施，让越来越多的没有阅读条件的孩子们因此受益，让越来越多大山深处、贫困家庭的孩子享受到读书的乐趣，让少儿出版的发展成果惠及千家万户和亿万儿童。

五、切实抓好队伍建设，
培养更多献身儿童文学出版事业的编辑人才

儿童文学出版的繁荣发展需要更多的编辑人才。精品力作的不断涌现，有赖于一批批优秀的、出色的、高端的创作、编辑、出版人才。就出版环节而言，精品力作首先要有出色的策划、选

择能力，吸引作者的能力，加工提高的能力，这反映了编辑的素质，出版社的眼光和品位。我们要为人才成长、人才使用创造良好条件和环境。要不拘一格选拔人才，既需要懂出版、会经营、善沟通的复合型人才，也需要在文学创作、内容创新、设计创意等方面有突出特长的专门人才，要为他们提供发挥作用的舞台。要加强对少儿出版工作者的专业培训，把少儿心理的特征、少儿阅读的特点、少儿图书的出版规律作为重点，为优秀产品的涌现提供强大的人才支撑。

伟大的时代赋予我们伟大的使命。为孩子们奉献出更多更好的精神食粮，既是所有儿童文学作家的责任，也是所有少儿出版工作者的责任。让我们一起携手，写好书，出好书，共同营造一个美好的儿童文学世界，为培养德智体美劳全面发展的社会主义建设者和接班人作出我们的贡献！

办好少儿报刊，促进少儿健康成长 *

2014 年 12 月 15 日，中宣部和国家新闻出版广电总局召开了全国少儿出版工作会议，对做好少儿出版工作提出了明确要求，作出了新的部署。为了进一步落实这次会议的精神，中宣部出版局、国家新闻出版广电总局新闻报刊司于 2015 年 6 月 23 日共同组织召开全国优秀少儿报刊座谈会，目的是总结交流经验，充分发挥优秀少儿报刊在推动少儿出版工作方面的示范引领作用，为广大少年儿童健康成长营造良好文化环境。

一、充分肯定近年来少儿报刊出版工作取得的成绩

党的十八大以来，全国少儿报刊出版单位认真学习宣传党的十八大和十八届三中、四中全会精神，深入贯彻落实习近平总

---

* 本文原载于《传媒》2015 年第 13 期。

书记在全国宣传思想工作会议和文艺工作座谈会上的重要讲话精神，少儿报刊呈现健康向上的良好态势。

一是内容建设不断加强。全国少儿报刊落实中央要求，积极抓好宣传贯彻习近平总书记系列重要讲话精神、中国特色社会主义和中国梦宣传教育、培育和践行社会主义核心价值观等主题出版活动，围绕"红领巾相约中国梦""核心价值观记心中""优秀传统文化在我身边"，以及"雏鹰争章""少年科学院""少年军校""红领巾小社团""中国少年儿童平安行动"等主题实践活动，大力推进内容建设。《中国少年儿童》开设了"我为社会主义核心价值观代言"专栏，《中国少年报》开展了"红领巾相约中国梦"主题活动等。各少儿报刊以丰富多样的形式，推出少儿精品力作，不断满足少年儿童精神文化需求，让孩子们在良好的文化环境中健康快乐地成长。

二是产品结构趋于优化。目前，我国共有少儿报刊260余种（不包括教辅类报刊），涵盖综合、文学、科普、动漫、低幼等不同种类。既有《中国少年报》《学与玩》《幼儿画报》等影响几代人的名报名刊，也有《环球少年地理》《小聪仔》等近年来迅速发展的后起之秀；既有发达地区品牌报刊，也有偏远地区、少数民族文字的优秀报刊，形成了基本满足不同年龄段少年儿童多样化阅读需求的少儿报刊体系。

三是融合发展进程加快。近年来，各少儿报刊顺应数字出版潮流，不断推动产业转型升级。大多数少儿报刊都推出了官方网站、微博、微信等平台，部分少儿报刊还通过MPR有声点读技术、AR增强现实技术等，为读者创造立体丰富的阅读体验，通过开发电子刊、视听APP等，进行多媒体全方位的传播。此外，许多少儿报刊还利用自身平台优势开展图书发行、动漫制作、游戏开发、教育培训、少儿用品开发等，实现了多业态并举和产业链延伸。

四是整体实力稳步提升。近年来，各少儿报刊坚持改革，苦练内功，内容原创力、市场竞争力、品牌影响力、国际传播力稳步提升。在坚持原创方面，《儿童文学》《少年文艺》等刊物秉承纯正文学期刊宗旨，培育几代作家成长；在形式创新方面，《哈哈画报》获得"多功能画刊"国家专利，《嘟嘟熊画报》首创互动式阅读体验玩具画刊；在开拓市场方面，《知音漫客》着力推动原创民族动漫，创下平均期发行量150余万份的佳绩；在中国港澳地区以及国际传播方面，《东方娃娃》成绩斐然，充分展现了我国少儿报刊的实力和竞争力。

五是市场环境明显改善。自2008年以来，国家新闻出版广电总局连续开展向全国少年儿童推荐优秀少儿报刊活动。2013年，中宣部、国家新闻出版广电总局等5部门联合开展净化少儿出版物市场专项行动，对存在偏离办刊宗旨、一号多刊、内容低俗等问题的5种期刊作出行政处罚并进行公开曝光。2014年，国家新闻出版广电总局新闻报刊司开展了少儿报刊专项质检，对差错率较高的20种报刊进行了通报批评和跟踪检查。以上这些措施，通过扶优惩劣，为少儿报刊健康繁荣发展营造了良好环境。

二、进一步增强做好少儿报刊工作的使命感

少年儿童是祖国的未来，是中华民族的希望。党的十八大以来，以习近平同志为核心的党中央高度重视少年儿童工作，关怀少年儿童的健康成长，为新形势下我国少儿出版工作指明了方向。2013 年 5 月 29 日，习近平总书记来到北京市少年宫，同来京参加交流体验活动的全国少年儿童代表，一起参加"快乐童年、放飞希望"主题队日活动。习近平总书记指出，实现我们的梦想，靠我们这一代，更靠下一代。并强调，孩子们成长得更好，是我们最大的心愿。党和政府要始终关心各族少年儿童，努力为他们学习成长创造更好的条件。全社会都要关心少年儿童成长，支持少年儿童工作。对损害少年儿童权益、破坏少年儿童身心健康的言行，要坚决防止和依法打击。

对照习近平总书记重要讲话精神，对照党中央要求，对照广大少年儿童和天下父母的期待，我们深感肩上的担子很重，脚下的路还很长。我们要清醒地认识到，我国少儿报刊工作虽然取得了不小的成绩，但是，与中央的要求、少年儿童的需要相比，还存在一定的差距，需要我们进一步增强责任感使命感。少儿报刊出版工作面临着新的形势、新的任务和新的要求。

一是培育和践行社会主义核心价值观，对少儿报刊工作提出了新的更高要求。习近平总书记 2014 年 5 月 30 日在北京市海淀区民族小学主持召开座谈会时强调，"一个民族的文明进步，一

个国家的发展壮大，需要一代又一代人接力努力，需要很多力量来推动，核心价值观是其中最持久最深沉的力量"，"任何一个思想观念，要在全社会树立起来并长期发挥作用，就要从少年儿童抓起"。当前，个别少儿报刊还存在着价值偏差、内容低俗的问题，对此要引起高度重视。少儿报刊出版工作必须切实把思想统一到党中央要求上来，坚持正确价值引领，坚决摒弃低俗不良内容。通过每一种报刊、每一篇文章、每一个故事，教育引导广大青少年树立远大志向，培育美好心灵，让社会主义核心价值观的种子在少年儿童心中生根发芽、开花结果。

二是为少年儿童提供更多优秀作品，对少儿报刊工作提出了新的更高要求。习近平总书记在文艺工作座谈会上强调，必须把创作生产优秀作品作为文艺工作的中心环节，创作生产更多思想性、艺术性、观赏性有机统一的优秀作品。当前，还有极少数少儿报刊质量低劣的问题不容忽视，表现在内容上粗制滥造、品位不高，编校质量不合格，给少年儿童的阅读和教育带来负面影响。少儿报刊工作者要把"思想精深、艺术精湛、制作精良"作为追求的目标，用教育家的情怀、出版家的智慧潜心追寻、精心编校，推出更多适合少年儿童健康成长的精品力作。

三是少儿出版快速发展的时代背景，对少儿报刊工作提出了新的更高要求。当前，少儿报刊进入了新中国成立以来发展最快的时期。但是，在创新发展方面还存在一些突出问题。有的内容创新不够，一些少儿报刊存在着内容跟风炒作、原创不足，传播手段陈旧的问题；有的不能适应新技术、新媒体时代少儿阅读的需求。少儿报刊工作者一定要深入生活、深入实际，针对当代少年儿童的身心特点、阅读习惯，有针对性地策划内容、设计载体、丰富表现形式，在加入新元素、展现新面貌上下功夫，真正做到鲜活生动、有益有趣，为孩子们所喜闻乐见。

三、多出精品力作，
为少年儿童健康发展营造良好文化环境

少儿报刊的根本职责是要把实现中国梦的远大理想、弘扬社会主义核心价值观的要求，贯穿融入各类作品中，教育和引导少年儿童从小牢固树立和践行社会主义核心价值观。通过创作和生产更多更好的精品力作，点亮孩子们的梦想，滋润孩子们的心灵。

一是要坚持不懈地抓好出版导向。抓好出版导向是做好少儿报刊工作的底线。各少儿报刊主管主办单位要牢牢把握正确的出版导向，加强内容把关，不断增强政治意识和责任意识，把社会效益、社会价值放在首位，坚决抵制低俗之风，积极弘扬主旋律，传播正能量。

二是要大力弘扬社会主义核心价值观。要积极引导和教育少年儿童树立崇高的理想信念，打牢实现中国梦的思想道德基础。要根据少年儿童特点，精心策划选题，着重讲好中国共产党全心全意为人民谋利益的故事，讲好中国道路的故事，讲好中国梦的故事，讲好改革开放的故事，讲好博大精深中华文化的故事，讲好少年儿童做人、立志、创造的故事。教育引导少年儿童从小牢固树立和践行社会主义核心价值观，做有理想、有道德、有文化、有纪律的社会主义事业建设者和接班人。

三是要大力弘扬中华优秀传统文化。中华优秀传统文化是中华民族的精神之根和文化之魂，包含着见义勇为、助人为乐、诚信为本、敬孝友善等激励人们向上向善的丰富内容。我们要认真汲取中华优秀传统文化的思想精华和道德精髓，按照古为今用、推陈出新的要求，发掘一批立足我国优秀传统文化，结合时代特点，阐发中华传统文化讲仁爱、重民生、守诚信、崇正义、尚和合、求大同的优秀少儿题材，向孩子们讲清楚中华传统文化的历史渊源、发展脉络、基本走向，讲清楚中华文化的独特创造、价值理念、鲜明特色。通过打造具有中国特色、中国风格、中国气派的少儿报刊，使少年儿童从小受到中华传统美德和传统文化的滋养和浸润。

四是要积极推进融合发展。少年儿童是最易接受新鲜事物的群体，也是未来数字时代的主人，少儿报刊要适应数字出版的潮流，充分运用新媒体新技术，做好内容与技术、内容与终端、内容与平台、内容与渠道的有效嫁接，把握数字时代的主动权。此外，少儿报刊还应发挥自身在联系读者、服务人群方面的平台优势，做好对孩子、家长、老师的综合服务，提升读者服务，开拓多元化和产业化发展的广阔空间。

五是要充分发挥品牌报刊示范引领作用。2008年以来，国家新闻出版广电总局连续举办向全国少年儿童推荐优秀少儿报刊活动，获评的报刊是我国少儿报刊中的标杆，代表了我国少儿报刊的最高水准。国家新闻出版广电总局和各级新闻出版行政部门、各少儿报刊主管主办单位将加大对优秀报刊的宣传推介力度和政策资金扶持力度，并把优秀少儿报刊纳入"百社千校书香童年"阅读活动中，充分发挥优秀少儿报刊的示范引领作用。国家新闻出版广电总局全民阅读活动办公室在中国儿童中心、青少年阅读体验大世界挂牌成立"全国少儿报刊阅读基地"，目的是让更多的孩子阅读到优秀的少儿报刊，让优秀少儿报刊在全民阅读、"书香童年"的建设和培育中发挥更加积极和重要的作用。

少儿报刊出版事业，事关祖国下一代成长，事关民族的希望。如梁启超先生所说：少年智则国智，少年富则国富，少年强则国强，少年进步则国进步。少儿报刊工作使命光荣，责任重大。让我们用知识浇灌幼苗，用阅读温暖童心，为祖国的未来，为孩子们的健康成长，作出我们应有的贡献。

加强中外交流合作，推动出版国际化发展 *

近年来，中国出版业的繁荣发展得益于改革开放的不断深化，得益于传统媒体与新兴媒体的不断融合，得益于中外出版交流合作的不断深入。2014 年，中国出版业继续保持增长态势。中国出版、印刷和发行服务实现营业收入 19967.1 亿元，较上年增长 9.4%；利润总额 1563.7 亿元，较上年增长 8.6%。2014 年共出版图书 44.8 万种，图书出版实现营业收入 791.2 亿元，较上年增长 2.7%。数字出版成为中国出版业增长最快的板块，2014 年实现营业收入 3387.7 亿元，较上年增长 33.4%。其增长速度在新闻出版各产业类别中名列第一，经济规模跃居全行业第二。

一、出版交流合作取得新成效

近年来，中外出版交流合作取得了令人瞩目的成绩，主要表

---

* 本文原载于《中国出版》2015 年第 18 期。

现为四个方面。

1. 中外出版交流合作的空间不断拓展

中外出版交流合作在保持传统优势的同时，不断适应数字网络技术的发展，向数字出版领域延伸。版权贸易中，数字出版产品特别是电子出版物版权交易总量连续增长。实物贸易中，中外出版销售企业通过网络书店合作，实现中国图书在全球的同步销售。截至 2015 年 6 月，中国图书上线"亚马逊中国书店"规模已达 39 万种，覆盖全球 185 个国家和地区，发行 26 万多册。

2. 中外出版交流合作的内容不断丰富

近年来，我们实施了经典中国国际出版工程、中国图书对外推广计划等项目，支持反映当代中国主题等领域优秀图书的翻译出版。自 2013 年起，经典中国国际出版工程对海外出版企业和译者全面开放，共资助 10 多家国外出版机构的 30 多种图书的翻译出版。此外，通过中外图书互译计划和文化协议，中国和 50 多个国家正在推动相互翻译出版对方经典和当代优秀文学作品。

3. 中外出版交流合作的平台更加多样

目前，中国每年参加的国际重要书展遍布五大洲。北京国际图书博览会经过 20 多年的努力，已经成为中外出版交流合作的重要平台和国际重要书展，版权贸易、参展国家和地区、参展企业等核心指标逐年提升。

4. 中外出版交流合作的成效更加显著

2011 年中国版权贸易总量是 24422 种，2014 年增长到 26988 种。版权引进品种与版权输出品种比例由 2004 年的 8.6∶1 变为

1.6：1。版权引进和输出比例结构不断改善，中外版权贸易逆差正在缩小；语种结构不断改善，在英文版权贸易不断增长的同时，其他语种特别是小语种版权贸易实现较快增长；内容结构不断改善，一批反映当代中国主题的优秀出版物进入国际市场。

二、开创出版交流合作的新局面

面对中外出版交流合作的新趋势、新要求，需要从以下五个方面发力，进一步推动中外出版交流合作。

1. 努力提升中外出版交流合作的内容品质

中外出版交流合作要始终将内容品质放在首要位置。希望中外出版商在交流合作中，共同策划、生产和翻译出版一批反映当代中国发展状况、发展道路，介绍当代中国价值观和中华优秀传统文化、文学艺术和学术研究成果的精品出版物。同时，中国也会一如既往地做好版权引进和翻译出版工作，把世界各国的优秀出版物引入中国，吸收借鉴人类一切优秀文明成果。

2. 继续加大中外出版交流合作的支持力度

我们将继续鼓励和支持中外出版企业开展深入合作，中国图书对外推广计划、经典中国国际出版工程、中外图书互译计划等重大项目将加大对中外出版企业共同合作出版的图书翻译支持力度，强化重点工程项目的支撑作用。同时，继续办好中华图书特殊贡献奖，表彰在翻译出版中国图书、促进中外文化交流等方面作出突出贡献的外籍和外裔中国籍作家、翻译家和出版家。

3. 持续建设中外出版交流合作的国际平台

我们将继续支持办好北京国际图书博览会，欢迎更多国家和地区的出版企业参展，开展业务交流和合作。同时，积极支持和鼓励中国出版企业在重要国际书展举办中国主宾国活动，搭建中外交流合作书展平台。与此同时，与国外重要出版传媒集团和相关高等院校合作，逐渐形成中外交流合作人才培养平台。

4. 积极培育中外出版交流合作的知名企业

企业是开展中外出版交流合作的主体。要将继续鼓励中国出版企业和国外出版企业一道，在出版物翻译编辑、制作印刷、销售发行、资本合作、技术研发、人才培养等方面开展全方位合作。

5. 加快推进"一带一路"倡议下的中外出版交流合作

建设"丝绸之路经济带"和"21世纪海上丝绸之路"是中国政府提出的重大倡议，给中国和"一带一路"沿线国家的出版交流合作提供了重要机遇。我们将组织实施出版交流合作的重点工程项目，打造丝路书香共同体，形成出版资源互联互通、渠道共享共用、内容共同开发、产业共同发展的出版交流合作新格局。

站在新的历史起点上，世界出版业面临着"互联网+"发展的重要机遇，中国出版业具有广阔的发展空间。我们诚挚地欢迎世界各国的朋友们和中国出版界一道，进一步加强交流合作，共同开创世界出版业的美好未来。

做好出版规划，多出精品力作 *

2015 年是总结"十二五"出版规划，谋划"十三五"出版规划的重要一年。国家新闻出版广电总局已经启动了制定"十三五"出版规划的相关工作。2015 年 7 月 23 日，国家新闻出版广电总局正式下发了《关于编制"十三五"国家重点图书、音像、电子出版物出版规划的通知》，就重点出版物规划工作作了整体安排和部署。科学制定"十三五"国家重点出版物出版规划，对于进一步实施精品战略，促进新闻出版业的繁荣发展，建设社会主义文化强国，提升国家文化软实力，具有十分重要的意义。

---

* 本文原载于《中国出版》2015 年第 19 期。

一、充分肯定"十二五"时期图书出版取得的成绩

（一）"十二五"时期图书出版业持续发展

1.品种结构更加优化

"十二五"时期，出版工作按照中央要求，把社会效益放在首位，努力实现社会效益与经济效益相统一，进一步深化改革，优化结构，我国图书出版业质量、效益稳步提升，呈现出可持续发展的良好态势。

2014年统计数据显示，与"十一五"末的2010年相比，一是图书总品种年增长幅度下降。2014年全国共出版图书44.8万种，较2013年的44.4万种增长0.9%，2010年全国共出版图书32.8万种，较2009年的30.2万种增长8.8%，2014年与2010年相比，图书出版总品种年度增长幅度回落近8个百分点。二是新书品种年增长幅度下降。2014年全国共出版新书25.6万种，与2013年持平，2010年全国共出版新书18.9万种，较2009年的16.8万种增长12.5%，2014年与2010年相比，新书品种增长幅度回落超过12个百分点。三是重版、重印书在总品种中的比重增大。2010年重印、重版书占年度总品种量的42.4%，2014年重印、重版书占年度总品种量的43.08%，比重提高了0.68%。

从上述统计数据可以看出，在新媒体快速发展的背景下，图书出版依然具有很强的生命力，保持了平稳发展的良好势头。同时，出版业不断增强精品意识、质量意识，积极推进由追求数量

规模向提高质量效益转变。

2. 产业效益明显提升

"十二五"时期，我国出版业在规模持续扩大、结构不断优化的同时，产业整体指标也不断向好。2014年，中国出版、印刷和发行服务实现营业收入19967亿元，较2013年的18246亿元增长9.4%，较2010年的12375亿元增长61%；利润总额达1563.7亿元，较2013年的1440亿元增长8.6%，较2010年的1076亿元增长45%。

具体到图书出版业，2014年与2010年相比有以下几方面的重要变化：一是营业收入增长。2014年图书出版实现营业收入791.1亿元，较2013年的770.8亿元增长2.7%，较2010年的537.9亿元增长47%。二是利润增长。2014年图书出版实现利润总额117.1亿元，较2013年的118.6亿元略降1.3%，较2010年的77.2亿元增长52%。三是总印数增长。2014年全国图书总印数为81.9亿册（张），较2013年的83.1亿册（张）略降1.5%，较2010年的71.7亿册（张）增长14%。

从上述数据可以看出，"十二五"时期图书出版在营业收入、利润总额、总印数等方面较之"十一五"时期都有了重要的发展。

（二）"十二五"国家重点图书出版规划取得重要成果

"十二五"以来，全国出版行业抓住机遇，深化改革，通过实施《"十二五"国家重点图书、音像、电子出版物出版规划》，推出了一大批精品力作，为服务党和国家工作大局，服务经济社会发展，服务人民群众精神文化需求作出了重要贡献。同时，为

做好出版规划，多出精品力作 /

推动出版业的内容建设和产业发展提供了重要支撑，促进出版业又好又快发展，迈上了新的台阶。目前，国家新闻出版广电总局正在对"十二五"出版规划执行情况进行终期评估，有关材料还在进一步汇总、分析和整理。从初步统计情况看，"十二五"出版规划执行情况良好，已基本完成规划各项任务。

1. 规划执行有力，整体进展顺利

国家新闻出版广电总局高度重视出版规划的执行工作，切实强化出版规划对行业的引领和带动作用，积极推进出版规划各项任务的落实。国家新闻出版广电总局于 2013 年和 2015 年对出版规划分别进行了中期评估和终期评估。评估工作在执行情况年度检查的基础上，增加了项目完成情况的评估指标，设计了成果质量、社会效益、经济效益等方面的量化参数，根据各出版单位上报的评估数据进行统计分析，便于及时反映出版规划所取得的新进展和新成果。同时，国家重点出版物出版规划实行动态管理，根据新的形势和要求，国家新闻出版广电总局每年都会有重点、有步骤地开展增补和调整工作，及时将最新的优秀科研成果和文艺作品纳入规划，不断完善以"十二五"出版规划为主体，民文规划、古籍规划、辞书规划等专项规划为重要支撑的国家中长期重点出版物规划体系。

通过加强管理、严格督促和有力保障，规划执行得到较好的落实，不仅保证了规划项目实施的总体进度，而且部分项目成果实现了社会效益和经济效益的双效统一。最新统计数据表明，"十二五"出版规划完成率达到 90.2%，完成情况良好，总体进展

情况达到预期目标，尤其是古籍规划、辞书规划这两个专项规划，跨越多个五年规划期。古籍规划是规划期为2011—2020年的10年规划，辞书规划是规划期为2013—2025年的13年规划，两个专项规划中古籍规划完成率达38.3%、辞书规划完成率达34.4%，执行情况较好。

"十二五"国家重点出版物出版规划执行顺利，较好完成了各项任务，是各省级新闻出版主管部门、承担项目的出版社，以及广大出版工作者、编著者共同努力的结果。规划实施以来，全国出版单位主管部门及出版单位高度重视，其中上海、江苏、浙江、湖南、安徽、湖北、陕西、广东、山东、四川、新疆等省（区、市）新闻出版局，化学工业出版社、北京大学出版社、中国人民大学出版社、社会科学文献出版社、北京大学医学出版社、中国水利水电出版社、高等教育出版社、中国建筑工业出版社、科学出版社等中央国家机关主管出版社的规划执行情况较好，在抓规划、促落实方面取得了较为突出的成绩。

这些主管部门和出版单位从实施规划入手，为促进精品出版，积极推进创新管理，采取了一系列行之有效的措施，取得了明显成效，形成了一些值得推广的有益经验。一是科学规划、长远布局，科学组织实施规划，以重点项目推动出版创新、促进精品生产、提升出版实力；二是明确领导职责，强化进度检查、质量监督、目标责任和人才激励等一系列保障机制；三是多种措施并举，着力挖掘和开发重点文化资源，集中出版优势，坚持精编、精校、精印，确保项目的出版质量和社会效益；四是集思广益，提高文化品质，在规划的策划与实施过程中，充分发挥论证的作用，广泛听取和吸收专家的意见和建议；五是加强媒体宣传和营销发行相结合，扩大规划项目的社会影响。

2. 重点出版物成果丰硕，精品力作迭出

目前，"十二五"国家重点出版物出版规划已推出 2877 个精品项目成果。这些重点出版物导向正确、内容丰富、题材广泛、重点突出、特点鲜明，体现了较高的文化品质、学术水平和出版质量，为国家文化软实力的提升和出版强国建设奠定了坚实基础。主要表现在以下几个方面。

一是弘扬社会主义核心价值观，推出一批反映马克思主义中国化时代化大众化、加强中国特色社会主义理论研究和普及的重要成果。人民出版社的《马克思恩格斯选集》（第 3 版）、《列宁选集》（第 3 版修订版），全面反映了马克思列宁主义的科学理论体系，为准确理解和运用马克思主义基本原理、深入学习和研读马克思主义经典提供了坚实的文本基础；湖南教育出版社的《马克思主义中国化与当代中国丛书》、凤凰出版社的《马克思主义中国化史》等阐述了马克思主义中国化的新发展和新成果；中共中央党校出版社的《中国特色社会主义新观点新论断研究丛书》、福建人民出版社的《中国特色社会主义史》等进一步深化和拓展了中国特色社会主义理论的研究；中国人民大学出版社的《社会主义核心价值观·关键词》、湖北教育出版社的《兴国之魂——社会主义核心价值体系释讲》、广东人民出版社的《历史视野下的中华民族精神》等从理论内涵、文化渊源与实践历程不同视角阐释了培育和践行社会主义核心价值观的重大意义。

二是围绕中心，推出一批配合党和国家重大活动及工作部署，唱响主旋律、传播正能量的主题出版物。为庆祝中华人民共和国成立65周年，当代中国出版社出版了大型历史资料丛书《中华人民共和国史编年》，以编年体的撰写体例全面回顾新中国各个领域的重大史实，为研究中华人民共和国史提供了翔实可靠的史料依据；格致出版社的《当代中国发展论丛》、湖南人民出版社的《中国发展道路》等从不同侧面书写新中国65年发展的历史篇章，从理论和实践两方面对中国发展道路、发展经验、发展特点进行研究和总结；青岛出版社的《中国共产党思想通史》、星球地图出版社和党建读物出版社合作出版的《中国共产党90年地图集》、四川人民出版社的《中国共产党史稿》、山东人民出版社的《中国共产党制度创新史》、上海人民出版社的《中国共产党历史图志》等项目全视角地展现了中国共产党波澜壮阔、艰苦卓绝、胜利辉煌的发展历程，研究和分析了中国共产党的发展历史，拓展了党史研究的广度和深度。

主题出版图书中，许多重点出版物一经推出即受到市场和读者青睐，不少出版物还走出国门，实现了多语种版权输出，在国际市场上产生良好反响。如2011年的重点出版物《历史的轨迹：中国共产党为什么能》，上市当年发行量即超过50万册，同期的重点出版物《中国共产党历史》（第二卷）发行量达到126万册；其他如《红色精神》等均有可观销量。2012年的重点出版物《中国共产党如何治理国家》首印20万册，上市1个月几近售罄；《浴血荣光》上市当月即进入全国各大书城销售排行榜前十，当当网新书销售排行榜第六名，深受各方关注。2013 年的重点出版物《毛泽东年谱（1949—1976）》已发行近 50 万册。2013 年、2014 年连续入选的重点出版物《理论热点面对面》，其系列丛书的总发行量已达 2500 万册。学习贯彻习近平总书记系列重要讲话精神主题出版重点出版物《习近平总书记系列重要讲话读本》发行量已突破 1500 万册，并被译成 20 余种外文，便于海外读者阅读学习。

三是服务大局，深入宣传阐释"四个全面"战略布局，推出一批反映经济、政治、文化、社会和生态文明建设各领域研究成果的重点出版项目。科学出版社的《二十世纪中国知名科学家学术成就概览》，由中国科学院、中国工程院、中国社会科学院、国家自然科学基金委员会等顶尖学术机构和重要管理部门众多知名院士和专家参与编撰，通过我国 3000 余位知名专家学者的求学经历和学术成就，反映了 20 世纪中华民族对人类科技、文化、经济与社会作出的巨大成就与贡献。中国农业科学技术出版社的《中国农业经济发展研究论丛》、社会科学文献出版社的《皮书系列》、北京大学出版社的《中国发展报告系列》、安徽人民出版社的《中国经济转型丛书》、湖南师范大学出版社的《开放型经济研究》、河北人民出版社的《中国新型城镇化建设重大问题研究丛书》、科学出版社的《综合风险防范关键技术研究与示范丛书》等针对我国经济转型与发展过程中一系列实践问题进行深入的探索和研究，对于促进经济持续发展具有重要的理论价值。学习出版社和海南出版社的《国家发展战略研究丛书》、党建读物出版社的《国情报告》、社会科学文献出版社的《当代中国社会建设》、经济管理出版社的《中国养老保障体系研究》、福建人民出版社的《新中国农村合作医疗史》等从多视角、多领域解读中国社会发展的状况，为推进经济、教育、科技、文化、环境、民生、社会管理及生态建设的全面发展提供了理论与实践的研究成果。

四是鼓励创新，激发全社会创造活力，推出一批紧跟科学发展趋势，展示我国学术研究最新成果的重点出版项目。一方面，围绕创新驱动发展战略，提升国际竞争力，推出一批自主创新能力强、与国家科技重大项目相衔接、促进科技成果转化的重点出版物项目。科学出版社的《固体密实充填采煤技术与实践》《农作物秸秆收集技术》、西南交通大学出版社的《灾难心理学》、重庆出版社的《昆仑植物志》、浙江大学出版社的《大麦种质资源创新与利用》等973计划、863计划、国家自然科学基金项目的完成，发挥了成果对国家战略、科技创新的支撑引领作用；电子工业出版社的《物联网在中国》、地质出版社的《中华人民共和国1：25万航磁系列图》、海洋出版社的《我国近海海洋综合调查与评价专项成果出版工程》等出版成果填补了我国在这些领域的出版空白，为我国土地和海洋资源的科学保护与利用提供了直接的参考；江苏科技出版社的《中华手术彩图全解丛书》是由吴孟超院士主编，9位医学界院士及全国200多位外科手术学专家参与，历经7年编撰完成的一套高水平的大型医学学术专著，丛书一经面世即受到医学界的广泛赞誉；中国宇航出版社的《载人航天出版工程》、人民邮电出版社的《4G丛书》、上海科学技术出版社的《大数据技术与应用丛书》、冶金工业出版社的《稀土金属材料》、中国科学技术大学出版社的《可靠性预测与最优维护技术》、中国林业出版社的《中国西藏高原湿地》等反映了我国科技发展重要领域的创新成果，为服务国家发展战略、促进我国经济社会可持续发展提供了重要支撑。另一方面，围绕我国经济发展新常态下的趋势变化和特点，面对实现"两个一百年"奋斗目标的历史任务和要求，推出一批促进哲学社会科学繁荣发展，推动学术创新的重点出版规划。商务印书馆的《中国上古社会和政治研究丛书》、江苏人民出版社的《唯物史观与人的发展理论》、上海人民出版社的《当代中国哲学丛书》《当代中国制度研究》、法律出版社的《中国法学学术丛书》、中国人口出版社的《人口发展战略研究书系》、中国人民大学出版社的《中国近代思想家文库》、南京大学出版社的《中西哲学比较研究史》等，结合中国国情和时代特点，借鉴最新理论和方法，探讨研究哲学、政治、法律、社会等不同领域的新问题，形成具有创新性的理论成果。

五是面向大众，积极满足人民群众精神文化需求，推出一批富有吸引力、可读性强的通俗读物。电子工业出版社的《故事中的科学》、中国建筑工业出版社的《中国古代人居史》、中国人口出版社的《家庭发展双语科普系列丛书》、知识产权出版社的《青少年太空探索科普丛书》、大象出版社的《中华百工丛书》、人民出版社的《中国通史简本》、吉林人民出版社的《人生哲学读本》、辽宁少年儿童出版社的《彩图科学史话》，安徽少年儿童出版社的《绿色中国系列》等把普及科学文化知识融入生动有趣的故事中，寓教于乐，启迪智慧；作家出版社的《安魂》、浙江摄影出版社的《主义之花》、浙江文艺出版社的《回家》等文学作品，通过对不同人物命运的描写和富有感染力的情感表达，让读者获得精神上的滋养和力量；中国少年儿童出版社的《新创儿童文学系列》、江苏少年儿童出版社的《中国童话美绘书系》等针对少年儿童的特点，以生动的文字、优雅的笔触传递经典的魅力；二十一世纪出版社的《我的儿子皮卡系列》、河北少年儿童出版社的《郝月梅幽默儿童小说系列》等通过小主人公成长过程中的种种快乐和苦恼，让小读者从中感知人生哲理。

六是弘扬民族精神，构建中华民族共有精神家园，推出一批增强中华民族凝聚力和向心力，展现中华优秀传统文化独特魅力的重点出版项目。人民卫生出版社的《全国中草药汇编》（第3版）、安徽科学技术出版社的《鉴古证今——传统工艺与科技考古文萃》、中西书局的《昆曲精编剧目典藏》、黄山书社的《南戏大典》、语文出版社的《中国方言民俗图典系列》、东华大学出版社的《敦煌丝绸艺术全集》、故宫出版社的《故宫藏古代民窑陶瓷全集》等挖掘传承中华传统文化的精髓，已经成为加强中国文化传播、提高中国文化软实力的有效载体；外文出版社的《学术中国系列丛书》（英文版）、北京语言大学出版社的《中国民俗》（中、英文）、上海人民出版社的《发现中国系列丛书》（英、法文）等反映了中华文化独特的精神、风格和气质，彰显了中华文化的丰富内涵，有力推动了中华文化"走出去"。

民文出版方面，云南民族出版社的《习近平总书记系列重要

做好出版规划，多出精品力作

讲话》（18个文种）、云南大学出版社的《24字社会主义核心价值观大众读本》（14个文种）、民族出版社的《民族团结教育丛书》等一批重点项目，着力深入宣传习近平总书记系列重要讲话精神，围绕巩固各民族共同团结奋斗、共同繁荣发展主题，传播社会主义核心价值观，引导各族人民增强对伟大祖国、中华民族、中华文化和中国特色社会主义道路的认同；新疆人民卫生出版社的《维吾尔医药学名著》、云南民族出版社的《哈尼族口传文化译注全集》、贵州人民出版社的《亚鲁王书系》等一批重点项目，通过挖掘整理独特的民族文化资源，反映了中华民族文化的源远流长和丰富多彩，具有很高的文化积累价值，弘扬和传承了中华优秀传统文化的思想精华。

七是突出整理重点，深入挖掘我国优秀文化遗产，推出一批具有较高文化传承价值的基础性古籍文献和反映相关学科最新研究成果、代表我国古籍整理出版水平的重点出版项目。中西书局的《肩水金关汉简》、中华书局的《江陵凤凰山西汉简牍》、上海古籍出版社的《北京大学藏西汉竹书》等项目成果及时公布一批新近出土的文献，有力推动了文史哲等相关学科的发展；广西师范大学出版社的《美国哈佛大学哈佛燕京图书馆藏中文善本书志》、上海古籍出版社的《日本宫内厅书陵部藏宋元版汉籍选刊》、凤凰出版社的《日本国会图书馆藏宋元本汉籍选刊》梳理散失海外的珍稀古籍文献并进行系统性整理出版，嘉惠学林；中华书局承担的点校本"二十四史"修订工程的第一种《史记》（修订本），因其选用善本之精、校勘规模之全、编校质量之高引起学界高度重视；人民文学出版社的《杜甫全集校注》整理出版历经 36 年，规模宏大，体例完备，被学界誉为 200 年来杜甫全集及研究成果的又一次集大成式的整理和总结；湖南科技出版社的《中国科技典籍选刊》、贵州科技出版社的《中医古籍临床比对与新用丛书》、上海科技出版社的《中国医学大成续集》等搜罗全备、体例妥善、校录精审，为学术研究提供了系统的参考资料。

"十二五"国家重点出版物出版规划实施以来，推动了一大批精品力作的出版，在文化界、学术界和广大读者中引起了强烈的反响，取得了良好的社会效益。很多规划项目因为思想性、艺术性俱佳，质量上乘而获得"五个一工程"奖、中国出版政府奖、中华优秀出版物奖等国家级出版奖项，并入选全国性优秀图书推荐名单，充分体现了规划实施对精品出版的助推和引领作用。

二、充分认识做好"十三五"国家重点出版物出版规划的重大意义

新中国成立以来的发展历程表明，坚持制定科学的中长期规划是保障经济、文化、科技迅速发展行之有效的良好机制，出版业也是在有计划地制定五年规划后开始了高速增长。国家重点出版物中长期规划的实施，是从国家层面对精品出版作出的全局性、长远性、权威性和可操作性的工作部署。国家规划的优势在于通过协调全国出版单位的力量加大精品力作的创作生产，将规划项目分步骤、分阶段逐步实施并落实到位。经过多年的实践，现已

形成以国家重点出版物出版规划为主体，古籍整理出版十年规划、辞书编纂出版规划、少数民族语言文字出版规划等专项规划为重要支撑的国家出版规划体系。

从1991年制定并实施"八五"出版规划开始，至今已出台并完成了4个国家五年重点图书出版规划，目前正在实施的第5个五年规划即"十二五"国家重点出版物出版规划也进入了收官阶段。古籍整理出版方面，从1960年开始至今已编制并实施7个重点整理出版规划。辞书出版方面，从1975年开始至今已编制并实施3个重点编纂出版规划。像《中国大百科全书》《辞海》《汉语大字典》《汉语大词典》《汉译世界学术名著》《中国美术分类全集》、点校本"二十四史"、《中华大藏经》等一大批奠基性的文化精品工程，都是在国家的统筹规划下得以实施并出版的。

当前，我们正在抓紧实施"十三五"国家重点出版物出版规划的编制工作，有关通知近期已经下发。"十三五"时期（2016—2020年）是紧紧围绕"四个全面"战略布局、实现我国全面建成小康社会目标的决定性阶段，也是推动社会主义文化繁荣发展、建设社会主义文化强国的重要时期。科学编制和有效实施《"十三五"国家重点图书、音像、电子出版物出版规划》，对进一步提高精品出版能力，不断提升我国新闻出版总体实力和核心竞争力，增强中华文化软实力具有十分重要的意义。

1. 做好出版规划是贯彻落实习近平总书记系列重要讲话精神的必然要求

文化建设作为中国特色社会主义事业的重要组成部分，历来受到党和国家的高度重视。党的十八大以来，习近平总书记针对文化建设发表了一系列重要讲话。习近平总书记明确指出，一个国家、一个民族的强盛，总是以文化兴盛为支撑的，中华民族伟大复兴需要以中华文化繁荣发展为条件；提高国家文化软实力，关系"两个一百年"奋斗目标和中华民族伟大复兴中国梦的实现。习近平总书记系列重要讲话深刻揭示了文化建设的战略意义，进一步确立了文化建设在实现中华民族伟大复兴中的历史地位，提出了建设社会主义文化强国的一系列重要任务和要求。

2014年10月15日，习近平总书记在文艺工作座谈会上强调，推动文艺繁荣发展，最根本的是要创作生产出无愧于我们这个伟大民族、伟大时代的优秀作品，必须把创作生产优秀作品作为文艺工作的中心环节。出版工作要深入贯彻落实习近平总书记在文艺工作座谈会上的重要讲话精神，紧紧抓住出版工作的中心环节，着力解决出版工作中同样存在着的有数量缺质量，有"高原"缺"高峰"和机械化生产、快餐式消费等问题，以规划引导精品出版，以精品出版促质量提升，推出更多思想精深、艺术精湛、制作精良的精品力作，这是时代赋予我们的历史使命和社会责任。

2. 做好出版规划是服务党和国家工作大局的必然要求

服务党和国家工作大局是出版工作的重要职责和基本任务。近年来，针对党和国家一个时期的重点工作，出版界提前规划，精心组织一批重点选题，以主题出版为抓手，弘扬主旋律，传播正能量，巩固壮大主流思想舆论，充分发挥主题出版物的典型示范效应，充分发挥主题出版物在服务党和国家工作大局中的作用。

从 2004 年开始,国家新闻出版广电总局就重点组织实施主题出版工程,至今已有十余年。每年结合我国政治生活中的大事热点、重大节庆和纪念活动,主动谋划,精心组织了一系列丰富的主题出版活动。如 2004 年纪念邓小平同志诞辰 100 周年,2005 年纪念中国人民抗日战争暨世界反法西斯战争胜利 60 周年,2006 年纪念红军长征胜利 70 周年,2007 年纪念中国人民解放军建军 80 周年,2008 年汶川地震抗震救灾、迎接北京奥运会,2009 年庆祝中华人民共和国成立 60 周年,2010 年迎接上海世博会,2011 年庆祝中国共产党成立 90 周年、纪念辛亥革命 100 周年、庆祝西藏和平解放 60 周年,2012 年迎接党的十八大、社会主义核心价值体系建设"双百"出版工程第一期和弘扬雷锋精神,2013 年宣传贯彻党的十八大精神、社会主义核心价值体系建设"双百"出版工程第二期和纪念毛泽东同志诞辰 120 周年,2014 年学习贯彻习近平总书记系列重要讲话、培育和践行社会主义核心价值观、庆祝中华人民共和国成立 65 周年和纪念邓小平同志诞辰 110 周年,2015 年宣传阐释"四个全面"战略布局、深化中国特色社会主义和中国梦宣传教育、宣传阐释经济发展新常态和发展新成就、弘扬和培育社会主义核心价值观、纪念中国人民抗日战争暨世界反法西斯战争胜利 70 周年、庆祝西藏自治区成立 50 周年、庆祝新疆维吾尔自治区成立 60 周年等主题出版活动。通过这些主题出版活动,将思想理论研究、党史军史国史、文学艺术创作等方面的精品集中起来,推出了一批政治导向好、学术价值高、艺术性强的精品力作,为党和国家工作大局营造出良好的文化环境和舆论氛围，形成强大的主旋律和正能量声势。

3. 做好出版规划是满足人民群众精神文化需求的必然要求

习近平总书记在文艺工作座谈会上强调，要把满足人民精神文化需求作为文艺和文艺工作的出发点和落脚点，要坚持以人民为中心的创作导向。让人民享有健康丰富的精神文化生活，是全面建成小康社会的重要内容。从广大人民群众的需求来看，随着生活水平的提高，精神追求相应提升，对文化产品的品质要求也更高了。如何为人民群众进一步提供更多更好的出版物，成为摆在出版行业面前的重要课题。近几年，我国每年出版图书40多万种，在品种和数量上是世界第一大图书出版国，其中不乏精品力作，优秀出版物在绝对数量上也在不断增长。但从整体上来说，突出的矛盾仍然还是质与量的矛盾。数量很大，出版质量还是不够高，与群众对图书质量方面的新要求、新期待相比，从广大读者日益增长的文化需求看，我们的出版物还存在一定的差距，这更需要我们通过加大出版规划力度，提供更多贴近实际、贴近生活、贴近群众的精神食粮，推出更多深入生活，扎根人民，反映人民心声，适应人们的审美情趣，接地气、有真情、打动人心的精品力作，切实满足人民群众精神文化的迫切需要，引导人们坚定理想信念、构筑精神支柱，切实改善文化民生。

4. 做好出版规划是积极推进出版业融合发展的必然要求

当前，数字技术、互联网技术的深度运用和新兴媒体的崛起，使得出版产业正在面临一次前所未有的重要变革，给出版业带来多重挑战：一是用户阅读需求变化给出版业内容生产带来挑战；

二是技术环境变化给出版业创新能力带来挑战；三是产业竞争主体变化给出版业运营机制带来挑战。随着信息传播全媒体化，传统出版企业的市场竞争对手已经不单是原来出版业的同行，而是扩张到了互联网、移动互联网等新媒体企业，甚至是其他行业。传统出版企业现有的体制机制已难以适应新的产业竞争环境。创新体制机制，以应对新媒体产业格局下日益激烈的市场竞争，成为传统出版的紧迫任务。

面对新的格局、新的形势，出版业未来发展路径必将是积极应对挑战，促进传统出版与新兴媒体的融合。融合发展既要以先进技术为支撑，更要以内容建设为根本，着力打造优质品牌，通过融合发展使传统出版业的内容优势得到充分发挥，并延伸和拓展至新兴媒体，在融合发展中实现优质内容的多维传播，这不仅是传统出版自身在互联网时代下实现根本转型的必要手段，也是传统出版与新兴媒体发展的共同选择。加强出版规划工作，就是加强出版业的内容建设，这是未来出版业的基础和关键。

5. 做好出版规划是提高出版质量、推进产业发展的必然要求

习近平总书记在文艺工作座谈会上指出，在文艺创作方面，也存在着有数量缺质量、有"高原"缺"高峰"的现象，存在着抄袭模仿、千篇一律的问题，存在着机械化生产、快餐式消费的问题。创作如此，出版也是如此。当前出版物质量方面存在的问题成为出版产业健康、可持续发展的制约因素。

要加快发展出版产业，基础工作是要创作生产更多优秀作品，这是出版繁荣发展的重要前提。优秀作品必须以质量为前提。没

有质量，数量再多也是虚假的繁荣，所以，我们要在内容生产上追求专业权威、精耕细作，不断提升内容品质，不断提高出版物的文化价值。出版规划是提升质量、推出精品力作的重要手段。我们编制国家中长期出版规划，主要是从内容生产这一出版产业发展的源头入手，通过国家重点出版物出版规划，实施精品战略，引导出版单位把内容做强、做优，真正占领文化领域的制高点，生产出一批导向正确、内容丰富、题材广泛、特点鲜明的优质出版产品，打造符合时代需要的精品出版物品牌，更快地推动出版产业乃至整个文化产业的健康发展。

三、充分谋划"十三五"重点出版物规划的各项工作

国家新闻出版广电总局已下发通知对编制"十三五"国家重点出版物出版规划工作作出部署安排。做好"十三五"规划编制，要重点抓好以下三方面工作。

1. 明确规划的立足点

一要立足于"十三五"时期党和国家的工作大局。精品力作既是文化繁荣的重要内容，也是民族振兴、文明兴盛的重要标志。编制国家重点出版物出版规划要深入贯彻落实党的十八大和十八届三中、四中全会精神，深入贯彻落实习近平总书记系列重要讲话精神，坚持社会主义文化前进方向，始终着力服务党和国家工作大局，紧密配合党和国家重大活动。

二要立足于"十三五"时期经济、政治、文化、社会发展的

重点和走向。作为国家重点出版物出版规划，突出的是国家意志，代表的是国家水平。编制出版规划要以国家文化建设的总体要求为导向，与国家的宏观战略目标相一致，紧紧围绕深入宣传阐释"四个全面"战略布局，从国家全局性、长远性和战略性的目标着眼，反映经济建设、政治建设、文化建设、社会建设、生态文明建设和党的建设的新进展和实践成果。

三要立足于"十三五"时期自然科学技术、社会科学、文学艺术各领域研究趋势和最新成果。做好出版规划工作能够更好地服务科研工作和社会需要。实施科技创新驱动战略，增强科技创新能力，提高科学研究和成果转化水平，需要一批与国家科技重大项目相衔接的出版项目来支撑，这就要求我们重点抓好紧跟科技发展趋势，具有国际领先地位和填补空白价值，反映基础研究、前沿技术研究、社会公益技术研究等方面创新成果的选题；促进哲学社会科学繁荣发展，推动学术创新，加强学科建设，需要一批政治、经济、哲学、法律、历史、文化等领域具有重要价值、代表国家水平的研究成果的出版项目来体现，这就要求我们重点抓好围绕社会重大现实问题，推动实践基础上的理论创新，对经济社会发展能够产生积极影响的选题；此外，还有许多不容易出版的图书确有学术和出版价值，对国家发展有益，这样的图书也必须通过规划来实现出版。因此，国家重点出版物出版规划要紧密跟踪社会发展各个领域取得的最新、最重要的理论和实践成果，通过出版这个载体，实现科研成果的及时、有效转化，进一步促进和提高社会生产力和文化软实力。

四要立足于满足人民群众多样化的文化需求，不断丰富人民群众精神文化生活。要始终坚持以人民为中心的工作导向，把精品生产作为出版工作的中心环节，推出更多无愧于我们这个伟大民族、伟大时代的优秀出版物，不断推动出版繁荣发展。

五要立足于中国出版"走出去"。党的十八届三中全会通过的《中共中央关于全面深化改革若干重大问题的决定》指出，坚持政府主导、企业主体、市场运作、社会参与，扩大对外文化交流，加强国际传播能力和对外话语体系建设，推动中华文化走向世界。当前，随着我国综合国力的增强、国际地位的提高，对外交流的扩大，世界亟须了解中国。编制出版规划就要努力规划一批面向世界、面向未来，具有中国特色、中国风格、中国气派，弘扬民族文化，有利于提高中华文化国际影响力的重点选题，推动这些代表中国形象的精品力作进入国外主流社会的视野，有利于世界各国全面、客观、准确地了解和理解我们的历史和现实，增强我国在国际上的话语权，提升我国的文化软实力，真正使中华文化走向世界，不断增强中华文化在世界上的感召力和影响力。

六要立足于原创。创新是出版业发展的源泉。鼓励支持多出原创作品，多推新人新作是出版业兴盛不衰的重要保障，不仅要强调出版内容创新，还要强调出版形式创新，以不断适应读者的阅读需求。在项目取材上，要注意积累和创新的结合；在项目内容上，要注意传统与现代的结合；在项目角度上，要注意国际视野与中国视角的结合。通过组织实施国家出版规划，进一步发挥国家重点项目的导向与杠杆作用，带动更多高水平、高质量出版物的出版，在出版物品种与数量增长的基础上，切实提高内容品质，完善出版结构，为建设出版强国打下坚实基础。

七要立足于质量。质量是出版工作的生命。编制和实施国家重点出版物出版规划，就是要建立精品出版机制，实施精品出版战略，推出更多精品力作。从选题立项到编辑出版，要坚持优中选优，优中选精。做好出版规划工作就要始终坚持抓好两手，以质量管理促进精品力作，以精品力作来检验质量管理的成效。各出版单位要从制度入手，建立健全长效机制。要抓好出版物质量管理制度建设，特别是要完善"三审三校"制度、选题论证制度、重大选题备案制度；要进一步完善出版单位和编校人员的考核评价指标体系，引导和鼓励一线编校人员安心做出版，专心抓质量；要抓好队伍建设，加强对编辑出版人员的培训教育，筑牢出版质量管理的根基。

2. 明确规划的重点

一要坚持用中国特色社会主义凝聚共识。深入学习宣传贯彻习近平总书记系列重要讲话精神，深入开展中国特色社会主义和中国梦宣传教育，加大中国特色社会主义道路、理论体系、制度的研究和阐释力度，巩固马克思主义在意识形态领域的指导地位，巩固全党全国人民团结奋斗的共同思想基础，推出一批反映马克思主义中国化时代化最新成果，用中国理论阐释中国实践的出版物。

二要深入推进社会主义核心价值观建设。大力培育和践行社会主义核心价值观，弘扬以爱国主义为核心的民族精神和以改革创新为核心的时代精神，推出一批加强社会公德、职业道德、家庭美德、个人品德教育的出版物；推出一批发掘革命文化、红色文化宝贵资源，以党的优良传统和作风鼓舞人民的出版物；推出一批以党风政风引领社风民风，丰富廉政文化的出版物。

三要着力服务党和国家中心工作。围绕新形势下党和国家工作的战略方向、重点领域、主攻目标，围绕经济发展新常态和发展成就，从全局性、战略性、前瞻性的高度，深入宣传阐释"四个全面"战略布局和国家重大战略部署；深刻总结人民群众伟大实践中创造出的新经验、新成就，聚焦经济新常态下可持续发展，推出一批深刻反映经济、政治、文化、社会、生态文明和党的建设的重要理论与实践成果的出版物。

四要大力弘扬中华优秀传统文化。认真汲取中华优秀传统文化思想精华，努力展示中华文化独特魅力，推出一批展现中华优秀传统文化中"讲仁爱、重民本、守诚信、崇正义、尚和合、求大同"内容的出版物；深入挖掘、整理我国优秀文化遗产，推出一批反映古籍整理研究成果、具有重大文化传承价值的出版物。

五要加强科技创新和文化创新。紧跟科学发展趋势，与国家重大项目紧密结合，全面落实国家在科技、社科、教育、人才等方面的中长期规划，努力提升全民族创造活力，推出一批符合国家长远发展目标，反映我国自然科学、工程技术和人文社科等各领域重要研究成果的出版物，推出一批增强全民版图意识、海洋意识和提升全民科学文化素质的出版物。

六要积极推动文艺繁荣发展。全面贯彻"二为"方向和"双百"方针，坚持以人民为中心的创作导向，推出一批反映人民心

做好出版规划，多出精品力作 /

153

声，展现时代风貌，弘扬主旋律，传递真善美，思想性、艺术性、观赏性有机统一的优秀文艺出版物。

七要为未成年人健康成长提供更多更好的精神食粮。推出一批加强未成年人思想道德教育，引导未成年人树立崇高的理想信念，提高未成年人道德素质和科学文化素质，有利于德智体美劳全面发展的出版物。

八要繁荣发展少数民族出版事业。唱响各民族共同团结奋斗、共同繁荣发展主旋律，引导各族人民树立正确的祖国观、历史观、民族观、文化观，增强对伟大祖国、中华民族、中华文化的认同，促进民族地区和边疆地区经济、社会和文化协调发展，推出一批反映民族地区和边疆地区各项建设新成果、保护和挖掘民族优秀文化遗产、促进民族交流交融、建设各民族共有精神家园的出版物。

九要加快提升国家文化软实力。深入实施出版"走出去"战略，加快国际传播能力建设，讲好中国故事，传播好中国声音，努力提高中国出版的国际竞争力，促进人类文明交流互鉴，推出一批不断增强中华文化国际影响力的出版物。

十要精心组织重点主题出版工作。围绕党和国家重要政治活动和重大历史事件，推出一批纪念和庆祝中华人民共和国成立 70 周年、中国共产党成立 95 周年、红军长征胜利 80 周年、中国人民解放军建军 90 周年、改革开放 40 周年等主题出版物。

3. 明确规划的结构

一是三级规划网络体系。"八五"以来，新闻出版领域已连续推出了 5 个五年重点出版规划，出版了 1 万余种代表国家水平的精品出版物。通过多年的工作实践和经验总结，国家新闻出版广电总局推行的精品出版战略已经形成了以国家重点图书、音像、电子出版规划为龙头，以省和出版单位重点出版物规划为延伸的精品出版物三级规划机制，以此为基础又在国家层面上编制了古籍、民文、辞书等专项出版规划，并形成了哲学社会科学创新成果、中国科学技术高端学术成果、中国文学创作出版三个精品工程，进一步充实和完善了国家重点出版物中长期规划体系。

二是"十三五"国家重点出版物出版规划的基本结构。"十三五"出版规划由社会科学与人文科学、自然科学与工程技术、子规划三大部分组成。其中子规划包括马克思主义理论研究和中国特色社会主义理论出版规划、重大出版工程规划、辞书出版规划、古籍出版规划、少数民族出版规划、文艺原创精品出版物规划、未成年人出版物出版规划。

四、充分把握做好出版规划的工作要求

1.加强组织领导

主管部门和出版单位要高度重视，群策群力，加强对规划工作的组织领导，将规划项目作为重大项目、品牌工程、骨干工程来抓，进一步健全规划工作的动态管理机制，编制、申报、督促和检查紧密结合，明确局、集团、出版单位责任分工，积极创造条件推进项目编制、项目论证、项目申报、项目实施、项目督促检查等各项工作，进一步提高规划编制工作的科学性，确保规划

项目的实施进度与出版质量。

2. 加强调研论证

国家重点出版物出版规划是国家出版工程,在规划工作中必须高度重视规划调研。要集思广益,广泛听取社会各界意见,将规划工作与国家教学、科研部门的科研成果对接,贯通学术界和出版界上下游的关系,及时、准确掌握学术前沿动态,促进科研成果的发现、推广和出版,不断增强规划工作的透明度和社会参与度,提高编制工作的科学化水平;要加强规划项目论证,把项目论证作为调研工作的重要组成部分,尤其在调研工作中要充分发挥专家学者的智囊参谋作用,依靠专家的学识和智慧,对规划项目加以评判和甄别,遴选出真正具有学术价值、出版价值,编著者具有一流水准、出版单位具备相应资质的精品项目。

3. 加强工作保障

规划工作是一项系统性工程,需要全方位保障。在规划工作中,各相关部门和单位要在作者队伍的选择、编辑力量的调配、资金的筹措等方面给予高度重视,成立专门工作小组,加大投入,组织精干力量,做好有关人员的培训,从项目前期选题策划、论证、作者联络、书稿写作,到项目后期编辑加工、审稿、校对,再到装帧设计、排版、印制等各个环节,精心统筹布局,将优质出版资源向精品出版规划工作倾斜,为规划项目实施提供充分的人力、物力、财力方面的保障,将作者、书稿、责任编辑、经费、出版时间、出版质量等规划编制要求真正落到实处,确保项目高质量、高效率、高水平完成。同时,在执行规划过程中,要充分发挥规划实施带动人才培养的作用，通过项目实施发现人才、培养人才、重用人才，为出版业繁荣发展提供人才保障。

4.加强政策支持

近年来，国家财政、地方财政都对出版事业的发展给予了大力保障，扶持力度越来越大。今后要进一步完善国家出版规划重点项目与国家出版基金、古籍整理出版专项经费、少数民族文字专项资金的衔接，健全国家重点出版物出版规划项目优先申报出版基金和专项经费机制，以充分体现财政经费优中选优扶持精品项目的目标和要求，引导国家专项资金重点保障精品力作的出版。此外，在政府评奖、推荐、评选、评审工作中要向规划项目倾斜，并制定奖励办法，把群众评价、专家评价和市场检验统一起来，形成科学的评价标准，建立公开、公正、公平的评价机制，对在精品生产方面做出优异成绩的单位和个人，给予表扬和鼓励，进一步调动出版单位和编辑出版人员的积极性。

"十三五"国家重点出版物出版规划工作已经开篇，华彩蓝图还需要我们去奋力描绘。编制、落实好"十三五"国家重点出版物出版规划工作意义重大、任务繁重。我们要着力推动"十三五"出版规划工作取得新进展，着力推动新闻出版工作再上新台阶，出版更多能够纳入中华民族永久记忆乃至世界记忆的精品力作，为人类文明的宝库增添我们这个时代新的文化珍品。

十年阅读开创新局面，全民参与点亮中国梦 *

　　1995 年，联合国教科文组织把每年的 4 月 23 日定为"世界读书日"，提出"让世界上每一个角落的每一个人都能读到书"，用阅读推动世界文明的进步。2006 年，中宣部、新闻出版总署会同相关部门组织发起了全国范围的全民阅读活动。在全国全民阅读工作开展近十年的节点，全面贯彻党的十八大和十八届三中、四中、五中全会精神，深入贯彻习近平总书记系列重要讲话精神，认真总结近十年来全民阅读取得的成效和经验，研究部署未来一个时期的全民阅读工作，具有十分重要的意义。

一、充分肯定近十年来开展全民阅读取得的显著成效

　　近十年来，各地各部门开展了主题鲜明、内容丰富、形式多

＊　本文原载于《中国出版》2015 年第 24 期。

样的阅读活动，特别是党的十八大以来，全民阅读活动不断深入，社会影响日益深远。

1. 各类阅读活动蓬勃开展，全社会"爱读书、读好书、善读书"的阅读氛围更加浓厚

目前，全国所有省、自治区、直辖市都开展了全民阅读活动，400多个城市常设读书节、读书月等活动。各地各部门以"4·23世界读书日"、"六一"国际儿童节等重要节庆日为契机，开展了一系列全民阅读活动，每年吸引8亿多读者参与。以"书香中国"为统领，"北京阅读季""书香江苏""书香荆楚""书香中国·上海周""南国书香节""书香湖南""书香八闽""书香辽沈""书香龙江""海南书香节""书香八桂""书香燕赵""书香三晋""书香赣鄱""三秦书月""书香宁夏"等一大批品牌活动，已经成为组织全民阅读、服务全民阅读、推广全民阅读的重要平台。

国家新闻出版广电总局和北京市人民政府共同主办的"书香中国·北京阅读季"，每年以数千人集体诵读经典的形式拉开世界读书日期间全国全民阅读活动的大幕。江苏省连续举办10届江苏读书节，并将每年4月23日定为"江苏全民阅读日"，这也是全国首个由省人大立法确定的地方阅读日。湖北省的全民阅读活动全员参与、全年开展、全省覆盖，各类具有一定规模和社会影响的阅读品牌达到160多个，每年开展各类活动3000多项。"深圳读书月"已经连续举办16届，每届举办上千项活动，吸引1000多万读者参与，成为深圳市民的文化盛宴，2013年，联合国教科文组织授予深圳"全球全民阅读典范城市"称号。"苏州读书节""书香鹭岛""书香大庆""书香青岛""南阳读书月""西湖读书日"等众多市县的全民阅读活动也精彩纷呈。同时，全国书博会以及各地的书展、书市等各种行业展会与全民阅读紧密结合，邀请众多名家与读者分享阅读魅力、激发阅读热情。

2. 加大优秀读物出版推荐力度，不断提升全民阅读内容质量

近年来，图书品种结构显著优化，质量效益明显提升，原创精品不断涌现，极大地丰富了读者的阅读内容。为充分发挥优秀出版物的引领作用，进一步提升阅读品质，中宣部、国家新闻出版广电总局等部门开展了一系列评奖推优工作。"五个一工程"奖、中国出版政府奖评出了一批富有鲜明时代精神和浓郁生活气息、思想性与艺术性相结合、为广大人民群众喜闻乐见的精品出版物。"中国好书"推选活动连续两年于世界读书日在中央电视台综合频道晚上黄金时间播出颁奖盛典，向社会推荐年度优秀图书。国家新闻出版广电总局连续 12 年累计向全国青少年推荐 1200 种优秀少儿图书；连续 5 年推荐"大众喜爱的 50 种图书"；还开展了优秀民族图书、优秀老年人出版物、中华优秀传统文化普及图书、优秀音像电子出版物、优秀少儿报刊等推荐活动，满足不同群体的多样化阅读需求。

各地各部门也纷纷在读书月、读书节期间推荐好书，如"深圳读书月十大好书""苏版好书""湘版好书""桂版好书""川版好书"等。中央和地方主流媒体也开辟专版、专栏、专题，积极推荐、介绍优秀书籍。

3. 全民阅读"七进"更加深入基层，先进阅读典型不断涌现

各地大力推进全民阅读进农村、进社区、进家庭、进学校、进机关、进企业、进军营。各地各部门着力推动领导干部带头读书。国家新闻出版广电总局会同中央直属机关工委、中央国家机关工委连续6年举办"强素质·作表率"读书活动主题讲坛，邀请众多名家专家开讲，引领中央机关干部读书风尚。广东、上海等多个省市党政机关深入开展读书活动，福建省福州市连续多年开展机关领导干部读书座谈会、领导荐书活动等。国家新闻出版广电总局充分利用农家书屋平台，举办"我的书屋，我的家"读书征文、演讲竞赛等活动，大力推进农民阅读。江苏、辽宁等地围绕新农村建设，组织开展农民读书节、农民读书会、农民读书摄影大赛等农民读书活动；内蒙古开展"书香内蒙古、魅力大草原"农牧民读书活动。各地还依托职工书屋等开展基层读书活动。

通过"七进"活动，各地涌现出一大批阅读典型。2014年4月，国家新闻出版广电总局组织推荐的996户首届全国"书香之家"，充分展现了基层群众的读书风采和我国各地区、各民族的优秀读书传统。如宁夏的陆梦蝶，虽然全身瘫痪，但坚持读书写作，出版多部作品，还开办"田野书舍"，帮助他人读书。各地的"读书之星""藏书之家""金牌阅读推广人"等也层出不穷，如深圳的"30年30户书香人家"，天津的"津门十大藏书家"，江苏的"书香之县""书香之乡"，湖北的"书香机关""全民阅读创先争优先进集体"等。

4. 各方共同推动少儿阅读，关注特殊群体、困难群体基本阅读需求

"少儿阅读是国民阅读的基础"已经成为全社会的共识。国家新闻出版广电总局每年暑期都与教育部共同开展农村少年儿童阅读活动。2015 年 5 月，教育部、文化部和国家新闻出版广电总局三部门联合印发《关于加强新时期中小学图书馆建设与应用工作的意见》，采取多项措施共推少儿阅读。全国妇联开展"每天半小时、书香伴成长"家庭亲子阅读推广活动。上海举办国际童书展，打造少儿阅读嘉年华。社会力量也积极参与少儿阅读推广工作，据统计，全国目前已经有上万家绘本馆和民间少儿阅读推广机构参与，如广东的南方分级阅读中心等。

国家新闻出版广电总局 2014 年开展的"百社千校书香童年"阅读活动，面向中西部贫困地区的中小学，开展名家进校园、捐赠优秀出版物等丰富多彩的读书活动，捐赠图书 200 万册，码洋 4600 万元，惠及 3700 多所学校，350 多万名学生。"六一"儿童节前后和寒暑假期间，各地各部门多次举办向进城务工人员子弟、偏远地区中小学生捐赠优秀少儿图书活动。

2015 年 4 月，国家新闻出版广电总局正式启动"书香中国 e 阅读"工程试点工作，通过政府购买公共文化服务的方式，由三大移动通信运营商手机阅读平台向北京、上海、广州、深圳等地 1000 万进城务工人员全年免费推送优质电子图书和期刊。国家新闻出版广电总局与中国残联开展"文化助残公益行动"，累计捐赠 5000 多万元的优秀出版物。河北开展"我为盲童读经典"全民阅读志愿公益活动，积极帮助残疾人读书。各地还举办了形式多样的"文化年货带回家""带一本好书回家"等面向农民工的文化公益捐赠活动。

5. 农家书屋全面建成投入使用，全民阅读基础设施不断完善

中央和地方共投入150多亿元，在全国建成60多万个农家书屋，覆盖所有有条件的行政村，推动10亿册图书进农村，实现"村村有书屋"，一定程度上解决了农民"读书难、看报难"问题，被农民誉为"改变命运的知识库、学习致富的黄金屋"。"东风工程"扎实推进，累计投入资金30多亿元，极大地缓解了民族地区农牧区缺少书刊的问题。截至2014年年底，全国县级以上公共图书馆全部免费向公众开放。

全国总工会在全国开展"职工书屋"建设工作，通过在全国扶持建设6000家职工书屋示范点，带动全国各地工会和基层企事业单位建成职工书屋逾6万家，藏书总量约3亿册。国家新闻出版广电总局与解放军总政治部组织开展书香军营系列活动，共建一批图书馆和连队书屋。全国公安机关开展"警察书屋"建设工作。社区书屋等基础阅读设施建设也取得积极进展。财政部、国家新闻出版广电总局和多地开展实体书店扶持工作，已经累计投入资金4亿多元，发挥其作为城市文化地标、读者精神家园的重要作用，目前，全国各类出版物发行网点共17万处。全国共在人流密集的公共场所建设城乡阅报栏（屏）7.2万余个。校园及科研机构图书馆等阅读场所不断提升服务能力和覆盖范围，流动型、自助型借阅设施也逐步投入使用，便利群众阅读。

6. 各类阅读推广方式不断创新，全民阅读率明显提高

国家新闻出版广电总局从2010年起连续举办4届"书香中国"全民阅读电视晚会，以"阅读点亮中国梦"等为主题，聘请文化名人担任全民阅读形象代言人推广全民阅读，广受读者好评。河北2012年对全省家庭读书情况进行全面调查摸底，为开展全民阅读提供了重要参考；江苏2014年开展了阅读文化遗存普查与推荐工作；陕西举办"三秦书月"全民阅读晚会；江西举办高层读书论坛；深圳2013年在全国率先建立阅读推广人队伍；内蒙古图书馆与新华书店图书商城联动创新服务方式，开展"你购书，我买单"活动。各地还加大全民阅读公益广告投放力度和覆盖范围。

我国国民数字化阅读方式的接触率逐年上升，手机、电纸书等已经成为重要的阅读载体。自2011年起，国家新闻出版广电总局每年都组织开展各类数字阅读专题活动，为读者提供便捷、优质的数字化阅读体验。各地也开展了不同形式的数字阅读活动，取得良好效果。如福建省与"中文在线"等合作，共同搭建"书香八闽"网上阅读和手机阅读公共服务平台，提供上万种正版数字图书免费在线阅读，已有3200多万人次登录阅读。

从2010年到2014年，国民阅读调查结果显示，读书的人确实更多了，阅读率明显提高：成年人图书阅读率由52.3%增长到58.0%，提高了5.7%；成年人数字化阅读率由32.8%增长到58.1%，提高了25.3%；成年人人均纸质图书阅读量由4.25本增长到4.56本，增加了0.31本。这3组数字反映了全民阅读活动的成效。

二、认真总结借鉴多年来积累的宝贵经验

上述成绩来之不易，难能可贵，是近十年来各地各部门共同推进、辛苦付出的结果，是社会各界和基层群众广泛参与、深入践行的结果。总结起来，初步积累了以下宝贵经验。

1. 党中央、国务院的高度重视和重要部署是开展全民阅读的根本保证

2011 年 11 月，党的十七届六中全会首次在决议中写入"开展全民阅读活动"，标志着全民阅读工作正式成为中央部署的一项重要工作。2012 年 11 月，党的十八大报告历史性地写入"开展全民阅读活动"，将之列为建设社会主义文化强国的一项重要举措。2014 年和 2015 年，国务院《政府工作报告》都要求"倡导全民阅读"。《国家"十二五"时期文化体制改革发展规划纲要》《关于加快构建现代公共文化服务体系的意见》《关于培育和践行社会主义核心价值观的意见》等多个中央文件都对开展全民阅读提出了明确要求，指明了工作方向。2015 年 11 月 3 日发布的《关于制定国民经济和社会发展第十三个五年规划的建议》再一次提出"倡导全民阅读"，推动物质文明和精神文明协调发展。

2. 各地各部门群策群力为开展全民阅读提供了重要的体制机制保障

2006 年以来，中宣部、新闻出版总署（国家新闻出版广电总局）等部门每年都下发通知，对全民阅读工作作出组织部署。财

政部、教育部、文化部、全国总工会、团中央、全国妇联等部门密切配合，结合自身职能，开展全民阅读相关工作。地方全民阅读立法取得重要进展，《江苏省人民代表大会常务委员会关于促进全民阅读的决定》《湖北省全民阅读促进办法》《辽宁省人民代表大会常务委员会关于促进全民阅读的决定》先后颁布，将全民阅读纳入本省发展战略。

目前，北京、江苏、湖北、广东、福建、湖南等 25 个省（区、市）成立了全民阅读活动组织领导机构，在整合资源、开展活动、宣传推广等方面发挥了重要作用。湖北省成立了省级全民阅读活动领导小组，省委书记任顾问，省委副书记任组长，省委宣传部部长和分管副省长任副组长，省局设立了全国首个由省编办核批的全民阅读活动领导小组办公室（正处级）。江苏省全民阅读活动领导小组多次召开全省全民阅读工作推进会，省局抽调 13 名骨干全力开展全民阅读工作。广东所有设区的市都设立了全民阅读活动组织领导机构。江苏、湖南、广东、浙江、北京、上海、广西等省（区、市）探索建立了阅读状况监测体系，发布阅读状况调查报告。江苏、福建、湖南等省份将全民阅读工作情况纳入经济社会发展或精神文明建设考评指标体系。广东、湖北、江苏等地主要领导也高度重视全民阅读工作，亲自参加全民阅读活动，并就全民阅读工作作出重要批示。

3. 社会各界广泛参与是开展全民阅读的坚实基础

社会各界积极参与推广全民阅读，各种民间公益阅读推广组织蓬勃兴起，阅读推广志愿者队伍不断壮大。许多全国人大代表、政协委员连续多年就全民阅读工作建言献策。吉林省成立了全民阅读协会，福建省成立了全民阅读促进会，广东省成立了全民阅读专家指导委员会，整合社会力量，助力全民阅读。许多出版社结合自身特点，开展阅读推广活动，有效提高阅读推广力度和专业化水准。新华书店等实体书店、网络书店采取开设主题图书专柜、优秀图书优惠展销、延长营业时间等措施，积极服务读者。北京三联韬奋书店24小时书店开业后引起全社会广泛关注。许多行业协会组织专家学者开展各种形式的阅读宣讲活动，满足读者多元阅读需求，如中国图书馆学会成立阅读推广专业委员会，开展分众阅读推广。

4. 新闻媒体大力宣传推广为开展全民阅读营造了重要的舆论氛围

各类媒体通过专栏、专题、在线访谈、公益广告等形式进行深度宣传，组织记者深入街道、社区和农村，走访书香社区、书香家庭，抓取第一手新闻素材，把鲜活故事、先进人物传递给广大读者，有力营造了有利于全民阅读开展的社会环境和舆论氛围。人民日报、新华社、中央电视台、光明日报、中国新闻出版广电报等200多家媒体成立全民阅读媒体联盟，组织开展"书香中国万里行"活动，先后到30多个市县挖掘阅读典型，开展专题宣传报道。上海、江苏、湖北等地也先后建立了当地的全民阅读媒体联盟。

每年世界读书日期间，中央电视台《新闻联播》《新闻直播间》等栏目播出"书香中国·走基层"系列节目，大力宣传报道各地有代表性的基层百姓感人读书故事，展现书香魅力。《人民日报》

开辟全民阅读专版，深度聚焦全民阅读，《光明日报》《经济日报》刊发了《全民阅读在中国》等多篇文章。此外，人民网、新华网等网站和各类新兴媒体都为宣传推广全民阅读发挥了重要作用。

在充分肯定开展全民阅读取得明显成效的同时，我们也要清醒地认识到，全民阅读在我国开展的时间还不是很长，我们所做的工作与中央的要求、群众的期待还存在较大差距。

一是特殊困难人群阅读需求亟须保障。我国有 2.6 亿进城务工人员、2300 万流动儿童，许多城市还没有将其纳入公共服务范围，仅靠其自身能力很难满足阅读需求；有 6900 万农村留守儿童，长期不能享受父母关爱，阅读环境和条件仍然落后，缺乏基本的阅读保障；还有 8900 万残疾人，其中，视障残疾人达到 1200 万人，肢残残疾人达到 2400 万人，盲文出版物、有声读物供给和公益性阅读设施的无障碍建设等存在明显不足。

二是公共阅读资源亟须增加。我国人均拥有公共图书馆藏书 0.55 册，与国际图联和联合国教科文组织推荐的人均 1.5 册至 2.5 册图书馆藏书量等国际标准相比，存在显著差距。社区书屋、职工书屋等阅读场所的兴建尚处于探索阶段，远不能满足实际需求。

三是阅读推广工作亟须改进。还有不少地方对全民阅读的重要意义认识不够，工作开展很不平衡。有的地区面向基层、面向群众还不够，解决群众阅读条件、基础设施进展缓慢。各地全民阅读推广工作系统性、科学性、规范性不足，重活动、轻工程，重城市、轻农村，重眼前、轻长远。

四是长效工作机制亟须健全。大多数地方的全民阅读工作未能纳入政府考核指标体系，没有有力的监督机制。国家层面的全民阅读立法还需加快推进，全民阅读工作组织领导机构还需加快建立。全民阅读具有典型的公益性特征，必须由政府主导，而各地非常缺乏全民阅读经费，严重束缚了全民阅读工作的开展。

三、深刻认识新形势下开展全民阅读的重要意义

党的十八大以来，以习近平同志为核心的党中央团结带领全党全国各族人民，全面推进建设中国特色社会主义伟大事业，提出了实现中华民族伟大复兴中国梦的伟大目标。在新的历史条件下，全民阅读工作具有更为重要的意义。

1. 深入开展全民阅读是实现中华民族伟大复兴中国梦的必然要求

习近平总书记指出，一个国家、一个民族的强盛，总是以文化兴盛为支撑的，中华民族伟大复兴需要以中华文化发展繁荣为条件。阅读是一个民族精神发育和文化传承的基本途径，也是一个民族凝聚力和创造力的重要源泉。中华民族有着优良的读书传统，热爱读书、崇尚读书之风气绵延数千年。今天，在推进"四个全面"战略布局、实现中国梦的伟大征程上，我们更需要大力弘扬中华民族优良的读书传统，用阅读激发民族精神，用阅读汇聚同心共筑中国梦的强大正能量。

2. 深入开展全民阅读是贯彻落实党的十八届五中全会精神的必然要求

党的十八届五中全会提出，到 2020 年全面建成小康社会。

实现全面建成小康社会的目标，既有人民物质生活方面的目标，也有人民精神文化生活的目标。特别是在新的目标要求中，提出了国民素质和社会文明程度显著提高的目标。国民素质包括人民思想道德素质和科学文化素质，提高的重要途径是什么？主要还是要靠读书学习，靠阅读。通过阅读，使中国梦和社会主义核心价值观更加深入人心，使向上向善的社会风尚更加浓厚，使人们的综合素质得到普遍提升。所以，党的十八届五中全会提出"倡导全民阅读"，具有重要的含义和深远的意义，这关系到全面建成小康社会目标的实现，这对我们深入开展全民阅读提出了更加紧迫的任务。

3. 深入开展全民阅读是建设学习型政党、学习型社会，建设社会主义文化强国的必然要求

当今世界，科学技术日新月异，知识经济方兴未艾，知识总量呈几何级数增长，知识更新速度大大加快，近50年来人类社会所创造的知识比过去3000年的总和还要多。一个国家、一个社会、一个政党必须要不断学习，才能跟上时代的步伐。重视读书学习、善于读书学习是我们党的优良传统。每一个重大历史关头，面对新形势新任务，我们党始终号召全党同志加强读书学习。而每一次这样的读书学习热潮都能推动党和人民事业实现大发展大进步。为此，必须将全民阅读作为建设学习型政党、学习型社会的重要载体，作为建设社会主义文化强国的重要举措，大力加以推进。

4. 深入开展全民阅读是加快构建现代公共文化服务体系、不断满足人民群众精神文化需求的必然要求

国际经验表明，一个国家人均国内生产总值达到 3000 美元时，文化消费将会快速增长。我国已经稳居世界第二大经济体，2014 年人均国内生产总值已增至 7800 美元左右，人民群众的文化需求和消费正进入一个旺盛期。阅读是人民群众最基本的文化权利，也是最为普遍、最为持久的文化需求。通过深入开展全民阅读，保障全民阅读的基本性、普惠性、平等性和便利性，实现国民平等享有阅读权利，从而缩小知识鸿沟和城乡文化差异，大力培育全社会的阅读风尚，切实保障人民群众的基本文化权益，让人民群众在享有富裕物质生活的同时，享受到更加丰富多彩的精神文化生活。

四、深入贯彻中央部署，开创全民阅读新局面

深入开展全民阅读，是党中央、国务院的重要战略部署。我们要从国家大局和长远战略的高度，努力开创全民阅读新局面。

1. 推出更多精品力作，满足人民群众多样化阅读需求

深入开展全民阅读的重要前提是要多出好书，多推好书，首先解决好读什么的问题。出版单位和各级新闻出版广电行政部门都要努力多出精品力作，把最好的精神食粮奉献给人民，为全民阅读打好基础。要进一步实施精品战略，制定好"十三五"重点出版物规划，加强国家出版基金等各项资金资助，建立和完善精品出版物、原创出版物的创作生产引导机制。要把思想精深、艺术精湛、制作

精良作为标准，进一步完善针对不同读者群体的优秀出版物推荐机制，提升推荐出版物的权威性和影响力。继续开展面向青少年、老年人、少数民族等不同群体的优秀出版物推荐活动，推动精品出版物宣传推介常态化、制度化。要加强图书评论工作，加强对各类图书排行榜的引导和管理，引导读者多读书、读好书、善读书。

2. 坚持不断创新，广泛开展内容丰富、形式多样的全民阅读活动

要结合世界读书日等重要节庆日，进一步培育和巩固"书香中国"系列全民阅读活动品牌，办好各类读书节、读书周、读书月、读书季等重大阅读活动，通过各种便民、惠民措施，充分发挥其影响力，吸引更多读者参与到全民阅读中来。要做好信息化时代书博会、书展、书市等各种行业展会的转型升级，出版搭台、阅读唱戏，充分发挥其服务和推动全民阅读的功能。要结合党和国家工作大局和重大节庆活动，组织群众广泛开展形式多样的主题读书活动，通过主题出版物展示展销、主题演讲、中华优秀传统文化经典诵读、读书征文、知识竞赛等丰富多彩的阅读活动，弘扬主旋律、传播正能量。2016 年是中宣部、国家新闻出版广电总局等部门倡导和开展全民阅读活动 10 周年，各地要在"4·23世界读书日"期间开展一系列专题宣传推广活动，进一步扩大全民阅读活动的影响力。

3. 大力开展少儿阅读，着力保障特殊群体、困难群体的基本阅读需求

少年儿童关系祖国的未来，少年强则中国强。少年儿童的阅读是全民阅读的重要基础。要科学研究不同年龄、不同群体、不同性别少年儿童的智力、心理、认知能力和特点，吸收借鉴发达国家的儿童分级阅读经验，大力推动少年儿童阅读。要大力倡导家庭阅读、亲子阅读，发挥父母和未成年人监护人言传身教的重要作用，从小熏陶培养孩子们的阅读习惯。要会同教育部门鼓励教师开展阅读指导，开设必要的阅读课程，开展多种形式的校园阅读活动。要充分利用农家书屋、少年宫、儿童活动中心等开展少儿阅读推广活动。要着力保障农村留守儿童、城市流动儿童的基本阅读需求，积极引导社会力量开展帮扶工作。

国家新闻出版广电总局已经启动了以中西部贫困地区学龄前儿童为重点的"书香·童年"阅读工程，将于2015年年底开展试点工作，甘肃、青海等试点省份要全力落实，确保工程取得实效。其他有条件的省市要积极探索实施少儿阅读工程。加快将进城务工人员阅读服务纳入常住地全民阅读服务体系，鼓励以社会文化机构、用工企业等为主体满足进城务工人员的基本阅读需求，继续扩大"书香中国 e 阅读"工程的覆盖范围。鼓励全民阅读设施管理单位及阅读推广人等进行定期阅读指导和服务，有针对性地向残疾人提供盲文出版物、有声读物等阅读资源、设施与服务。建立和完善社会各界为特殊群体、困难群体开展志愿者助读、发放购书券、组织出版物捐赠等捐助和服务的渠道。加大对革命老区、民族地区、边疆地区、贫困地区人民群众阅读保障力度。

4. 进一步推动全民阅读活动深入群众、深入基层，大力推进全民阅读

"七进"活动把开展全民阅读活动作为基层群众文化活动的

重要内容，使阅读活动真正普及到基层、普及到群众。要倡导党员干部带头读书，建立和完善党员干部读书学习制度，不断丰富读书学习内容、创新读书学习形式、提高读书学习质量，激发广大党员干部读书学习的热情，发挥好带头示范作用，带领本单位、本系统、本地区大兴读书之风。要充分利用农家书屋，开展丰富多彩的农村读书活动；利用社区书屋、职工书屋等各类阅读设施，开展各种形式的基层读书活动，推动基层群众阅读，传播阅读理念，引领阅读风尚。开展书香军营活动，服务强军建设。完善书香之家、书香之乡（镇、街道）、书香之县（市）的推荐机制，挖掘典型，激励先进，发挥模范榜样的引领示范作用，展现基层群众的优秀读书传统和读书风采。

5.建立科学规划、服务高效、覆盖城乡的基础阅读设施体系

加快促进城乡基本公共文化服务均等化，实现农村、城市社区公共文化服务资源整合和互联互通，以创新管理机制、提升服务效能为重点，因地制宜推进基层综合性文化服务中心建设，强化读书看报等全民阅读服务功能。做好农家书屋的出版物补充更新工作，进一步扩大"东风工程"的实施范围。文体广场要建设阅报栏、电子阅报屏，并加强日常维护，及时更新内容。加快社区书屋、职工书屋等基础阅读设施建设，探索长效管理机制。要充分发挥各级各类图书馆在阅读推广中的重要作用。要加强流动借书车、自助借书机等流动借阅设施建设。加强出版物发行网点建设，特别是农村和社区网点建设，支持实体书店、书报亭等各类书店的发展，发挥其促进全民阅读的公益功能。鼓励和支持有

条件的各类阅读设施免费向公众开放。

6. 充分利用科技手段，提升数字化阅读的质量和水平

在"互联网+"时代，以手机、掌上电脑为代表的各类手持阅读终端设备的阅读已经成为一种重要阅读方式。加快推进传统出版单位转型升级，通过制定配套政策、专项资金资助、推介示范单位等多种方式，推动出版与科技融合发展。实施网络文艺精品创作和传播计划，加强网络文学出版传播的管理和引导，推出更多网络原创精品力作。加强数字出版内容投送平台建设和管理，改善数字出版内容消费服务方式，提升公众数字阅读消费满意度。组织动员各类数字出版内容投送平台，开展主题突出、内容丰富、形式多样的数字化阅读活动。深入探索读者阅读行为和阅读习惯的数字化转型，因势利导，提供更便捷、人性化的数字化阅读技术服务，全面推进全民阅读的多媒体、多平台融合。

7. 鼓励、动员和引导社会各方力量积极参与全民阅读工作

各地要根据实际情况探索制定当地全民阅读服务标准，进一步完善相关政策措施，积极引入市场机制，通过政府购买、社会捐助等形式引导社会力量参与，逐步增加为全民阅读服务的资源总量，提高服务效能。要充分发挥热心阅读推广的社会名人、文化名家的阅读引领作用。鼓励和支持公务员、教师、新闻出版工作者、大学生等志愿者加入阅读推广人队伍。鼓励和支持文化团体、教育机构和其他社会组织开展阅读推广并提供公益阅读服务。鼓励和支持高校和科研单位加强阅读学科建设，与传播学、教育学、文化学、图书馆学等学科相结合，开展阅读学理论研究，并

做好研究成果的普及和推广工作，提高全民阅读的水平。

8. 不断加大宣传推广力度，引领全社会良好阅读风尚

鼓励和支持报刊、电视、广播、网站等各类媒体，办好全民阅读的专栏、专题、专版、访谈节目等。要充分利用全民阅读工作网站和全民阅读官方网站，加强全民阅读宣传推广。继续组织"全民阅读媒体联盟"成员单位及各类媒体深入基层，开展"书香中国万里行""全民阅读报刊行"等活动。继续加大全民阅读公益广告投放力度。围绕"4·23 世界读书日"、"六一"国际儿童节等重要节庆日，开展全民阅读宣传推广工作，不断提高社会影响力。充分发挥新媒体的宣传推广功能，广泛宣传典型经验和成效，营造有利于全民阅读的社会环境和舆论氛围。

五、创新体制机制，加强全民阅读组织实施

推进全民阅读是一项长期任务，涉及方方面面，推进难度大，任重而道远。各地各部门要高度重视，将其作为新闻出版服务党和国家大局的重要工作，作为新闻出版开展公共文化服务的核心工作，创新全民阅读工作体制机制建设，强化责任，协调推进，狠抓落实。

1. 争取党委、政府重视支持，充分发挥全民阅读工作组织领导机构的重要作用

各省新闻出版广电行政部门要争取当地党政部门的重视、支持和指导。在重要节点举办重大全民阅读活动时，要邀请地方党

委、政府主要领导同志出席指导，发挥领导同志带头读书的强大引领示范作用。要将全民阅读工作取得的重大进展、重要成绩多向党委、政府作专门报告。已经建立组织领导机构的，要进一步完善机制，充分发挥其组织领导、统筹协调、整合资源、资金保障等重要作用，结合本地实际，制定本地的全民阅读工作实施方案、具体举措和时间安排；还没有建立机构的，要加快推动。

2. 明确新闻出版广电部门承担全民阅读工作的职能，切实加强自身能力建设，完善全民阅读工作协调机制

按照中央编办批复的总局"三定"方案，国家新闻出版广电总局明确承担了开展全民阅读工作的职能。各地要结合机构改革，明确由新闻出版广电部门承担全民阅读工作职能。还没有承担全民阅读工作职能的省局，要向党委、政府专项报告，主动承担起全民阅读日常工作、具体工作。省局内部要加强全民阅读工作机构的设立和队伍建设，要抽调精兵强将，专门经办全民阅读工作。各省局要积极主动开展工作，争取相关部门大力支持，进一步建立和完善各部门共同参与的工作协调机制，在各自职责范围内组织开展相关工作，形成合力。

3. 加快制定全民阅读规划，大力推动全民阅读立法，推动全民阅读工作法治化、常态化

各地要结合本地"十三五"时期国民经济和社会发展规划的编制工作，组织编制全民阅读"十三五"规划及实施方案，进一步明确全民阅读的战略目标、重点任务、具体举措等，并提出明确的时间表、路线图。各地要学习借鉴江苏省、湖北省、辽宁省

的全民阅读地方立法成功经验，推动本地的全民阅读立法工作，明确政府主导，将全民阅读工作纳入国民经济和社会发展规划，安排全民阅读财政资金，将全民阅读基础设施纳入城乡建设规划，使得全民阅读工作尽快纳入法治化轨道。

4.加强督促检查，及时总结交流，确保全民阅读工作落在实处、取得实效

全民阅读工作重在基层。要求各级党委、政府重视全民阅读工作，要求市县新闻出版广电部门明确承担起全民阅读工作职能，明确责任主体，明确责任岗位，明确工作人员，围绕全民阅读工作的主要目标、主要任务、重大项目等，提出具体实施方案和措施，分阶段、分步骤组织实施。国家新闻出版广电总局将建立全国性的书香社会指标体系，并定期评估和发布。各地要加快建立和完善全民阅读状况监测评估机制，定期发布所辖各市县的阅读状况调查报告，并将工作情况纳入目标管理和考核体系。全民阅读是一项开创性的工作，要勇于探索，及时总结经验，相互交流，相互借鉴。对于实践中产生的经验和典型，我们将大力宣传推广，发挥引领示范作用。

伟大的时代赋予我们伟大的使命。深入开展全民阅读责任重大、使命光荣。让我们共同肩负起历史责任，同心同德，努力奋斗，全力推动全民阅读再上新的台阶，为实现中华民族伟大复兴的中国梦作出新的更大贡献！

百年《辞源》的历史贡献[*]

　　辞书是人类文明智慧的结晶，是民族文化传承的重要载体，也是人民群众学习文化知识的重要途径。《辞源》作为中国近代史上第一部新式的启蒙工具书，标志着中国辞书出版由传统到现代的转型，被誉为"中国现代辞书之母"。《辞源》从1915年第一版问世，到今年第三版出版，历经百年，见证了中国出版和文化发展的历程。可以说，100年来，《辞源》的出版发行为昌明教育、开启民智、传承文化、传播文明，为提高国民素质作出了重要贡献。百年《辞源》第三版顺利出版，对于传承和弘扬好中华优秀传统文化，具有十分重要的意义。

　　100年前，陆尔奎、方毅、杜亚泉等出版先贤，筚路蓝缕、皓首穷经，用现代辞书的形式延续和发扬中华传统文化的根脉，铸就起中国现代辞书史上的一座丰碑。《辞源》体例是中国独有

---

[*] 本文为作者2015年12月24日在《辞源》出版百年暨《辞源》第三版出版座谈会上讲话的一部分。

的辞书体例，首创了一整套系统的释义规则，自此之后的汉语辞书所用的基本编纂原则，尽在其中。《辞源》收录的全部是中国经史子集典籍中实际用过的词语，是以中国古代典籍词语及其解释为核心内容的中国传统文化知识信息库，引导读者准确理解中国传统文化的精髓，体现了中国出版人在传承中华优秀传统文化上的自觉、自信和自强。

"凡编纂辞书，盖无岁不改易增广，以求适于社会之用。"百年《辞源》凝结了一个多世纪几代学人和出版人的智慧和心血，内容日益丰富、日臻完善，经久不衰、愈出愈好，已经成为读者公认的经典工具书。2007 年，中国出版集团和商务印书馆启动了《辞源》第三版修订工作，在何九盈、王宁、董琨几位主编的主持下，几百位专家、学者和出版工作者，以实事求是、严谨治学的科学态度，以极端认真、高度负责的优良作风，殚精竭虑，历时八载，终于为大家奉献了一部崭新的皇皇巨著。《辞源》第三版以现代语言文字学理论为指导，遵守国家统一制定的语言文字法规，借鉴吸取几十年来辞书编纂的丰富经验和研究成果，博采众家之长，吸收近现代学者关于古籍整理的优秀成果，新增字头1320 个，新增复音词 8500 条，补充插图 618 幅。同时在修订工作中研究制订了一批新的编纂规则，健全完善了编纂体例，努力让"书写在古籍里的文字都活起来"。这些举措对于现代辞书编纂修订的科学规范以及《辞源》品牌的发扬光大具有重要的价值。

百年《辞源》第三版的问世，为我国出版业"十二五"发展规划的完美收官添上了浓墨重彩的一笔。我们期待学术界和出版界继续同心协力，推出更多文化精品和传世之作。

努力培养更多优秀编辑人才 *

古人云:"功以才成,业由才广。"编辑人才是编辑出版事业发展的基础力量。没有一流的编辑人才,就没有一流的出版物,更谈不上一流的出版社。编辑培育精品,精品成就人才。归根结底,精品力作来源于编辑的发掘和加工,编辑的眼光和水平决定着出版物的品质。无论时代如何变化,无论出版物载体和介质如何转换,无论是传统出版还是新兴媒体,都离不开编辑的创造性劳动。编辑工作仍然是整个出版大厦的基础。

一、深刻把握当前编辑工作面临的新形势新要求

当前,新闻出版界正在深入学习贯彻党的十八届五中全会精神和习近平总书记系列重要讲话精神,认真谋划"十三五"时期

＊ 本文原载于《中国编辑》2016 年第 1 期。

新闻出版业发展规划。新闻出版业改革发展已经站在一个新的历史起点上,编辑工作面临着新的形势、新的要求。

一是落实五中全会精神,建设社会主义文化强国对编辑工作提出了新的更高要求。党的十八届五中全会,不仅描绘了未来五年经济社会发展的宏伟蓝图,也对包括新闻出版业在内的文化建设作出了新的部署,提出了新的要求。到 2020 年实现全面建成小康社会的目标,既有人民物质生活方面的目标,也有人民精神文化生活的目标。在新的目标要求中,明确提出了国民素质和社会文明程度显著提高的目标,要求加强中国梦和社会主义核心价值观的宣传教育,基本建成公共文化服务体系,使文化产业成为国民经济支柱性产业。强调创新、协调、绿色、开放、共享的新发展理念。特别是在推动物质文明和精神文明协调发展方面,提出要坚持"两手抓、两手都要硬",坚持社会主义先进文化前进方向,坚持以人民为中心的工作导向,坚持把社会效益放在首位等方面的要求,对文化建设提出了基本原则、基本要求和各项任务。这对今后一个时期编辑工作提出了努力方向和重要遵循。编辑工作要为全面建成小康社会、丰富人民群众的精神文化生活、提高国民素质和社会文明程度,提供精神动力和智力支持。

二是落实习近平总书记在文艺工作座谈会上的重要讲话精神,多出精品力作对编辑工作提出了新的更高要求。在习近平总书记主持召开文艺工作座谈会并发表重要讲话一周年之际,2015年 10 月 15 日,讲话全文公开发表,具有重要意义。习近平总书记在文艺工作座谈会上的重要讲话,是指导新时期文艺工作和文化建设的纲领性文献。习近平总书记在讲话中强调，推动文艺繁荣发展，最根本的是要创作生产出无愧于我们这个伟大民族、伟大时代的优秀作品。我们必须把创作生产优秀作品作为文艺工作的中心环节，坚持以人民为中心的创作导向。编辑工作要贯彻落实习近平总书记在文艺工作座谈会上的重要讲话精神，把多出优秀作品作为编辑工作的中心环节，作为编辑人员的立身之本。着力解决出版工作中有数量缺质量、有"高原"缺"高峰"和机械化生产、快餐式消费等问题。要在培育精品力作上花更大力气，下更大功夫，出更多成果。

三是落实把社会效益放在首位的要求，切实履行出版的文化使命和社会责任对编辑工作提出了新的更高要求。2015 年 9 月，中共中央办公厅、国务院办公厅正式印发了《关于推动国有文化企业把社会效益放在首位、实现社会效益和经济效益相统一的指导意见》。当前，有些出版物还存在低俗、媚俗、庸俗的问题，还存在着出版导向问题。有些出版单位和编辑人员忽视社会效益，片面追求经济效益。文化产品承载着价值取向，担负着文化传承使命，不同于一般物质产品。出版单位要建立健全确保把社会效益放在首位、实现两个效益相统一的体制机制、评价体系和考核指标，建立和完善编辑委员会，强化总编辑等内容把关岗位的职责。编辑出版工作要进一步处理好社会效益和经济效益、社会价值和市场价值的关系。当两个效益、两种价值发生矛盾时，必须做到经济效益服从社会效益，市场价值服从社会价值。这一点，什么时候都不能动摇。

二、全面提升编辑人员的综合素质

新的形势对编辑出版工作提出了更高要求，既是压力，也是动力。编辑人员要想适应新要求，关键要靠苦练内功，提升自身的综合素质。

一是要全面提升政治素质。出版物作为一种精神产品，具有鲜明的文化属性和意识形态属性，深刻影响着人们的世界观、人生观、价值观。导向是否正确，决定着出版物的价值取向。而作为出版物内容的选择者和把关人，编辑的政治素质至关重要。因此，作为一名现代编辑，首要任务就是全面提升自己的政治素质，确立马克思主义的出版观，始终坚持正确的出版导向，明确自己的社会责任和历史使命，同时要自觉践行社会主义核心价值观，把社会主义核心价值观落实体现在编辑出版工作的方方面面。

二是要全面提升文化素质。编辑从事的是文化事业，出版机构是文化单位，出版物是文化产品，这一切都要求编辑必须坚守出版的文化精神，发挥文化引领风尚、教育人民、服务社会、推动发展的作用；必须坚守出版的文化责任，坚持正确的文化立场，认真对待文化产品的社会效果，弘扬真善美，贬斥假恶丑；必须坚守出版的文化品质，推出高品位、高质量的出版产品，做一个真正的文化人。一个好的编辑必须具有深厚的知识基础，必须具备良好的文字修养和文化素养，必须拥有博大的人文情怀。要成为这样的文化人当然不是一件容易的事情，需要付出不懈的努力，需要长期的学习、实践和积累。在这方面，许多前辈编辑为我们作出了表率。今天我们常常说起邹韬奋、叶圣陶、周振甫，这些出色的编辑大家，他们的文化素质之高令人敬仰，他们的文化情怀之浓令人感动。他们不仅是编辑大家，而且是思想大家和文化大家。

三是要全面提升专业素质。当前，有的单位出版物质量下滑，在很大程度上是由于编辑人员的专业素质出了问题。编辑是一门专业性很强的工作，策划、编辑加工、宣传推广等各个工作环节，均有相应的专业知识，均有必要的技术和规范。编辑人员虽然大多有自己的学科专业背景，但这不能保证其天然具备编辑专业知识和技能。要成为一个优秀的编辑，必须经过编辑岗位的历练，必须不断地、深入地学习。学习专业理论，学习专业技能。而且随着行业的发展和技术的进步，编辑需要不断地学习。在数字化时代，在"互联网＋"和大数据时代，编辑的一个紧迫任务，就是学习、掌握科技知识和数字出版的知识，掌握开展数字出版活动的必备能力。只有这样，才能跟上时代步伐，承担历史使命。

四是要全面提升创新素质。创新是文化发展的源泉，是出版发展的动力。出版工作的根本职能是传播新思想、新文化、新知识、新信息，创新是其题中应有之义。作为出版工作的主体，编辑人员的创新素质如何，直接决定了其文化选择的视野，也直接决定了其文化产品的品位和质量。因此，编辑人员要牢固树立创新意识，通过各种途径全面提升自己的创新素质。要投入更多精力，发现新人新作，出版更多原创作品。要策划和挖掘具有新思想、新知识、新信息的选题；要花费更大力气，在图书的编辑、制作过程注入创新因子；要奉献更多智慧，在图书的宣传、营销方面开发创新方式和路径。无论是对编辑个人，还是对编辑出版机构来说，因循守旧没有出路，只有创新才有未来。

三、努力培养更多的优秀编辑人才

要打造传世精品，建设文化强国，编辑队伍是基础，人才是关键。

一是要牢固树立人才是第一资源的观念。要重视编辑人才，尊重编辑人才，努力营造有利于充分调动编辑人员积极性的氛围和环境，使优秀编辑人才创造有广阔空间，才华有展示舞台，贡献得到社会尊重。

二是要建立健全对编辑人员科学的评价考核机制。要加强对编辑人员在出版物社会效益、社会价值、文化价值、产品质量方面的考核和评价，让编辑人员安其岗、得其所、留得下，引导编辑人员多出精品力作。

三是要加强编辑人员的培训。要为年轻编辑成才创造良好条件，积极探索实施短期培训、项目培训、交流培养、学位培养、岗位培训相结合的人才培养机制，发挥老编辑的"传帮带"作用，积极推广一些出版单位实行的编辑培养"导师制"。通过老编辑的言传身教，使年轻编辑尽快成长起来，使优秀传统薪火相传，使编辑事业人才辈出。既要出精品，也要出人才，更要出名家大家！

不断提升中华优秀传统文化普及
图书出版水平 *

　　为深入贯彻落实习近平总书记系列重要讲话精神，加强中华优秀传统文化的传承和弘扬，进一步做好传统文化普及图书的出版和推广工作，2015年国家新闻出版广电总局组织开展首届中华优秀传统文化普及图书推荐活动，最终确定首届向全国推荐中华优秀传统文化普及图书86种，得到了出版界广泛关注，深受读者好评，产生了良好的社会反响。

　　总体看，这些推荐图书较为集中展示了中华优秀传统文化，是近年来我国优秀传统文化普及图书出版的一次阶段性盘点和总结，对进一步传承和弘扬中华优秀传统文化具有十分重要的意义。传统文化普及图书出版工作意义重大，需要久久为功，不断创新。

　　一是要充分认识做好中华优秀传统文化普及图书出版推荐工

＊ 本文为作者2016年1月11日在首届向全国推荐中华优秀传统文化普及图书座谈会上讲话的一部分。

作的重要意义。党的十八大以来，以习近平同志为核心的党中央高度重视文化建设，强调要大力传承和弘扬中华优秀传统文化。特别是习近平总书记在系列重要讲话中，深刻阐述了中华优秀传统文化的精神内涵、时代价值和历史地位，精辟分析了中华优秀传统文化对建设中国特色社会主义、培育和践行社会主义核心价值观、提高国家软实力的重大现实意义和深远历史意义。习近平总书记指出，中华优秀传统文化是中华民族的精神命脉，是涵养社会主义核心价值观的重要源泉，也是我们在世界文化激荡中站稳脚跟的坚实根基。中国特色社会主义植根于中华文化沃土，培育和弘扬社会主义核心价值观，必须立足中华优秀传统文化。中华优秀传统文化普及图书出版工作作为建设优秀传统文化传承体系的重要环节，做好这项工作，不仅能向世界展示源远流长、博大精深的中华文明，彰显中国的大国风范和民族襟怀，提高国家文化软实力，推动中华文化"走出去"，更能有力提高人民群众传统文化素养，增强中华民族的文化自觉和文化自信，坚定道路自信、理论自信、制度自信，为建设社会主义文化强国打下坚实基础。我们要从建设中国特色社会主义，培育和弘扬社会主义核心价值观，实现中华民族伟大复兴中国梦的战略高度来充分认识中华优秀传统文化普及图书出版推荐工作的重大意义，增强使命感、责任感，更加努力地做好这项关系到传承中华文明、惠及子孙万代的重要工作。

二是要努力提升中华优秀传统文化普及图书出版的创新水平。习近平总书记指出，传承中华文化，绝不是简单复古，也不是盲目排外，而是古为今用、洋为中用、辩证取舍、推陈出新，摒弃消极因素，继承积极思想，"以古人之规矩，开自己之生面"，实现中华文化的创造性转化和创新性发展。这同样也是对中华优秀传统文化普及图书出版工作提出的迫切要求。当前，出版同质化、创新性不足长期制约着中华优秀传统文化普及图书的出版和推广，选题重复、千书一面、内容单调、缺乏新意等问题经常为广大读者所诟病。要提高创新水平，关键是要加强出版内容创新、出版形式创新和传播方式创新。出版内容创新是根本，要在加强对中华优秀传统文化研究的基础上，盘活已有出版资源，按照时代的新特点、新要求、新进展，挖掘新内容，介绍新成果，开拓传统文化普及出版新领域。通过深度挖掘、赋予新意、改造形式、增补充实、拓展完善，激活中华优秀传统文化生命力，增强其凝聚力和感召力，使我们的传统文化题材图书达到思想性、知识性、可读性的有机统一。出版形式创新是创新的重要手段之一，要在图书的开本、装帧、版式、色彩等表现形式方面做文章，使形式能够很好地服务于内容。传播方式创新，要积极顺应互联网传播移动化、社交化、互动化趋势，推动优秀传统文化普及综合运用多媒体传播手段创新，努力推动传统文化与现代技术、传统出版与新兴媒体的优势互补、相互促进、融合发展。

三是要着力提高中华优秀传统文化普及图书的出版质量。质量是出版物的生命，没有质量就谈不上精品力作，更谈不上传承和弘扬中华优秀传统文化。目前，传统文化普及图书还存在质量不高的问题。有些普及读本编校错误百出，有些面向儿童的童蒙读物内容导向存在问题，在社会上造成不良影响。这些质量存在问题的图书，不仅不能传承和弘扬中华优秀传统文化，反而误人子弟，贻害后代。我们要加强包括选题分析、出版物审读、质量监管、责任追究等贯穿出版各个环节的全流程管理机制，确保传统文化普及图书出版导向和出版质量。通过年度选题审读和书号管理，撤销和压缩质量不高的选题，减少重复出版的选题。2016年还将重点加大对传统文化普及图书内容质量、编校质量、印制质量和设计质量的检查力度，发现问题依法及时处理。出版单位自身必须加强对编辑传统文化素养的培养，牢固树立质量第一的思想，切实落实好"三审三校"制度，建立健全本单位的出版物质量保障体系，切实提高出版物质量，推出更多优秀的传统文化普及图书。

四是要着力在普及性和通俗化、大众化方面下功夫。目前，中华优秀传统文化普及图书的出版工作还存在一些脱离群众的不良倾向。一些出版单位在传统文化题材图书的选题策划上片面强调高端化，内容不接地气，文字深奥难懂，形式呆板僵化、沉闷无趣，难以得到广大读者的认可和欢迎。要加强传统文化题材图书的普及性、大众化，关键是要坚持以人民为中心的出版导向，要始终把满足广大人民群众精神文化需求作为出版工作的出发点和落脚点，把群众认可度、满意度作为评价出版物的重要标准。传统文化普及图书出版工作一定要面向基层、面向群众。出版单位要真正走基层、转作风，深入一线加强选题调研，认真分析广大基层群众对传统文化题材图书的多样性需求，努力调整选题结构，有针对性地加强对传统文化普及图书的多层次开发。图书内容要贴近实际、贴近生活、贴近群众，坚持生动鲜活的叙事方式和平易近人的语言风格；图书定价充分考虑普通读者的消费能力，少一些华而不实，少一些高档豪华，不能门槛过高，把大多数群众拒之门外。总之，要推出一大批广大群众读得懂、愿意读、买得起的传统文化普及读物，推出更多高质量、接地气、有生气的优秀出版物。

五是要积极推动中华优秀传统文化普及图书出版推广与全民阅读工作紧密结合。当前，我国全民阅读工作已经具备了良好的社会基础，群众参与的热情越来越高，全国每年有8亿人次参与各类全民阅读活动。群众对包括传统文化题材图书在内的文化产品在内容、质量、品位、价值等方面提出了新的更高要求。推动中华优秀传统文化普及图书出版工作必须要与深入开展全民阅读活动紧密结合起来，推出一大批为群众喜闻乐见的传统文化普及图书，为广大读者提供丰富的精神食粮。此次推荐活动是一次推动传统文化题材出版工作、促进全民阅读活动深入开展的良好契机。各单位要进一步加大对推荐活动的宣传推介力度，积极组织新闻媒体开辟专题、专栏进行介绍，希望来自媒体的朋友们在这方面继续给予大力协助和支持。要充分利用中华传统节日等重要时间节点，做好推荐图书的展示展销工作，扩大推荐图书的社会影响力。要通过多种渠道开展内容丰富、形式多样的阅读推广活动，推动优秀传统文化题材图书深入校园、深入社区、深入农村、深入基层，引导广大读者积极阅读，形成浓郁的中华优秀传统文化阅读氛围。

六是要不断加大对中华优秀传统文化普及图书出版工作的支持力度。要加强规划引导，通过"十三五"出版规划、古籍规划、民文规划等重点出版物出版规划，在国家层面统筹安排一批高水平传统文化普及图书，各地出版行政管理部门、出版单位也要制定自己的传统文化普及图书出版规划，多点发力，共同建立和完善传统文化普及图书出版的体制、机制。要加大资助力度，国家出版基金、古籍整理专项经费、民文出版专项经费等要继续加大对中华优秀传统文化普及图书的资金支持力度。要完善评价标准，在推优、评奖等活动中加大对中华优秀传统文化普及图书的扶持力度。要加强精品示范，不断拓宽各种渠道，加强中华优秀传统文化普及精品力作的宣传和推介。通过一系列措施，鼓励和引导更多有条件的出版单位投入这项出版工作，力争推出更多优秀出版物，将中华优秀传统文化普及图书出版水平提升到新的高度。

深入推动青少年阅读 *

近年来，我国少儿出版取得显著成效。从规模上看，每年出版少儿图书 4 万多种，约占全国年出书品种的 10%，是我国出版业成长性最好、活力最强的一个板块。从结构上看，儿童文学板块继续保持良好态势。同时，主题图书、科学科普、低幼启蒙、图书绘本等各个板块均取得长足进步。从质量上看，原创能力显著提升，质量不断提高，涌现出一大批精品力作。

丰富多彩的精品力作为青少年阅读提供了优质内容。为充分发挥优秀少儿出版物的引领作用，进一步提升青少年阅读品质，中宣部、国家新闻出版广电总局等部门开展了一系列评选推荐工作，引导青少年读好书。如"五个一工程"奖、中国出版政府奖、中华优秀出版物奖等都评出多种优秀少儿类图书；"中国好书""大众喜爱的 50 种图书"等推荐活动也都重点推荐少儿类图

---

* 本文为作者 2016 年 7 月 5 日在向全国青少年推荐百种优秀出版物发布会上讲话的一部分。

书，向全国青少年推荐百种优秀出版物已经开展了13届，推荐了1300种优秀出版物。这些优秀少儿出版物已经成为农家书屋工程、中小学图书馆、全国少儿图书馆配置图书的重要参考书目，也是各地各部门开展向青少年捐赠出版物活动、读书征文活动的重要参考书目。在做好少儿出版和评选推优的同时，各地、各部门和各出版单位积极开展青少年阅读推广活动，有力提高了青少年阅读推广力度和专业化水准。

青少年是祖国的未来，民族的希望，也是我们推动全民阅读最为关注的群体。我们要从国家长远战略的高度，切实做好少儿出版工作，大力推动青少年阅读。

一是要认真开展主题出版活动，在青少年中培育和践行社会主义核心价值观、传承和弘扬中华优秀传统文化。习近平总书记指出，人生的扣子从一开始就要扣好。培育和践行社会主义核心价值观、传承和弘扬中华优秀传统文化要从小抓起，从青少年阅读抓起。要进一步做好各类主题出版工作，着力讲好中国共产党、中国特色社会主义道路、中国梦的中国故事，激励和引导青少年自觉为实现中华民族伟大复兴中国梦而努力奋斗。要着力推出一批大力弘扬中华优秀传统文化的少儿出版物，发掘一批立足我国优秀传统文化，结合时代特点，阐发中华传统文化讲仁爱、重民本、守诚信、崇正义、尚和合、求大同的优秀少儿出版物，使青少年从小受到中华传统美德和传统文化的滋养和浸润。

二是要大力实施精品战略，出版更多少儿出版精品力作。深入开展青少年阅读的重要前提是要多出好书，多推好书，首先解决读好书的问题。我们要牢固树立精品意识，把精品力作创作生产作为少儿出版工作的重要目标和评价工作成效的重要标准，在推出精品力作上花更大力气、出更多成果。要加大政策扶持，通过国家出版基金资助、产业发展项目支持等，将政府资源更多向精品出版项目、优质出版单位倾斜；要把精品生产情况作为考核出版单位、编辑人员的重要指标。各出版单位要结合"十三五"重点出版物规划及未成年人子规划编制工作，精心策划，精编精校，推出一批优秀少儿出版物。

三是要进一步做好评选推荐工作，充分发挥优秀少儿出版物的引领示范作用。坚持价值导向、专家意见、读者评价、质量标准相统一的原则，把思想精深、艺术精湛、制作精良作为标准，进一步完善优秀出版物推荐机制，继续将少儿类出版物作为中国出版政府奖、"三个一百"原创出版工程、"大众喜爱的50种图书"、"中国好书"推荐活动等评选推荐工作的重要项目，继续开展向全国青少年推荐优秀出版物、优秀少儿报刊等推荐活动，扩大优秀少儿出版物的社会影响力和知名度。要加强少儿图书评论工作，加强对各类少儿图书排行榜的引导和管理，充分发挥优秀少儿出版物的作用。

四是要不断创新阅读推广方式，推动青少年阅读广泛深入开展。要研究不同群体、不同年龄段青少年的认知能力和特点，吸收借鉴发达国家成熟的儿童分级阅读经验，大力推动青少年基础阅读工程，保障青少年的基本文化权益，满足青少年读者多层次的阅读需求。继续开展"百社千校"阅读活动，实施"书香·童年"

学龄前儿童基础阅读工程等，坚持不懈地倡导青少年"爱读书"，始终如一地服务青少年"读好书"，引导青少年"善读书"。积极推动改善贫困地区青少年的阅读环境、阅读资源、阅读设施等，让越来越多大山深处、贫困家庭的孩子享受到读书的乐趣，让少儿出版的发展成果惠及千家万户、亿万儿童，共同打造全民阅读的书香社会。

做好少儿出版、推动青少年阅读责任重大。我们要共同努力，为青少年奉献出更多更好的精神食粮，为青少年创造更加温馨的阅读环境，共同建设好青少年健康成长的精神家园！

把握发展趋势，推进深度融合 [*]

在互联网和移动互联网构建的新型媒体格局下，全球出版业正在面临一场深刻变革，传统出版与新兴出版的融合发展，已成为出版业发展的必然趋势和必由之路。融合发展将是全方位、多方面、广领域的。

一、中国出版业发展的基本状况

2015 年，中国出版业发展持续向好，出版产业规模继续保持较快增长，特别是新兴出版发展的态势尤为突出。

1. 数字出版迅速增长

在互联网和移动互联网迅速发展的背景下，近年来以数字出版为代表的新兴出版发展迅猛。截至 2015 年年底，中国网民数

＊ 本文原载于《中国出版》2016 年第 17 期。

量已近 7 亿，超过全国总人口的半数。第十三次全国国民阅读调查数据显示，2015 年中国国民数字化阅读方式接触率达到 64%，超过纸质图书阅读率 5.6 个百分点，其中 60% 的成年国民曾进行过手机阅读。庞大的网络用户群体和日益旺盛的数字内容消费需求，为中国数字出版发展壮大提供了强劲动力。2015 年，中国数字出版产业收入规模再创新高，达到 4403.9 亿元，比上一年增长了 30%。

近年来，传统出版单位加大了数字出版的业务布局，积极寻求产品和模式上的创新突破；网络文学、有声读物、自媒体等新兴形态蓬勃兴起，消费热点层出不穷，巨大的发展潜力吸引了互联网企业、电信运营商、电子商务企业广泛参与，同时还涌现出了大批新媒体、动漫、游戏等新兴出版企业，数字出版阵营不断壮大。技术门槛的日趋降低和新生市场的不断涌现，大大扩展了数字出版的发展空间，使之成为创新的集中领域、创业的热门选择和资本市场的关注焦点。在今年 3 月发布的《中华人民共和国国民经济和社会发展第十三个五年规划纲要》中，数字出版作为新兴文化产业的重要组成部分首次写入国家的五年发展规划，这必将进一步助推数字出版发展的热潮。

2. 传统出版稳步发展

在数字出版等新兴出版业态蓬勃发展的同时，传统出版也保持着持续发展的良好态势。

2015 年，出版产业仍保持较快增长。全国出版、印刷和发行服务实现营业收入 21655.9 亿元，较 2014 年增长 8.5%；增加值

5932.4 亿元，增长 7.6%。

图书出版稳中有增。2015 年，中国图书总印数为 86.6 亿册（张），比 2014 年增长 5.8%；图书出版实现营业收入 822.6 亿元，增长 4.0%；利润总额 125.3 亿元，增长 7.0%。

图书结构进一步优化。2015 年全国共出版图书 47.6 万种，比上一年增长 6.1%。其中，重印图书 21.5 万种，增长 11.9%；新版图书 26 万种，增长 1.8%；重印图书与新版图书品种之比由 2014 年的 1：1.3 提高为 1：1.2。出版业精品意识、质量意识逐步增强，中国图书出版已开始了从追求数量规模向提高质量效益的转变。

3. 实体书店出现回暖

实体书店在经历了数年的"寒冬"后迎来了回暖，特色书店数量增加，2015 年全国图书发行人员增长了 6.3%。

一方面，源于国家在政策层面的大力扶持。自 2013 年起，国家实行了图书批发和零售环节免征增值税等政策，并开展实体书店扶持试点工作，据统计，每年仅增值税减免就为实体书店减轻税负 50 亿元。最近 3 年来，中央财政还用 3 亿元专项资金扶持了 210 余家实体书店。与此同时，各地方和各级管理部门对实体书店的扶持力度也不断加大，广东、上海、浙江、北京等地均针对当地实体书店发展出台了专项扶持政策或管理办法，对实体书店予以资助、贴息和奖励等支持。今年 6 月，国家新闻出版广电总局等 11 部门联合印发了《关于支持实体书店发展的指导意见》，从完善规划和土地政策、加强财税和金融扶持、提供创业和培训服务、简化行政审批管理、规范出版物市场秩序等各方面，进一步对实体书店发展给予支持。

另一方面，得益于实体书店自身在改造升级上的持续探索。在政策的有力推动下，实体书店开始积极探索转型升级之路，或借助资本力量，加强发展支撑，或主打特色营销，进行多元化发展。通过资本、政策与文化相结合，为实体书店带来了新的活力。一些品牌书店、特色书店、专业书店在坚守中求新求变，创新发展模式，开展连锁经营，扩大经营规模，寻求多元化经营；此外，社区书店、体验书店、书吧、文化商城（Mall）等新型书店层出不穷，满足了读者多样性的文化需求，书店的功能也在转型中获得了新的提升与拓展。

4. 全民阅读深入推进

阅读不仅关乎个人修养，同样也关乎国家的文化软实力与核心竞争力，因此中国政府对全民阅读给予高度重视。2012年10月，"开展全民阅读活动"历史性地写入中国共产党第十八次全国代表大会报告，被列为建设社会主义文化强国的一项重要举措。自2014年起，"倡导全民阅读"已连续三年写入《政府工作报告》。2016年，全民阅读工程作为重大文化工程写入《中华人民共和国国民经济和社会发展第十三个五年规划纲要》，推进全民阅读已成为一项系统工程。

今年恰逢中宣部、国家新闻出版广电总局等部门倡导和开展全民阅读10周年。10年来，全民阅读工作成绩显著，400多个城市常设读书节、读书月等活动，以"书香中国"为统领，全国各地创建起一大批全民阅读品牌活动，成为推广全民阅读的重要平台。同时，全国各地大力推进全民阅读进农村、进社区、进家庭、进学校、进机关、进企业、进军营活动。为了解决基层读书难的问题，中央和地方共投入 120 多亿元，在全国建成了 60 多万个农家书屋，覆盖了所有的行政村，推动 10 亿册图书进农村。通过建立"职工书屋""社区书屋"等，基本建成了覆盖广泛、使用便捷的公共文化服务体系。随着我国国民数字化阅读方式的日益普及，全民阅读活动的方式也随之有了新的变化。农家书屋逐渐实现了向数字农家书屋的升级，电子阅报栏在社区、街道、企事业单位等场所随处可见。

从我国国民阅读调查结果可以看出，成年人图书阅读率由 2011 年的 53.9% 上升至 2015 年的 58.4%；成人数字化阅读率由 2011 年的 38.6% 上升至 2015 年的 64.0%，这直接得益于全民阅读活动的全面深入推进。

5. "走出去"成绩显著

自 2003 年实施出版"走出去"战略以来，中国出版"走出去"的步伐不断加快，"走出去"的形式日益多样，产品日益丰富，领域日益广泛。2015 年，全国共输出版权 10471 种，引进版权 16467 种，版权引进品种与输出品种的比例由 2003 年的 8.2∶1 变化为 2015 年的 1.6∶1，中国已经成为重要的国际版权输出国。

为了加强与世界各国出版业之间的交流合作，我们实施了中国图书对外推广计划、经典中国国际出版工程、丝路书香工程等出版"走出去"工程，希望越来越多的具有中国特色、中国风格、中国气派的优秀出版物走向世界，让世界人民分享中华 5000 多年的悠久文明与当代文化成果。

二、中国出版业融合发展的主要特点

当前，融合发展已成为全球出版业发展的主旋律，也是出版业把握未来发展的风向标。中国出版业高度重视融合发展问题，积极探索融合发展路径，初步展现出了一些融合发展的特点。

1. 引领融合发展的政策体系日趋完善

近年来，中央对互联网和移动互联网架构下的新兴文化产业发展予以了高度重视，出台了一系列政策举措，有力推进了出版业融合发展。2014 年 8 月，中央全面深化改革领导小组通过了《关于推动传统媒体和新兴媒体融合发展的指导意见》。为了贯彻落实中央的要求，国家新闻出版广电总局发布了《关于推动传统出版和新兴出版融合发展的指导意见》等文件，对出版业融合发展提出明确路径和发展要求，切实引导出版业从转型升级向融合发展纵深推进。出版业融合发展的政策体系基本形成。

2. 推动融合发展的体制机制逐步形成

推动出版业融合发展既是出版业自身发展的需要，也是履行文化责任，适应读者阅读方式改变的需要，这是出版业界的共识。经过几年的探索，我们正在形成行政推动和发挥市场作用相结合的出版融合发展之路。坚持行政推动就是充分发挥各级出版行政部门在规划制定、政策保障、项目实施、市场监管等方面的主导作用，为出版融合发展创造良好的外部环境。发挥市场作用就是支持传统出版单位控股或参股互联网企业、科技企业，支持出版企业尤其是出版传媒集团跨地区、跨行业、跨媒体、跨所有制兼并重组新型出版企业。

3. 支撑融合发展的新技术应用越来越广泛

科学技术的持续创新与应用，已成为出版业融合发展的重要动力与强大支撑。近年来，中国政府大力实施创新驱动发展战略，强调科技在创新驱动发展中的支撑作用，管理部门出台了一系列鼓励出版与科技融合的政策，出版企业对科技研发与应用的投入不断加大。科技的创新应用，改变着内容生产、呈现与传播，推进着产品、渠道、模式的开拓创新。大数据、云计算、人工智能技术等新一代信息技术，推动出版流程的专业化、数据化、智能化；数据分析与挖掘技术的广泛应用，实现了内容的个性化推送、分众化生产；虚拟现实（VR）/增强现实（AR）技术被越来越广泛应用于科普类、儿童类图书出版和手机游戏等领域，立体化、多维化的呈现方式，极大地丰富了用户的感官体验；媒体内容生产的可视化、多媒体化，让用户对内容情境有了更为直观的感受。

4. 融合发展的模式开始形成

在图书出版领域，面向科学、技术、医学等专业出版数据库、专业知识服务平台等逐步建立与完善，传统的出版服务正在向专业知识服务领域发展；在教育出版领域，从电子书包到电子课本，从慕课（MOOC）到在线教育平台，出版单位、技术企业等都在研发教育出版的数字产品；在大众出版领域，从电子书到网络原创文学，已经形成了多个影响较大的电子书平台和网络原创平台，并且深受读者的喜爱。此外，中国出版业还积极开展与旅游、医疗、金融等领域的跨界融合，实现出版业与其他领域的资源互通、技术共用、模式共享，不断开辟融合发展新路径，开拓融合发展新市场。

虽然出版业融合发展已成必然之势，但我们也清醒地看到，在融合发展的过程中仍有一些问题需要面对。特别是中国出版业虽然在融合发展上已取得了一定进展，初步实现了传统出版与新兴出版的"你中有我，我中有你"，但与"你就是我，我就是你"的目标尚有很大差距，仍需要出版业在实践中寻求有效的路径、模式和方法。

三、推进中国出版业融合发展的主要思路

2016 年，中国步入第十三个五年规划时期，在这一时期，中国出版业的融合发展将从局部突破迈向全面深化。我们要立足传统出版，发挥内容优势，运用先进技术，走向网络空间，切实推动传统出版和新兴出版在内容、渠道、平台、经营、管理等方面深度融合，实现出版内容、技术应用、平台终端、人才队伍的共享融通，形成一体化的组织结构、传播体系和管理机制。把打造一批形态多样、手段先进、市场竞争力强的新型出版机构，建设若干家具有强大实力和传播力公信力影响力的新型出版传媒集团作为我们的工作目标。为此我们将着力推进以下几个方面的工作。

1. 树立深度融合发展理念

发展理念指引发展思路、发展方向和发展着力点。深度融合发展不是传统出版的互联网化，也不是简单的平台相加，而是从理念、内容、体裁、形式、方法、手段、业态、体制、机制等九个方面的创新为切入点，推动传统出版和新兴出版融为一体，合而为一。

2. 推进精品数字内容建设

坚持把社会效益放在首位，把提供优质内容作为融合发展的出发点与落脚点，将内容创新作为主要着力点，加强优质内容的创造能力与整合能力。要将传统出版的专业采编优势、内容资源优势延伸到新兴出版，在内容的专业、精准、内涵上下功夫，着力推进优质内容的新媒体化。把握新媒体传播规律和社交化、个性化、视频化的传播趋势，按照互联网和移动互联网的传播特性，探索将出版业的原创内容生产与新媒体信息整合相结合，创新内容生产手段、传播方式、呈现形式，针对多渠道、多终端、多需求进行内容的分众化、精细化、特色化、系列化生产，以内容优势赢得发展优势。

3. 加快构建融合型平台

加快构建集内容采编、制作、存储、发布、管理、运营于一体的全媒体出版云平台，建设融合型的内容生产、传播与管理体系，重塑出版流程，以适应融合发展的内容多渠道采集、多方式呈现、多平台发布、多业务融合需求。着力完善平台内容生产、内容聚集、内容整合、内容管理、内容开发、协同管理、数据分析等功能，实现内容资源的动态聚合、实时分发、精准投送，通过新的设备工具和移动终端来重构内容分发、传播和反馈机制，实现多渠道传播和受众覆盖最大化。统筹政府、行业协会、企业各方面力量，建设适应融合发展需求的出版云平台，实现集约化和多层次的内容生产与资源共享，通过搭建出版产品信息交换平台及国家级、行业级出版云服务平台，促进行业各类信息的共享融通。

4. 建立融合型传播体系

通过传播方式的革新与传播渠道的拓展，提升对媒介环境新变化、新格局的适应力。一方面，进一步优化、创新传统渠道，巩固传统传播能力，大力发展电子商务，整合延伸产业链。支持实体书店与电子商务合作，在区域配送方面发挥各自优势。另一方面，主动借助新技术、新媒介传播优势，拓展传播新渠道，扩大内容的覆盖面与影响力。特别要充分利用微博、微信、移动客户端等社交媒介聚拢海量用户，打通传统与新兴渠道的用户群，推进内容传播与社交网络平台的对接互动，利用社群吸引用户参与内容创作、产品设计与传播，丰富用户体验，增强平台黏性。要统筹运用传统线下传播渠道与互联网、移动互联网等多种信息网络，构建起线上线下一体化发展的内容传播体系，把各种终端、渠道整合成为一个有机整体，打造全媒介、全流程的内容传播生态圈。

5. 加快融合技术体系建设

着力推进技术创新的驱动引领。出版业要抢占网络信息技术的制高点，开展云计算、大数据、智能技术等关键技术在出版业的深度应用，完善以云平台、大数据等先进技术为核心的出版融合技术支撑体系。瞄准发展前沿，以新技术、新应用引领融合发展，实现移动阅读、在线教育、知识服务、按需印刷、电子商务等领域的新突破；抓住基础技术、通用技术、前沿技术、颠覆性技术，把先进技术应用于出版流程改造、内容生产、产品开发，把技术服务于内容生产，实现内容和技术双轮驱动，让技术赋予内容新的生命力，以提升优势内容的核心竞争力；加强出版大数据分析、结构化加工制作、资源知识化管理、数字版权保护、数字印刷、发布服务以及产品优化工具、跨终端呈现工具等关键性技术的研发和应用，着力解决出版融合发展面临的技术短板。

6. 注重版权保护与版权运用

版权是出版业市场价值的核心。完善的版权保护机制，良好的版权运营秩序，是推进融合发展的重要保障。要进一步健全版权保护的法律法规，完善版权保护制度；加大对侵权事件的查处力度，维护著作权人权益；完善版权交易制度和交易平台建设，为版权交易提供更加便利的条件，促进版权产业的发展；推动版权保护相关技术研发应用，提升对盗版行为的追踪能力，为版权保护与应用提供良好的技术支持；积极推进全版权运营，努力构建从出版内容到影视改编、游戏创作等的全版权产业链，促进出版内容的多元增值。

融合发展已成为中国乃至世界出版业发展的强劲动力。中国希望加强与各国出版界的交流合作，合力共建传播新生态，同创产业发展新格局。

推动新闻出版标准化工作，促进产业转型升级 [*]

标准化工作与新闻出版业息息相关，小到校对符号的使用，大到书号的使用，都是从标准化的角度，促进信息互相理解，实现信息互联互通、共享，降低成本，提高效能。现在数字出版浪潮席卷全球，这给我们的工作、生活以及了解世界的方式带来了翻天覆地的变化，技术离我们越来越近，技术标准无处不在，技术标准对新闻出版业的影响与日俱增。出版业只有拥抱和掌握信息技术，才能跟上时代的发展。新闻出版业要更好地利用信息技术，确定新闻出版业适用的信息技术标准，依托这些先进的技术标准，把我们优秀的文化产品推到一个更广阔的市场，促进我国传统新闻出版业和新媒体的融合，实现我国传统新闻出版业的转型升级。

---

* 本文为作者 2016 年 11 月 11 日在全国新闻出版标准化技术委员会年会上讲话的一部分。

近年来，全国新闻出版标准化工作取得了显著成绩。标准制定数量实现跨越式增长，发布了《MPR 出版物》等 10 项国家标准和《学术出版规范》等 69 项行业标准。标准制定领域不断扩展，标准体系建设逐渐完善，标准质量不断提高。整个行业参与标准制定工作的积极性显著增强，参与标准化工作的企业数量不断增加。在长期跟踪国际标准基础上，出版标委会提出并主导制定了新闻出版领域的第一个国际标识符标准，并成功申办《国际标准关联标识符（ISLI）》国际注册中心。每年定期开展标准宣传和培训，逐步开展标准实施工作，基本形成了"标准制定—标准培训—标准实施"的良性工作机制。标准化组织机构制度化、信息化建设不断增强，队伍建设卓有成效。

标准化科研引领标准前沿，标准测试和认证提上工作日程，测试实验室建设成为当前新闻出版领域标准实施环节的重要任务和目标，新闻出版标准化工作亟须加强。

一是加强统筹规划，完善标准体系建设。要根据国务院印发的《深化标准化工作改革方案》，建立高效权威的标准化统筹协调机制，整合精简强制性标准，优化完善推荐性标准，培育发展团体标准，放开搞活企业标准，提高标准国际化水平。要根据《新闻出版业"十三五"时期发展规划》，贯彻落实国家和行业标准化发展战略，完善标准体系建设，加强标准化工作机构的协同配合；重点关注加快数字化转型升级、传统业态与新兴业态融合发展等推动产业升级的相关标准制修订；支持行业协会、产业联盟等相关机构参与团体标准制定，鼓励企业开展标准化工作；推进标准的动态维护，加快推进已发布标准的注册、管理机构的设立，完善管理制度建设；支持组建专业化、专职化的标准符合性测试机构，完善标准符合性测试流程与规则，开展标准符合性测试工作；加快推进《中国出版物在线信息交换（CNONIX）》、电子书内容、知识服务、绿色印刷等标准的应用推广；大力推进《国际标准关联标识符（ISLI）》标准在国内外的产业应用；开展内容资源标识与管理标准体系建设，推进标识符标准之间的互操作；推进《国际图书贸易主题分类表（THEMA）》国际标准的应用；鼓励符合标准的技术创新、工具研发及应用，提高标准的实效性；积极参与国际标准化活动，加强与国际标准化组织、相关国际标准联盟及有关国际组织的交流与合作，积极参与国际标准制修订。

二是充分发挥企业和相关单位参与标准的积极性。标准化是企业增强竞争力的必要手段，可以提升产品质量，加快市场反应速度，压缩生产成本等。企业先进的标准可以提升产品市场占有率。我国大力提倡和鼓励企业参与行业标准、国家标准和国际标准的制定，目的是提高我国相关产品的质量，推动高质量的产品占领国内和国际市场。企业在标准制定中起关键性作用。但目前我国企业，尤其是传统出版企业参与数字出版标准化的积极性有待进一步增强。我们要积极地宣传和鼓励企业参与标准化工作，增强我国先进企业的产品的市场竞争力。扩大标准提案采集范围，鼓励委员和相关企事业单位提出标准提案，同时要建立标准项目公开征集制度，以方便相关企业顺利提出相关标准提案。

三是加快《学术出版规范》等标准的制定。学术出版资源是我国最重要的战略性信息资源之一，在我国信息化建设和知识经济发展中具有重要地位。学术出版是记录和传播科学知识的主要载体。建立学术出版规范，制定严格的学术出版规范，从标准化角度提高我国学术出版的质量，有利于推动我国先进思想和技术成果的出版，遏制我国学术出版的浮躁之风，减少学术出版的不端行为，增强我国学术出版作品的影响力，提升我国学术出版的国际地位。全国新闻出版标准化技术委员会已经完成了7项《学术出版规范》行业标准的制定，正在研制的标准还有7项。我们要加快标准的制定，使标准早日在行业内实施并起到规范作用。

四是通过各种渠道和方式推动标准的实施和完善。全国新闻出版标准化技术委员会要通过多种方式推动标准的实施，要定期开展标准培训；根据相关标准召开研讨会，与业界共同探讨协商；通过各种媒体扩大宣传和推广，让相关企业和机构知晓、熟悉和实施标准。及时建立后续注册机构和服务机构支持标准的实施；推动标准化应用和示范基地的建立；通过标准化网络平台，展开线上和线下交流和研讨。我们还应建立标准实施反馈和测评机制，畅通标准实施信息反馈渠道，促进标准制修订与标准实施有效衔接，及时开展标准复审和维护更新，以使标准不断完善。

五是放眼国际，做大格局。我们要面向世界，放眼国际，做好我国新闻出版业的标准化工作。标准是国民经济和社会发展的重要技术支撑，是市场竞争的制高点。标准化是创新技术产业化、市场化的关键环节，是支持本国企业"走出去"、参与国际合作与竞争、保障国家经济利益和经济安全的重要手段，是实现由制造大国向制造强国转变的重要保障。标准化工作者有责任和义务将我国先进的、具有自主知识产权的产品推广到海外，为我们先进的技术和产品清除各种技术壁垒，使我国先进的技术和产品能在国内外市场畅通。

六是加强标准化人才队伍建设。人才是推动标准化工作顺利开展的保障。对标准化人才开展有针对性的标准化培训，以便他们了解标准化法律法规、标准制修订程序，掌握标准编写规则。对标准化管理人才也要通过各种方式进行专门的培训，以不断提高他们的工作能力，扩充我国标准化队伍和提升我国新闻出版业标准化工作水平。

我国出版领域的"常青树" *

　　《大辞海》的出版，是出版界、文化界贯彻落实习近平总书记系列重要讲话精神的重要体现，对于弘扬中华优秀传统文化，发展社会主义先进文化，坚定中国特色社会主义文化自信，具有十分重要的意义。

　　习近平总书记致信祝贺《大辞海》出版暨《辞海》第一版面世 80 周年，在贺信中充分肯定了《辞海》《大辞海》在全面反映人类文明优秀成果，系统展现中华文明丰硕成就，丰富人民精神世界、增强人民精神力量方面作出的积极贡献，并对今后的编纂出版工作提出了殷切希望和新的更高要求。我们要认真学习、深刻领会习近平总书记重要指示精神，进一步坚定文化自信，努力打造精品力作，为建设社会主义文化强国作出新的更大贡献。

　　作为我国出版领域的"常青树"，《辞海》已经走过了 80 年

---

* 本文为作者 2016 年 12 月 29 日在《大辞海》出版暨《辞海》出版 80 周年座谈会上讲话的一部分。

我国出版领域的『常青树』 /

213

发展历程。在党和国家领导人的亲切关怀下，在各位专家学者和出版工作者的共同努力下，《辞海》依然保持着鲜活的生命力和广泛的影响力，并催生了又一厚重的文化品牌——《大辞海》。回顾 80 年的光辉岁月，《辞海》的编纂出版凝结了几代学人和出版人的智慧和心血，经久不衰、越出越好，在广大读者心目中树立了一座文化丰碑。《大辞海》以《辞海》为基础，规模更大，内容更广，作为跨世纪原创精品出版工程，17 年磨一剑，它的出版，填补了我国特大型综合性辞典的空白。《辞海》《大辞海》两部皇皇巨著，相映生辉，不仅成为中国辞书编纂出版的高峰之作，更凝聚了弥足珍贵的"辞海精神"，令我们钦佩、感动和骄傲。

一是担当文化使命。始终与国家、民族同命运，与时代共发展，忠实记录和传承优秀文化，努力满足人民群众的文化需求。二是崇尚科学理想。在编纂和修订中，在历任主编的主持下，几百位专家学者和出版工作者以实事求是、严谨治学的科学态度，精益求精、字斟句酌，打造了为广大读者认可的"无墙的大学"。三是秉持创新精神。无论是体例、条目、释义，还是插图、编排、版式等，每一版都顺应时代的要求，采集新数据，收列新词目，运用新解释，执行新规范，改进编排方式，创新创造的脚步永不停止，常修常新，历久弥新。四是传承奉献情怀。几十年来，一代又一代辞书编纂出版工作者，默默无闻，辛勤耕耘，奉献精神赓续不断，辞书事业薪火相传。

辞书的编纂出版工作，体现着一个国家、一个民族的文化素质和创新能力，是国家文化建设的重要标志和基础性工程。希望承担出版任务的上海世纪出版集团和上海辞书出版社以《大辞海》出版为契机，扎实推进《辞海》《大辞海》后续出版工作。要不断强化精品意识，坚持质量第一，保持和发扬《辞海》《大辞海》的精湛品质；要积极推动融合发展，应用先进技术、拓展传播渠道，加快推进编纂手段、出版形式、传播方式、知识服务等方面的创新，将优质辞书内容拓展到网络空间；要加快"走出去"步伐，在国际舞台上充分展示中国文化精品，不断提升中华文化的影响力和传播力，为实现中华民族伟大复兴中国梦作出新的贡献！

我国出版领域的「常青树」/

共同开创"一带一路"出版合作新未来[*]

2013 年秋天,习近平总书记提出"一带一路"倡议的宏伟构想,得到国际社会的高度关注和热烈响应。四年来,"一带一路"建设稳步推进,中国与"一带一路"沿线国家人文交流全面展开,文明互学互鉴不断加深,促进了中国与沿线各国民心相通。出版是文明传承的重要载体,是文化对外传播的重要渠道,在传播信息、促进交流、推动发展等方面发挥着不可替代的作用。"一带一路"不仅是一条经贸合作之路,更是一条文明交流互鉴之路。离开文化交流,"一带一路"文明之路建设就会行之不远,民心相通就会失去人文基础。

近年来,中国与沿线各国出版交流合作取得丰硕成果,有效推动了中国与沿线各国出版业共同发展,为建设"一带一路"贡献了出版人独特的智慧与力量。

* 本文原载于《中国出版》2017 年第 19 期。

一是版权贸易日趋活跃。自 2014 年以来，中国与沿线国家版权贸易量保持高速增长，年均增幅 20%，占中国版权贸易总量比例由 2014 年的 5% 提高到 2016 年的 15%。据初步统计，2016 年中国与沿线各国版权贸易总量近 5000 种，比 2014 年增加 2300 种。同时，版权贸易内容结构发生明显变化，反映各国当代经济、政治、文化、社会发展进步的图书成为版权贸易的主体。此外，版权贸易区域、语种结构不断优化，在与东南亚、南亚国家保持版权贸易密切往来的基础上，与阿拉伯、中东欧国家版贸数量规模、内容质量不断提升。

二是政府间互译项目进展顺利。通过图书互译计划和相关文化协议，推动相互翻译对方国家经典著作的出版。中国与沿线 29 个国家和地区签订了政府间互译协议。其中，中俄经典与现代作品互译出版项目已推出经典图书 57 种；中阿典籍互译出版项目完成 29 种图书的翻译出版。实践证明，由政府间签订并组织实施经典互译项目，是推动出版合作、文化交流的一种有效方式，有力地促进了中国与沿线国家互学互鉴。

三是国际书展作用更加重要。目前，中国出版每年参加沿线国家国际书展或举办图书展销周等 40 多个。中国主宾国活动作为国际出版交流的品牌活动，已在斯里兰卡、印度、罗马尼亚、阿联酋等沿线 7 个国家书展上成功举办。北京国际图书博览会已成为中国出版与世界出版、世界各国出版之间交流合作的大舞台，沿线国家参展数量累计超过 40 个，沿线国家参展出版机构累计 300 多家。本届图博会成功举办了伊朗主宾国活动。此前，沙特、阿联酋、中东欧 16 国先后担任主宾国。

四是合作出版力度不断加大。近年来，中国与沿线国家出版机构联合开发选题、合作翻译出版图书，逐渐成为新趋势，成为继版权贸易之后推动出版交流的主渠道。目前，中国实施的经典中国国际出版工程、丝路书香工程等项目，向沿线各国出版机构开放，吸纳 50 多家沿线国家出版机构，主动与中国出版机构合作翻译出版图书 300 多种。同时，中国图书"走出去"基础书目库首批入库图书 200 种，通过集中推介，引起沿线国家出版机构的浓厚兴趣。

五是人员交流更加频繁。近几年，中国与沿线各国把加强高层人员互访、出版人员往来作为深化交流合作的重要内容。目前，中国出版机构、行业协会每年有近百个代表团访问沿线国家，与各国出版机构、高等院校、科研机构商谈图书合作出版、课题研究等，探索合作新模式。33 位沿线国家的汉学家、翻译家、出版家、作家先后获得了中华图书特殊贡献奖，受中国政府邀请，来华参加颁奖仪式及系列出版交流活动。阿拉伯出版商协会主席率领 13 个阿拉伯国家的出版商协会主席，以及中东欧 16 国 10 位部级官员率 69 家出版机构 200 多人参展图博会，与中国出版机构举办系列出版交流活动。

六是出版机构合作更加深入。目前，中国与沿线各国出版机构在资本合作、技术合作、渠道合作等方面不断加强，取得优异成绩。在资本合作方面，中国出版机构在俄罗斯、波兰、土耳其等国家新成立出版分支机构 20 家。在技术合作方面，中国出版机构与沿线各国出版机构在数字出版领域的合作更加广泛，共同开发了相关的数字图书传播平台。在市场合作方面，中国与沿线各国共同开发出版发行市场，中国书架已在沿线国家落地 4 家，尼山书屋海外落地 25 家。

中国与沿线国家出版合作丰硕的成果表明，"一带一路"倡议顺应时代潮流，符合民情民意，具有广阔前景。2017 年 5 月，中国成功举办了"一带一路"国际合作高峰论坛。习近平主席在开幕式上的主旨演讲中深刻阐述了以和平合作、开放包容、互学互鉴、互利共赢为核心的丝路精神，描绘共商、共建、共享的"一带一路"未来发展蓝图，为推进"一带一路"文化交流与出版合作指明了方向。

当前，中国出版业的繁荣发展为"一带一路"出版合作提供了重要的机遇和空间。2016 年，中国新闻出版产业营业收入超过 2.3 万亿元，比上年增长 9%，仍然保持了较高的增长速度。中国图书出版业持续增长，结构优化，效益提升。2016 年图书出版 50 万种，其中再版图书 23.8 万种，比上年增长 10%，图书利润比上年增长 7%。此外，数字出版营业收入 5700 亿元，比上年增长 29.9%，保持了高速发展的势头。我们要从长远发展的角度，积极谋划和推动沿线各国出版业的交流与合作。

一是建立合作长效机制。"一带一路"倡议是一项宏大长期的事业，推进"一带一路"国际出版合作，需要各国出版业共同努力、久久为功。当前，我们要着力加强合作顶层设计，注重沟通协调，对接各国出版业发展实际和趋势，建立合作长效机制。

其中，加强政府及行业间合作是关键。各国相关政府部门和出版行业协会要发挥好统筹协调作用，加强引导，搭建合作平台，出台相关支持政策，推动各国出版机构积极参与，深化合作。

二是提升合作内容质量。民心相通是互联互通的基础。"一带一路"沿线国家众多，各国读者都有自己的语言文化和阅读习惯。推进"一带一路"国际出版合作的出发点要立足于促进沿线各国人文相通，带动民心相通，满足多样化的阅读需求。为此，我们要着重推出一批深入阐释、积极推动"一带一路"倡议的读物，出版一批反映沿线各国经济社会发展、人文历史、文学艺术、语言教育、自然地理方面的精品图书。同时，要积极克服语言翻译方面的困难，培育翻译专业人才，提升出版物的翻译质量。

三是拓展合作渠道平台。随着"一带一路"国际出版合作的快速发展，开拓领域宽广、层次丰富、持续运行的合作渠道变得至关重要。要鼓励各国出版机构开展版权合作、实物出口等出版对外贸易；发挥好各国重要国际书展平台的作用，扩大出版交流规模；建设一批互利共享的营销渠道，拓展国际营销网络；支持出版机构加大对外投资，推动资本合作。

四是推动合作项目对接。目前，沿线相关国家正积极开展以推动本国图书对外翻译出版为主的各类项目，如俄罗斯实施"俄国文库"，每年资助国外出版机构翻译出版俄国现当代文学和经典名作。土耳其文化旅游部和罗马尼亚文化院分别实施翻译出版资助项目，支持各国出版机构翻译出版本国作家作品。近年来，中国也在组织实施经典中国国际出版工程、丝路书香工程、中外图书互译计划等。下一步，沿线各国在推进本国组织实施的重点出版项目的同时，更应开放视野，延伸合作链条，推进各类项目有效对接，实现资源有机融合。同时，在政府合作项目的引领下，各国出版行业协会、出版机构之间也要共享资源，做到互通有无和优势互补，使本国出版资源价值最大化。

五是创新合作方式方法。当今世界正处在信息技术和传播格局深刻变革的时代，出版业面临"互联网+"发展的重要机遇。一方面，我们要强化互联网思维，加快传统出版转型升级，实现出版内容资源的多种呈现，多元传播；另一方面，要大力发展移动阅读、在线教育、知识服务等新兴出版业态。为此，沿线各国出版机构应加强创新协作，借鉴新技术应用成果，分享出版融合发展经验，在内容资源合作开发利用、数字出版技术研发等方面加强合作，促进传统出版与新兴出版相互促进、融合发展，共同开创"一带一路"出版合作的新未来！

推出精品力作，走向出版强国 *

中国特色社会主义进入新时代，在中华人民共和国发展史上、中华民族发展史上具有重大意义，在世界社会主义发展史上、人类社会发展史上也具有重大意义。走进这个伟大时代，是我们这一代人的幸运，为实现党的十九大确立的目标任务而奋斗，则是我们这一代人的使命。出版战线要坚持以习近平新时代中国特色社会主义思想为指导，认真落实中央要求，努力推动出版事业迈上新台阶。

一、主题出版让主旋律更加响亮

近年来，出版战线深入宣传习近平新时代中国特色社会主义思想，推出一批高质量主题图书。《习近平谈治国理政》《习近平

＊ 本文原载于《人民日报》2017 年 11 月 7 日第 14 版。

总书记系列重要讲话读本》等权威著作热销海内外。《习近平讲故事》《平易近人——习近平的语言力量》《习近平用典》等主题图书一经推出就广受欢迎。同时，结合服务党和国家工作大局，推出《中国共产党的九十年》《砥砺奋进的五年——从十八大到十九大》等一大批优秀出版物，形成主题出版传播的热点和亮点。优秀传统文化是中华民族的突出优势，是最深厚的文化软实力。出版工作以实施国家古籍整理出版规划为主导，以优秀传统文化图书推荐为重点，推动中华优秀传统文化创造性转化和创新性发展。《中国古籍总目》全部编纂完成，《儒藏（精华编）》《中华传统文化经典百篇》等项目取得重要进展，向读者推荐的近 180 种优秀传统文化图书社会反响良好。

二、精品力作筑就出版高峰

实现中华民族伟大复兴，是一场震古烁今的伟大事业，需要坚忍不拔的伟大精神，需要振奋人心的伟大作品。围绕多出优秀作品这个中心环节，出版界着力提高出版质量，倡导发扬工匠精神，努力用精品力作筑就中华民族伟大复兴的出版高峰。

一批具有文化引领作用的标志性出版物陆续出版：大型综合性工具书《大辞海》历经 17 年编纂，于 2015 年年底全部出版。《中国历代绘画大系》推出的《宋画全集》《元画全集》，被联合国教科文组织和多家海外机构收藏。点校本"二十四史"及《清史稿》修订工程陆续出版《史记》《旧五代史》《新五代史》《辽史》《魏书》

等。《中国大百科全书》（第三版）编纂工作也全面展开。

一批反映哲学和社会科学、自然科学及工程技术领域创新成果的重点出版物与读者见面。《大飞机出版工程》构建理论与实践相结合的大飞机知识体系，被专家誉为"出版为国家科技发展服务的典范"。《载人航天出版工程》汇聚中国载人航天工程技术体系代表性、突破性成果。《中国国家人文地理》以传承历史文化、展示地理国情、宣传发展成就为宗旨，被称为"中国人文地理的百科全书"。文学出版尤其是少儿图书出版也取得了不俗的成绩。

三、出版公共服务提质增效显著

习近平总书记在党的十九大报告中指出，要"完善公共文化服务体系，深入实施文化惠民工程"。近年，全民阅读长效机制初步形成。全国 31 个省（区、市）开展了全民阅读活动，400 多个城市举办各具特色的读书月、读书节等活动，"书香中国"成为重要文化品牌。"大众喜爱的 50 种图书""向青少年推荐百种优秀图书""向少年儿童推荐百种优秀报刊"等出版物推荐活动切实提高读者阅读水平。2016 年国民综合阅读率达 79.9%，较2012 年提高 3.6 个百分点。

公共服务基础设施升级完善。全国建设城乡公共阅报栏（屏）超过 10 万个。建成农家书屋 60 多万家，推动 10 亿多册图书进农村，农民人均图书拥有量从农家书屋工程实施以前的人均 0.13册增加到人均 1.25 册。2016 年全国出版物发行网点 215994 个，比 2012 年年底增长 24.1%。

老少边贫地区和特殊群体文化需求得到更好保障。"东风工程"累计投入资金 30 多亿元，实施范围扩至 14 个省区，持续开展向民族地区赠书报刊等活动。国家民文出版基地相继建立，极大缓解民族地区缺少书刊的问题。盲文出版结构更加优化，盲用数字出版系统初步建立，"盲人数字阅读推广工程"全面启动。"百社千校"阅读活动累计捐赠图书 400 万册，惠及 500 多万中小学生。

四、全面深化改革激发出版活力

深化文化体制改革，完善文化管理体制，加快构建把社会效益放在首位、社会效益和经济效益相统一的体制机制，是党对文化战线提出的重要要求。2016 年，全国出版图书 50 万种，重印图书品种增速连续 4 年大幅高于新出图书品种增速，图书出版产品结构显著优化。组建 130 多家出版传媒集团，其中 16 家资产总额超过百亿，较 2012 年增加 33%。截至 2016 年年底，共有 33 家出版传媒企业在境内上市，34 家图书出版集团 2016 年营业收入近 2000 亿元，以主业带动多元的发展模式基本确立。

出版事业单位内部改革深入推进，服务能力得到提升。国有出版企业党委领导与法人治理结构相结合的管理体制初步建立，出版集团和出版传媒上市公司设立编辑委员会、总编辑，统筹内容生产的运营机制初步形成，体现文化特色的现代企业制度逐步完善。第一批非公有制文化企业参与对外专项出版业务、图书制作和出版分开等改革试点全面启动，示范带动作用初步显现。

五、出版"走出去"讲好中国故事

版权和实物贸易取得新突破。2012年至2016年，全国实现版权输出5万多种（次），版权引进输出比从2012年的1.88∶1缩小到2016年的1.55∶1。实物出口规模不断增长，2016年实物出口2200多万册，与2012年相比总量增加145万册。

服务外交大局成效显著。围绕党和国家领导人出访，在10多个国家精心举办中国图书展销月，有效配合高访活动。积极推动出版向周边和"一带一路"沿线国家"走出去"，相关版权贸易总量从2014年的2700种增至2016年的近5000种。北京国际图书博览会跻身世界第二大国际书展，联接中外、沟通世界功能得到充分发挥。

出版"走出去"渠道平台更加多元。我国出版企业在海外设立各类分支机构400多家，与70多个国家的500多家出版机构建立合作伙伴关系，"走出去"海外布局初具规模。提质升级中国出版物国际营销渠道拓展工程，创新设计中国书架等新渠道新平台，海外销售渠道覆盖全球、多点开花。越来越多国内出版单位与海外出版机构共同策划选题、翻译出版、开发市场，立体化"走出去"模式初步形成。

六、出版界要坚定文化自信

我国图书出版虽然取得令人瞩目的成绩，但也面临一些亟待解决的问题。比如，针对出版产品和服务供给与需求不匹配等结构性问题，需要从加强内容建设，提高出版质量，多出精品力作出发，深入推进出版业供给侧结构性改革，用增量改革促进存量调整，优化出版产业结构、产品结构、消费结构，更好满足广大人民群众的需求。针对长期以来存在的经济效益考核硬、社会效益考核软的问题，需要从完善基础制度出发，积极推进出版单位社会效益考核试点工作并加快向全行业推开，切实把两效统一的要求融入企业的经营理念中。针对出版产业集中度不够高、出版企业面向市场竞争力不够强等问题，需要紧紧围绕挺拔出版主业这个核心任务，深化国有出版企业改革，进一步建立完善有文化特色的现代企业制度，培育核心竞争力强的骨干传媒集团。针对出版领域融合发展与行业发展不相适应等问题，需要从推动深度融合和一体化发展出发，打通传统出版和新兴出版生产环节，突破融合发展的关键节点。针对出版公共服务发展不够平衡等问题，需要以实施出版"公共服务提质增效工程"为抓手，完善长效机制，优化项目实施，推动资源共享、渠道互通。

站在新的历史起点上，我们要坚定文化自信，履行文化责任，在中国特色社会主义伟大实践中进行文化创造，推动我国从出版大国向出版强国迈进。

推动全民阅读再上新台阶 *

　　党的十八大以来的五年，是全民阅读取得历史性突破和跨越式发展的五年。"爱读书、读好书、善读书"的全民阅读热潮在中华大地蔚然成风。从 2012 年到 2016 年，我国成年人国民综合阅读率由 76.3% 增长到 79.9%，成年人人均图书阅读量由 6.74 本（纸质图书 4.39 本，电子书 2.35 本）增长到 7.86 本（纸质图书 4.65本，电子书 3.21 本）。0—17 岁未成年人的人均图书阅读率、人均图书阅读量、人均每天图书阅读时长也有明显增长。

　　这其中每一个数字变化都来之不易，大力推动全民阅读的成果，正被每一位公民切身体会到。而全民阅读工作的特点，则被每一位新闻出版广播影视工作者所感受到：文化立法成果丰硕，阅读机制逐步形成；阅读活动广泛开展，书香氛围愈加浓厚；出版事业繁荣发展，精品力作引领阅读；大力推动少儿阅读，夯实

* 本文原载于《新阅读》2018 年第 4 期。

民族阅读根基；深入基层，深入群众，书香社会成效初现；设施体系更加完善，阅读条件得到改善；创新阅读推广方式，引领数字阅读方向；动员社会各方力量，形成共建共享局面。特别是近4年来，推动全民阅读连续写入《政府工作报告》，体现了党和国家对全民阅读的高度重视。

阅读既关系到国民素质提高，也关系到文化繁荣兴盛和文化强国建设，关系到新时代新任务的完成。推动全民阅读要与党的十九大精神和新时代要求相结合，贯彻落实习近平新时代中国特色社会主义思想和党的十九大精神，进而迈上新台阶。

继续推动全民阅读工作，可以从以下四个方面着力。

一是紧密结合新时代、新要求，广泛开展各类全民阅读活动。在开展"书香中国"系列活动、主题阅读活动、全民阅读"七进"活动等活动时，要紧扣时代主题和时代特征。比如，今年是落实党的十九大精神的开局之年、改革开放40周年、"十三五"规划承上启下的关键之年，全民阅读活动要围绕这些主题积极策划。

二是加快建立全民阅读推广服务体系，为人民群众提供更好的阅读条件。进一步解决好人民群众读什么、怎么读的问题。加大优质内容推介力度，让更多读者能够读到精品力作。同时，也要完善全民阅读设施体系，加强全民阅读指导服务。

三是不断加大保障力度，着力推动重点群体、困难群体、特殊群体阅读。全民阅读活动要深入基层和群众，其中，尤其要重点推动少年儿童阅读，大力倡导党政干部阅读，切实保障困难群体阅读。

四是完善体制机制，推动全民阅读迈上新台阶。这就需要推动和完善各部门共同参与的工作协调机制，加强统筹协调相关部门，在各自职责范围内开展全民阅读相关工作。同时，要有力动员引导社会各界参与全民阅读活动，充分发挥社会名人、文化名家的阅读引领作用，组织开展优秀阅读推广人、优秀阅读推广机构、阅读示范基地、阅读示范项目等推荐活动。

在建立健全全民阅读体制机制方面，《公共文化服务保障法》《公共图书馆法》等颁布施行，对推动全民阅读有着不可替代的作用。目前，《全民阅读促进条例（送审稿）》已提交有关部门审议。未来，还要积极推动建立和完善各级全民阅读组织领导机构，加快推动本地的全民阅读立法工作，将全民阅读工作纳入法治化轨道。

《中国期刊史》的出版价值 *

    中国期刊走过了 200 多年的风雨历程，此前未曾出版过全面系统的研究著作。现在我们终于盼来了一套 200 万字、五卷本的高水平的中国期刊史研究著作。这是中国期刊界的盛事，具有开创性意义！我们要向主编石峰同志以及全书的作者表示诚挚的祝贺，向参与该书审稿、编辑出版的各位专家和人民出版社的同志们表示衷心的感谢！

    《中国期刊史》的出版价值是多方面的，我认为主要有以下三个方面。

    一是对中国期刊发展的历史进行了系统、深入的研究，展示了中国期刊 200 年波澜壮阔的历史画卷，反映了中国期刊在社会发展中的历史地位和作用，进一步彰显了中华民族的文化自信。全书的编纂，站在历史唯物主义的高度，将期刊的发展放在社会

＊ 本文为作者 2018 年 4 月 12 日在《中国期刊史》出版座谈会上发言的一部分。

历史发展的大背景下去研究。期刊 200 年历史、四个阶段的划分，与中国近现代以来历史发展的进程是大体契合的。期刊的发展离不开一定社会的政治、经济、文化乃至科学技术发展的状况，同时又推动了社会的发展和进步。这二者的相关性、规律性在前四卷书中得到充分的阐述，期刊出版承担传播真理、传承文明、教育人民、服务社会的功能也得到了充分的体现。

二是科学总结了中国期刊发展的历史经验，深入剖析了一大批成功案例，体现了中国期刊出版人的优良传统和崇高精神，为后人留下了宝贵的精神财富。全书不仅从宏观上阐述了一定历史阶段的发展经验，更多的是通过许许多多的个案解剖，介绍历史上许多优秀期刊的具体做法与可供借鉴之处。尤其是挖掘了许多优秀代表人物的期刊思想、出版理念、文化情怀、社会责任和崇高精神。如第二卷关于邹韬奋主编《生活》周刊的情况，不仅详细反映了邹韬奋高超的办刊水平和独到眼光，而且用更多的篇幅反映邹韬奋的崇高追求和奋斗精神。这就是毛泽东同志所充分肯定的"热爱人民，真诚地为人民服务，鞠躬尽瘁，死而后已"的韬奋精神。

三是对中国期刊 200 年发展历程特别是关于改革开放以来发展成就、面临挑战、发展趋势的分析，以及中国特色社会主义期刊事业基本特征的凝练概括，为当代中国期刊事业的发展提供了许多有益的启示。中华人民共和国成立以来，特别是改革开放以来，中国期刊业得到了快速发展。1978 年改革开放之初全国期刊有 400 种，1988 年为 2800 种，2005 年为 4795 种，2015 年为 10014 种，期刊种数首次突破 1 万种，可以说，这是对中国期刊 200 年最好的纪念。到 2016 年，全国期刊已增加到 10084 种，总印数 27 亿册，涵盖哲学社会科学、自然科学技术、文化教育、文学艺术各个门类，品种丰富，门类齐全，形成了以"百强社科期刊""百强科技期刊"为代表的品牌期刊。在大众期刊方面，2016 年平均期印数超过 100 万册的期刊有 9 种。中国期刊在服务党和国家工作大局，服务国家经济、社会发展，服务人民群众多样化文化需求等方面发挥了重要作用。同时，期刊业在深化改革、融合发展和"走出去"等方面也取得了重要进展。从产业发展趋势看，下降幅度略有收窄。2016 年期刊营业收入 197.3 亿元，下降 3.6%，比上年下降幅度收窄 1.6 个百分点。

与此同时，当代中国期刊业也面临许许多多的挑战和发展中的困难。这些挑战既有我们在《中国期刊史》一书中提出的关于新型媒体的挑战、体制转型的挑战、国际化的挑战等，也有中国特色社会主义进入新时代，新目标、新征程、新部署对期刊业发展提出的新要求。我们要深入学习宣传贯彻习近平新时代中国特色社会主义思想和党的十九大精神，围绕"两个一百年"奋斗目标，按照党的十九大提出的坚定文化自信，推动社会主义文化繁荣兴盛，建设社会主义文化强国的要求，站在新的时代起点上，进一步研究中国期刊业面临的新挑战、新思路、新举措。比如，中国社会主要矛盾已经转化为人民日益增长的美好生活需要和不平衡不充分的发展之间的矛盾。这一主要矛盾的变化，要求我们在继续推动发展的基础上，着力解决好发展不平衡不充分问题，提升发展的质量和效益，深化供给侧结构性改革，优化期刊业的产业结构、产品结构、消费结构，加强内容建设，加强原创和创新，提供更加丰富的精神文化产品，实现高质量发展。又比如，针对期刊产业集中度不高、多而不强的问题，需要我们深化企业改革，建立和完善有文化特色的现代企业制度，培育一批核心竞争力强的骨干期刊集团，等等。

回顾历史是为了更好地面向未来。我们要从中国期刊 200 年的历史中，吸取有益经验，继承优良传统，推动中国期刊业走向新的辉煌！

树立新理念，推进新时代出版传媒转型融合新发展 *

　　数字经济业已成为全球经济发展的新动能，媒体转型融合是全球出版传媒业发展的共同趋势和必然路径。转型融合，首先需要更新发展理念，确立发展的新定位、新格局；同时，对内容生产、技术应用、产品运营也要有新要求、新举措。

　　近年来，中国出版传媒业数字化转型融合取得了新的进展和新的成果。

　　一是数字出版产业规模不断增长，数字阅读率逐年递增。近年来，中国出版业转型融合步伐逐步加快，图书、报纸、期刊出版单位已全面实现数字化转型，数字阅读、手机杂志、新闻客户端等全媒体传播形态基本形成。中国数字出版产值逐年攀升，2017 年整体收入规模突破 7000 亿元。其中移动出版成为数字出

---

* 本文原载于《中国科技期刊研究》2018 年第 11 期。

235

树立新理念，推进新时代出版传媒转型融合新发展 /

版的主要方向，收入规模达到 1800 亿元。与此同时，中国的数字阅读需求日益旺盛。中国网民数量已超过 8 亿，其中手机网民数量达到 7.88 亿。2017 年中国成年国民数字化阅读接触率达到 73%，其中手机阅读接触率达到 71%，成为数字阅读的主要方式。

二是技术应用水平持续提升，创新能力不断增强。近年来，大数据、人工智能、虚拟 / 增强现实（VR/AR）、区块链等新技术的快速发展和创新应用，给全球出版传媒业都带来深远影响。中国出版传媒业顺应新形势，拥抱新技术、新媒介的主动性不断加强，应用新技术，进行流程改造，产品创新、模式创新的能力日益提升。特别是人工智能技术在新闻出版领域的应用已初具雏形，智能语音、智能创作、机器翻译等应用于出版流程的各个环节，实现智能生产、智能呈现与智能推送，为出版业融合创新创造了无限可能。VR/AR 技术在书、报、刊出版中得到普遍应用，如童书、科普类等图书通过这一技术，增强了趣味性和互动性，实现了纸质图书内容的有效延伸与补充；将 AR 技术嵌入期刊，实现期刊内容的立体化呈现，也越来越普遍。

三是转型模式日益多元，融合路径探索初具成效。经过政府主管部门的有力推进，以及出版单位的积极探索，中国出版传媒业的转型升级及融合发展业已形成全局化视野和清晰的模式。中国的图书、报纸、期刊出版，在大众、教育、专业等领域取得良好的社会效益和经济收益。如在教育出版领域，数字教育出版产品体系日趋完整，数字教育产品日益丰富。在专业出版领域，逐渐从满足用户的简单数字化文献获取需求向提供知识服务转变，逐步实现从"内容提供商"向"知识服务提供商"的转型。在大众出版领域,网络文学发展迅速,不仅成为数字阅读的重要构成,其本身作为 IP,向图书出版、影视、游戏、动漫等领域多元衍生,实现了内容价值的多向延伸和文化产业多领域融合发展。

近年来,中国媒体转型融合大致经过了三个阶段:第一个阶段即 1.0 阶段,是纸质出版物的简单数字化呈现;第二个阶段即 2.0 阶段,是同一内容的多种平台渠道的多元分发、多形式呈现,这一点目前大部分媒体都做得不错;第三个阶段即 3.0 阶段,要根据互联网特别是移动互联网的传播规律,基于不同渠道、不同场景、不同用户需求,进行内容的多元整合。这一新的发展阶段,对出版传媒业的数字化转型及融合发展提出了全方位的更高要求。要进一步推进新时代出版传媒融合创新,必须在以下三个方面下功夫。

一是深耕内容价值,拓展知识服务。内容永远是出版传媒业发展的立身之本。技术改变的是内容传播的方式,并不能改变内容是出版业的核心这一本质。近年来,知识付费浪潮兴起,知识电商、知识社区、讲座课程、线下咨询、付费文档等各类知识付费产品形态不断涌现,不仅为人们获取知识提供了新模式,也为新闻出版单位转型融合带来了新机遇。出版传媒业要顺应时代潮流,主动把握这一机遇,积极探索在知识服务中的着力点,在内容上持续深耕,在形式上求新求变。目前,我国已有许多期刊在知识付费领域进行探索,并取得了不错的市场反响。

二是强化市场运营,提升品牌影响力。与国际领先的出版机构相比，中国出版传媒单位的运营能力还有一定差距，直接影响到数字出版产品的品牌影响力和经济效益。我们要顺应互联网传播移动化、社交化、视频化、互动化的趋势，努力提供优质、丰富的内容与服务，充分运用微信、微博等新兴社交化媒体，强化用户思维，加强与用户之间的有效互动，提升用户在体验产品过程中的满足感，形成并不断提升品牌影响力。

三是打造精品 IP，实现多元融合。当前，IP 开发已成为中国乃至全球文化产业实现可持续发展的重要途径，也是中国出版传媒业提升品牌价值、推进转型融合的重要着力点。IP 作为重要的文化产业无形资产，通过有效的运营，其潜在价值可以得到充分的挖掘和释放。之前我们谈起 IP，更多是将目光集中在大众出版领域，如网络文学作品开发为影视、游戏、动漫作品等。事实上，IP 范畴已涵盖大众、教育、专业等领域。就期刊出版而言，虽然没有网络文学作品开发方式的丰富多样，但开发有声读物，包括前面讲到的知识付费，都是期刊开展 IP 运营、推进转型融合、提升品牌价值的有效途径。

转型融合发展已成为中国乃至世界出版传媒业发展的主流趋势。中国出版传媒业要将新媒体、新技术、新模式带来的挑战成功转变为发展的动力与机遇，积极培育新时代出版传媒业新动能，推进出版传媒业转型融合迈向新的高度。

中国期刊业40年发展成就与展望[*]

1978 年 12 月召开的党的十一届三中全会，不仅开启了中国社会发展新的历史进程，而且也开启了中国期刊业发展新的历史篇章。改革开放 40 年，是中国期刊史上发展速度最快、发展规模最大的一个时期。这 40 年，是中国期刊人砥砺奋进的 40 年，是中国期刊业改革发展成果丰硕的 40 年。经过 40 年的发展，我国期刊业已形成门类比较齐全、结构日趋合理、品种日益丰富、期刊出版产业和事业共同发展的现代期刊出版体系，为服务党和国家工作大局，服务国家经济社会发展，服务国家科学、教育、文化事业，服务人民群众多样化文化需求发挥了重要作用。

一、期刊品种丰富多样

1978 年，全国共有期刊 930 种，2017 年达到 10130 种，

＊ 本文原载于《中国出版》2018 年第 23 期。

2017 年期刊品种数比 1978 年增长了近 10 倍。近 3 年期刊品种继续保持了增长势头。2015 年首次突破 1 万种，2016 年为 10084 种，2017 年为 10130 种，较 2016 年增长 0.50%。期刊品种不断丰富的同时，期刊结构也不断优化。期刊门类涵盖哲学社会科学、自然科学技术、文化、教育、文学、艺术、少儿等各个门类。其中哲学社会科学类期刊 2664 种，占总数的 26.30%，自然科学技术类期刊 5014 种，占总数的 49.50%，突显了哲学社会科学和自然科学技术类期刊在我国期刊中的重要地位。

二、产业规模快速增长

相比 40 年前，中国期刊业的产业规模有了快速的增长。1978 年，全国期刊总印数 7.62 亿册、总印张 22.74 亿印张，2017 年分别达到 24.92 亿册、136.66 亿印张。2017 年比 1978 年期刊总印数增长了 2.30 倍，总印张增长了 5 倍。在期刊经营方面，2017 年，全国期刊出版实现营业收入 196.50 亿元，比上年增长 1.50%；利润总额 27.40 亿元，比上年增长 6.60%。2017 年全国期刊不仅实现了营业收入和利润的正增长，而且利润总额也是近 3 年来最高的一年。

三、期刊品牌日益彰显

40 年来，我国期刊舆论引导力、内容传播力、品牌影响力、市场竞争力稳步提升。在大众期刊方面，2017 年度，平均期印数超过 100 万册的期刊有 11 种，较 2016 年增加 1 种。2017 年平均期印数超过 100 万册的期刊主要有：《时事报告（大学生版）》《读者》《求是》《特别关注》《半月谈》《小学生时代》《青年文摘》《家庭医生》《时事报告（中学生版）》《中国纪检监察》等。这些期刊每种平均期印数 181.10 万册，与 2016 年相比增加 2.50 万册。

全国以"百强社科期刊"和"百强科技期刊"为代表形成了一批品牌期刊。在科技期刊方面，我国已经形成了以生命科学、材料科学、数学、物理、光学等为代表的一批具有国际影响力的科技期刊集群，《纳米研究》《石油勘探与开发》《分子植物》等期刊在本学科领域影响因子排名居全球前列；《光：科学与应用》杂志 2012 年创办，目前在全球光学类期刊中排名第 2 位；上海的《细胞研究》经过 20 多年发展，在全球细胞生物学期刊中也排名前列。品牌期刊的崛起，确立了中国期刊在国际上的地位和形象，增强了我国期刊界的信心。

四、体制改革不断深化

我国期刊积极探索体制机制改革，一批非时政类期刊完成了转企改制，集约化、集团化初见成效。大众类、行业类期刊方面，知音杂志社、读者杂志社、四川党的建设杂志社、英大传媒投资集团、卓众出版有限公司等积极进行公司制、股份制改造，整合出版资源，形成了跨行业跨领域跨媒体经营的现代媒体集团。以中国科技出版传媒股份有限公司、中华医学会杂志社、高等教育出版社、卓众出版有限公司等为代表的出版企业，所主办的期刊学术影响力和经济实力都有较大提升。中国科技出版传媒股份有限公司出版期刊330余种，旗下期刊中有45种被SCI收录，有51种被EI收录。中华医学会杂志社主办医学期刊142种，通过办刊、管理、模式、编排、经营"五统一"，打造了"中华"品牌。中国社会科学院实施期刊创新工程，对全院80余种学术期刊实行印制、发行、入库、财务、管理"五统一"，提升了集约化发展水平。此外，中国航天期刊群、中国光学期刊联盟、中国社会学期刊群、中国力学期刊联盟等一批学科刊群加速聚合，集约化发展初具规模。

五、融合出版初见成效

以大众生活类期刊的网络阅读、手机杂志、移动智能端的第三方应用程序（APP）和学术期刊全文数据库、开放获取（OA）、优先出版为代表的全媒体生产传播形态逐渐形成。众多期刊推出了手机杂志、平板电脑杂志、网络资料库、移动客户端等产品，并开展了微博、微信营销和电子商务活动。在学术期刊方面，以中国科学院中国科技期刊开放获取平台、高等教育出版社学术前沿在线出版平台、中华医学会中华医学网、中国科学院中国光学期刊网、中国科学院科技论文预发布平台等数字化平台为代表，我国学术期刊积极探索网络出版、数据出版、优先出版等新型出版模式，打造专业化全流程数字出版平台，并积极利用新媒体和社交媒体，融入学术社区，推动移动出版，满足用户个性化、精准化的信息需求。中国社会科学院建设了"国家哲学社会科学学术期刊数据库"，共 2118 种人文社会科学学术期刊、966 万篇论文入库，在推动学术期刊开放获取方面迈出重要一步。在知识和信息服务方面，一批期刊正在探索形成适合自身期刊条件的融合发展盈利模式。比如《三联生活周刊》打造"中读"等知识付费产品，获得较好的市场效益。武汉理工数字传播工程有限公司作为国家出版融合发展重点实验室，研发了具有自主知识产权的媒体融合云平台 RAYS 系统，为出版融合提供整体解决方案和线上线下结合的知识服务。2017 年已有 400 种期刊、200 家出版单位与之合作，在线书刊 7.10 亿册，平台收入 8.10 亿元，一批出版单位通过合作实现了较高的互联网增值收入。

六、"走出去"取得新进展

我国期刊业加强了与国际期刊业的交流合作与"走出去"的力度，提高了中国期刊的国际影响力。根据国际引证报告数据统计，中国学术期刊在 2016 年国际他引总被引频次达到 71 万次，较 2015 年增加了 25.01%。其中，科技期刊国际他引总被引频次为 65 万次，比 2015 年增长了 23.44%，比 2012 年增长了 68.34%，连续 5 年呈现增长态势。其中，TOP 期刊（中国国际影响力优秀学术期刊，简称 TOP 期刊）成为"走出去"的代表性期刊。2016 年，470 种 TOP 期刊他引总被引频次共 43.70 万次，占中国期刊年度国际总被引频次的 62%。470 种 TOP 期刊以 10% 的期刊数量贡献了 62% 的被引频次，是我国学术期刊"走出去"的代表性期刊，对提升我国学术期刊的国际影响力起到了良好的带动作用。

我国社会科学期刊中，有关中国特色社会主义道路、中国经济和中国历史、中华传统文化研究方面的优秀期刊得到国际学界的关注。例如，北京的《文明》杂志创刊于 2001 年 12 月，10 多年来，以"看文明，知中国，走世界"为编辑方针，努力打造中国原创文化国际品牌，目前已传播到 200 多个国家和地区，成为国际奥林匹克委员会、联合国教科文组织、红十字国际委员会、世界自然基金会等国际机构认可的合作伙伴。《中国人民大学学报》被美国芝加哥大学、哥伦比亚大学，英国大英图书馆、剑桥大学、牛津大学等 200 多个海外机构订阅；山东大学的《文史哲》发行至 30 多个国家和地区；《中共党史研究》在世界 20 余个国家和地区有 600 余个机构用户。

七、积极应对新挑战

40 年波澜壮阔的改革进程，推动中国期刊业实现了历史性的跨越，取得了辉煌的成就。今天，中国期刊业又站在了一个新的时代起点上。当前，中国期刊业还面临许许多多的挑战和发展中的困难，面临新时代对期刊出版提出的新要求。2017 年，期刊印数持续下滑。全国期刊总印数 24.92 亿册，比上年下降 7.60%，下降幅度高于近 3 年的平均降幅。传统出版即纸媒的出版总量规模下降是一个不可逆转的趋势，这是我们必须面对的严峻挑战。这些挑战既有关于新兴媒体的挑战、深化改革的挑战、体制转型的挑战、国际化的挑战等，也有中国特色社会主义进入新时代，新目标、新征程、新部署对期刊业发展提出的新要求。我们经常说，挑战也是机遇。关键是如何保持定力，积极应对，把挑战变成机遇。

八、自觉担当文化使命

新时代赋予中国期刊人新的文化使命。我们要深入学习宣传贯彻习近平新时代中国特色社会主义思想和党的十九大精神，围绕"两个一百年"奋斗目标，按照党的十九大提出的坚定文化自信，推动社会主义文化繁荣兴盛，建设社会主义文化强国的要求，积极应对中国期刊业面临的新挑战，自觉担当起推动新时代期刊业繁荣发展的文化使命。

一是深耕内容价值，做优传统纸媒。内容永远是出版传媒业发展的立身之本。技术改变的是内容传播的方式，并不能改变内容是出版业的核心这一本质。从当前期刊业发展来看，传统纸媒仍然是期刊产业的主体，还有一定的发展空间，必须继续做优传统纸媒。传统纸媒的优势就在于内容的优势，必须深耕内容，提高内容质量，把内容做到极致，提高阅读价值、学术价值和欣赏价值。必须实施精品战略，力推精品文章，打造精品栏目，走专、精、特、优的发展路子。

二是加快融合创新，推动转型升级。要在继续发展传统纸媒出版的同时，加快推进传统媒体与新兴媒体、出版产业与新兴文化业态、期刊出版与科学技术的深度融合。转型融合发展已成为中国乃至世界出版传媒业发展的主流趋势。中国期刊业要将新媒体、新技术、新模式带来的挑战成功转变为发展的动力与机遇，积极培育新时代期刊出版的新动能，推进期刊出版业的转型融合迈向新的高度。近年来，知识付费浪潮兴起，知识电商、知识社区、讲座课程、线下咨询、付费文档等各类知识付费产品形态不断涌现，不仅为人们获取知识提供了新模式，也为期刊出版单位转型融合带来了新的机遇。出版传媒业要顺应时代潮流，主动把握这一机遇，积极探索在知识服务中的着力点，在内容上持续深耕，在形式上求新求变。要顺应互联网传播移动化、社交化、视频化、互动化的趋势，努力提供优质、丰富的内容与服务，充分运用微信、微博等新兴社交化媒体，强化互联网思维和用户思维，加强与用户之间的有效互动，提升用户在体验产品过程中的满足感，形成并不断提升品牌影响力。

三是深化出版改革，激发发展动力。中国期刊业40年来的发展得益于改革，新时代期刊业的发展仍在于继续推进和深化改革。要深化供给侧结构性改革，优化期刊业的产业结构、产品结构、消费结构，提供更加丰富的精神文化产品，实现高质量发展。针对期刊产业小而散、集中度不高、多而不强的问题，需要我们深化企业改革，建立和完善有文化特色的现代企业制度，培育一批核心竞争力强的骨干期刊集团。

四是讲好中国故事，推动期刊"走出去"。讲好中国故事，传播中国声音，提高国家文化软实力和中华文化影响力，是期刊业的职责使命。中国期刊业要积极参与国际竞争，不仅要推动期刊版权"走出去"，还要推动传播渠道、营销渠道"走出去"，充分利用国外主流营销渠道，扩大市场覆盖面。当前还要顺应读者阅读需求、阅读方式的新趋势，大力推动数字出版产品"走出去"。相对期刊纸介质产品，数字出版产品容量大、速度快、覆盖面广，更容易进入海外市场。期刊业要加大这方面的投入，研发出更多外向型数字出版产品，全面提升我国期刊的国际影响力和传播力。

五是打牢发展基础，加强队伍建设。期刊出版行业是内容产业、文化产业。行业发展的核心在人才，行业大厦的基础是广大的编辑出版人员和作者队伍。对期刊出版业来说，人才队伍建设尤其重要。要继续实施人才强社战略，努力建设好两支队伍，即一支高素质的编辑出版队伍，一支高水平的作者队伍，达到既出名刊名社，又出名家大家的境界。

期刊在知识创新服务业中大有可为 *

　　作为展示创新成果、推动学术交流、传承人类文明、传播科学文化的重要载体，期刊在知识创新服务业中具有重要作用，不仅大有可为，还要积极作为。

　　期刊的作用贯穿于创新全过程，既是创新的龙尾，更是创新的龙头。期刊源于科技进步、兴于科技创新，又通过汇聚、传播创新知识反作用于科技的发展，成为人类科技发展的重要推手。1985年，时任中国科学院院长的卢嘉锡院士就明确指出，"对科研工作来讲，科技期刊工作既是龙尾，又是龙头"，高度概括了科技期刊在整个科研工作中的重要作用。根据对科技文献的统计分析，世界创新科技知识78%以上首先在期刊上发表。

　　经过改革开放40多年的发展，我国期刊业已形成门类比较齐全、结构日趋合理、品种日益丰富、期刊出版产业和事业共同

---

　　* 本文为作者2019年1月10日在知识创新服务业发展战略高峰论坛上致辞的一部分。

发展的现代期刊出版体系。期刊总量由 1978 年的 930 种发展至10130 种，基本覆盖了哲学社会科学、自然科学技术、文化、教育、文学、艺术、少儿等各个门类。其中，哲学社会科学期刊 2664 种，占总数的 26.3%，自然科学技术类期刊 5014 种，占 49.5%。我国期刊学术影响力和国际影响力总体不断上升，涌现了《国家科学评论》《纳米研究》《石油勘探与开发》《分子植物》《光：科学与应用》《细胞研究》等一批具有国际影响力的科技期刊集群。期刊业借助互联网、大数据等先进技术，探索了网络出版、数据出版、优先出版等新型出版模式，打造专业化全流程数字出版平台，并积极利用新媒体和社交媒体，融入学术社区，推动新兴媒体出版，满足用户个性化、精准化的知识服务和信息需求，为服务党和国家工作大局，服务国家经济社会发展，服务国家科学、教育、文化事业，服务人民群众多样化文化需求发挥了重要作用。

新时代对我国期刊业发展赋予了新使命，提出了新要求。2018 年 11 月 14 日，中央全面深化改革委员会第五次会议审议通过了《关于深化改革培育世界一流科技期刊的意见》（以下简称《意见》）。会议强调科技期刊传承人类文明，荟萃科学发现，引领科技发展，直接体现国家科技竞争力和文化软实力，要以建设世界一流科技期刊为目标，科学编制重点建设期刊目录，做精做强一批基础和传统优势领域期刊。《意见》为我国科技期刊发展明确提出冲刺国际一流、服务创新、引领创新、提升文化软实力的重要使命。回顾世界科技发展史，一流科技期刊往往是随着世界科学中心的崛起而崛起。当前，我国科技实力正处于从量的积累向质的飞跃、点的突破向系统能力提升的重要时期，期刊更要发挥好在知识创新服务领域的重要作用，贴近科技创新一线的工作需求，加强对创新理论、创新成果的挖掘和传播，充分反映当代中国经济、政治、文化和科技发展的最新成果，为各学科、各行业决策制定、研究学习、实践应用提供新思想、新知识、新方法。

期刊业应为创新驱动发展作出更大贡献。党的十九大提出，创新是引领发展的第一动力，是建设现代化经济体系的战略支撑。包括期刊出版业在内的知识创新服务业应该主动承担服务创新、引领创新的使命，为创新驱动发展作出更大贡献。

一是要积极推动形成知识创新服务新业态。当前日趋激烈的国际竞争，说到底是创新能力的竞争。企业作为创新主体，其科研情报获取及创新成果发表是参与国际创新竞争的基础性、战略性工作。应该加快形成以企业为主体，高校、科研单位、期刊出版、图书出版及出版传播运营单位等多方面共同参与的知识创新服务产业链条。期刊业要积极融入知识创新服务业，以创新需求为导向，共同探索知识创新服务模式和适应时代发展的产业运行模式。

二是要加快深度融合，促进知识的高效生产、传播与应用。随着现代科学技术的快速发展，各环节要加快深度融合，形成多方合作、优势互补的格局。这既是知识创新服务业的必然要求，也是产业发展趋势。期刊业要推进传统媒体与新兴媒体、出版产业与新兴文化业态、期刊出版与科学技术的深度融合。同时还要推动与产业上下游深度融合，探索"刊—网—馆"融合运营模式、"期刊＋高校""期刊＋科研机构""期刊＋企业"等多种联合形式，利用先进的知识传播与应用平台，打通知识的供需两侧，形成良性循环的创新链条，促进知识的高效生产、传播与应用。

三是要立足知识创新服务，发挥期刊独特优势。面对新的形势，期刊要强化服务意识，紧紧围绕国家创新发展需求，打造一批能够服务创新、引领创新的一流期刊，增强对知识创新的整体服务能力。同时要建立科学的创新评价体系，为高校、科研单位及企业等培养优秀人才提供服务。

"小"报亭 "大"文化*

2018 年，我开始从事中国期刊协会的工作，对报纸期刊有了更多关注、调查与研究。报纸期刊是党的宣传工作和国家文化建设的重要载体，在传播党和政府声音、传承人类文明、普及科学文化知识、推广全民阅读等方面发挥了重要作用。

近年来，由于多方面因素影响，报刊出版发行面临着很大挑战，如人工成本、市场成本、物价上浮等。报刊发行利润本就微薄，成本的上涨使其雪上加霜。同时，近年来纸价持续攀升、广告收入下降压力不断增大，很多报刊社在提价和保量方面很难做到"兼顾"，有的甚至无力承担自办发行的成本费用。

解决以上困境的方法与途径需要探索。2018 年 6 月，财政税务部门下发《关于延续宣传文化增值税优惠政策的通知》，对部分报刊出版环节"先征后退"，在政策上给予了一定的支持。但

---

* 本文原载于《人民政协报》2019 年 3 月 14 日第 15 版。

该《通知》只对所列 6 类少数报刊出版环节执行了 100% 先征后退的政策，对其他大量报刊执行 50% 的政策。此外该政策免征图书批发、零售环节增值税，但是未将报刊列入其中，这就需要相关部门进一步制定扶持报刊发展的财政支持和税收优惠政策，加大扶持力度。

有这样一组数据：2013 年，邮政发行报刊 205.61 亿份，流转额 237 亿元；2018 年，发行报刊 180.8 亿份，流转额 228.7 亿元。相比 2013 年，2018 年邮政报刊发行量累计下降了 12.1%，销售额累计下降 3.5%。由此可见，随着邮政体制改革的推进，中国邮政集团公司业务日渐多元，一般报刊发行在邮政业务中的分量降低，渠道拓展、市场开发推动较慢，发行工作面临困难。这就需要邮政部门高度重视报刊发行工作，自觉肩负起新形势下邮政发行的使命任务，把社会效益放在首位、实现社会效益和经济效益相统一。同时，还需积极研究制定加强邮政报刊发行渠道建设和零售终端升级改造的措施，进一步加强城乡投递网点建设，提高服务质量，解决"最后一公里"投递问题；不断丰富报刊经营品种，深入挖掘报刊市场潜力，形成品牌效应，更好满足人民群众阅读需求。

此外，新闻出版部门还可以进一步将报刊阅读纳入全民阅读推广范围，推荐一批高质量的报纸期刊，强化品牌建设，加大推广力度，设计开展一批具有影响力的好报好刊全民阅读活动项目，带动报刊阅读，推动报刊发行量稳步提升。

街头巷尾的那些报刊亭其实是报刊发行的重要终端，以其便利、便民特点，深受群众欢迎，在传播先进文化、服务人民群众、助推全民阅读中发挥了重要的作用。对此，我做了一些调查研究。

由于报刊亭存在着经营资质与占道许可证难以取得、报纸利润微薄等原因，近年来数量逐渐缩减，其发展面临着很多困难。从以下这组数据就可以看出端倪：从 2008 年到 2018 年，全国共拆除邮政报刊亭近 2 万个，目前全国仅剩邮政报刊亭 2.3 万个，拆除报刊亭近一半。通过走访邮政部门与报刊零售商，我发现平均一张报纸的利润为 2 毛钱左右，一本杂志的利润为 2 元钱左右，报刊发行企业除了承担报刊亭建设、维护的费用和报刊运输、配送、人工成本等运营费用外，还需支付占道费、税费、电费等各类收费，每个亭点全年各项费用支出在 2000—4000 元左右，利润极其微薄。

在世界很多国家，报刊亭是城市里一道亮丽的风景，也是城市文明的窗口。比如在法国，报刊亭被视为文化传播和居民社交场所，严格报刊亭选址和配置论证，将报刊亭建筑风格设计与城市空间相统一，一旦确立通常很少变动。报刊为城市"锦上添花"，相得益彰。因此，建议相关部门在城镇建设中对报刊亭选址和配置进行研究论证，推动报刊亭建设纳入城市建设规划，纳入城市道路公共服务设施设置规范，为报刊亭预留经营场所。

面对城市快速发展的要求，报刊亭在规范经营和外观整改、增加智能服务功能、提供免费便民服务等方面有了很大进步。升级后的新型报刊亭，不仅增设了电子阅读和交通、票务、旅游、付费、招聘等信息查询功能，还以其整洁、亮丽的外观为城市形象增色，得到大众的喜爱，信息化、智能化、便民化发展，使其成为智慧城市的重要助手。

邮政报刊亭为人民群众读书看报提供了很大便利，在城市精神文明建设和公共文化服务中发挥了积极作用，建议相关部门将报刊亭的建设和升级改造情况纳入文明城市考核评价体系，促进其有效发挥文化宣传、便民服务、城市管理等功能。真正做到，小小报刊亭，宣传大文化。

推动深度融合是高质量发展的必然路径 *

　　互联网和新技术的发展、人们阅读需求和阅读方式的改变，推动了中国出版业向新业态的转型融合。近年来，中国传统媒体转型融合大致经过了三个阶段：第一个阶段即 1.0 阶段，是纸质出版物的简单数字化呈现；第二个阶段即 2.0 阶段，是同一内容的多种平台渠道的多元分发、多形式呈现，这一点目前大部分媒体正在推进；第三个阶段即 3.0 阶段，要根据互联网特别是移动互联网的传播规律，基于不同渠道、不同场景、不同用户需求，进行内容的多元整合，共融互通，一体化发展，提供有效的知识服务和信息服务。这一新的发展阶段，对出版传媒业的融合发展提出了全方位的更高要求。

　　我们也要看到，出版业在推动融合发展方面还有明显不足。在一定程度上还存在内容不强、产品研发与运行能力不到位的问

＊本文为作者 2019 年 4 月在出版社社长、总编辑培训班上讲话的一部分。

题，体制机制不相适应问题，版权保护问题，媒体资源与出版资源优化配置问题，资金、技术投入不足的问题，人才与队伍建设问题等。我们要针对这些问题提出切实可行的对策措施。

2019 年 1 月 25 日，习近平总书记在主持中共中央政治局集体学习时发表重要讲话，就推动媒体融合向纵深发展提出一系列新思想新观点新论断，为媒体融合发展进一步指明了方向。我们要深入学习贯彻习近平总书记关于推动媒体融合发展的重要论述，积极适应发展大势，将新媒体、新技术、新模式带来的挑战成功转变为发展的动力与机遇，加快推动出版业深度融合。

从目前出版业的实际情况看，推动出版融合发展要做到"六个强化"：一要强化一体化发展。要真正实现各种媒介资源、生产要素有效整合，实现知识与信息内容、技术应用、平台终端、管理手段共融互通，放大一体效能，催化融合质变。加快推进传统媒体与新兴媒体、新闻出版与科学技术、出版产业与新兴文化业态的深度融合，实现业态的整体融合，一体发展。二要强化知识服务。知识付费浪潮兴起，知识电商、知识社区、讲座课程、线下咨询、付费文档等各类知识付费产品形态不断涌现，不仅为人们获取知识提供了新模式，也为出版单位融合发展带来了新的机遇。我们要主动把握这一机遇，积极探索在知识服务中的着力点。三要强化互联网思维。要坚持线上线下一体化发展，顺应互联网传播移动化、社交化、视频化、互动化的趋势，充分运用微信、微博等新兴社交媒体，努力提供优质、丰富的内容与服务。四要强化用户思维。在互联网时代，用户既是文化产品的消费者，同时又是文化产品的生产者。要站在用户的角度来思考问题，加强与用户之间的有效互动，推动文化产品的内容创新，推动全要素升级。五要强化人才、技术和资金支撑。目前，传统纸媒出版一方面人才流失问题比较突出，另一方面对全媒编辑、全媒记者，全媒管理人才和技术人才等融合发展人才吸引力不足。推进融合发展，既需要加大资金投入，更需要加强人才支撑。在加强培训、培养的同时，要解决体制机制问题和薪酬待遇问题，既留得下人才，又吸引住人才。要顺应技术发展趋势，用新技术引领融合发展。在资金投入上，需要增加针对性，减少盲目性，积极探索盈利模式，实现可持续发展。六要强化体制机制改革。从一定意义上讲，融合发展的瓶颈不是技术问题，主要是体制机制问题。推动融合发展，需要对出版单位现有编辑、出版、营销等流程和组织构架进行再造和调整，需要对出版资源进行整合优化，需要深化投融资和用人体制机制改革。所以，推动出版融合向纵深发展，首先要深化体制机制改革。融合发展本质上就是一场改革。

记录时代精神，推动社会进步 *

中华人民共和国的成立，开启了中华民族发展进步的历史新纪元。70 年来，在中国共产党领导下，中国期刊业与共和国同发展、共命运，取得了丰硕成果。

一、中国期刊业的深刻变化

70 年来，中国期刊业发生了以下六个方面的深刻变化。

一是期刊数量实现了两次历史性跨越。期刊品种数量在一定程度上反映了一个国家期刊的综合实力和发展水平。1949 年，中国的期刊仅有 257 种，品种数量和规模难以适应新中国各项事业建设和发展的要求。经过 70 年的发展，期刊数量实现了两次历史性的跨越：第一次跨越是 1979 年，经过前 30 年发展，期刊品

---

* 本文原载于《中国新闻出版广电报》2019 年 8 月 27 日第 5 版。

种首次超过 1000 种。第二次跨越是 2015 年，经过近 40 年发展，期刊品种首次超过 10000 种。近年来期刊品种数量仍然保持增长趋势，目前已达到 10130 种，比 1949 年增长了 38 倍。

二是期刊类型呈现丰富多彩、百花盛开的局面。经过 70 年的发展，期刊园地不仅数量丰富，更是类型多样，门类齐全。新中国成立初期，期刊类别以综合时政类期刊为主，辅之以学术类、文艺类等门类的期刊。70 年来，期刊不断适应社会发展和读者需求变化，分类更加精细，层次更加分明，定位更加准确，涵盖了哲学社会科学、自然科学技术、文化、教育、科普、文学、艺术、少儿、大众生活等各个门类。其中哲学社会科学类期刊 2676 种，文化教育类期刊 1397 种，文学、艺术类期刊 665 种，自然科学技术类期刊 5027 种。哲学社会科学和自然科学技术等学术类期刊在我国期刊中具有更加重要的地位。

三是期刊出版质量和水平得到较大提升。国家新闻出版行政部门出台一系列政策措施，支持鼓励提高期刊出版质量，着力实施精品出版工程。组织评审中国出版政府奖期刊奖，推出《求是》《科学通报》《纳米研究》《细胞研究》《中国社会科学》等 60 种获奖期刊；开展"百强社科期刊"和"百强科技期刊"推荐活动，推出 300 种百强社科期刊、300 种百强科技期刊。为严格学术期刊出版资质，促进学术期刊健康发展，评审认定 6430 种期刊列入学术期刊名录。近年来，我国学术期刊质量不断提高，学术期刊的国际影响力也在不断提升。《中国学术期刊国际引证年报》近几年的数据显示，中国学术期刊在 2017 年国际他引总被引频次达到 79.7 万次，较 2016 年增加了 13.08%。其中科技期刊国际他引总被引频次为 72.9 万次，较 2016 年增长了 12.78%，与 2013 年相比增长了 63.38%，连续 6 年呈现增长态势。

四是期刊业态由单一模式发展到多元融合。中国期刊业在相当长时间内，都是单一的传统纸媒出版业态。从 20 世纪 90 年代互联网引入中国以来，中国期刊业紧跟时代步伐，积极拥抱新技术，加快传统出版和新兴媒体融合发展，初步形成多元业态融合发展的模式。目前，期刊出版单位已开展了数字网络出版业务，以网络阅读、手机杂志、APP 应用和学术期刊的全文数据库、开放获取（OA）、优先出版为代表的全媒体生产传播形态逐渐形成。

五是期刊体制机制发生了深刻变化。70 年来特别是改革开放以来，中国期刊的管理体制和体制机制不断探索创新，改革成为推动发展的第一动力。新闻出版行政部门加快转变政府职能，实现了由办出版到管出版的转变，推出了一批完善期刊发展的法律法规和政策措施。一批非时政类期刊完成了转企改制，转变为企业法人和市场主体，激发了发展的活力。知音杂志社、读者杂志社、四川党的建设杂志社、英大传媒、卓众出版等积极进行公司制、股份制改造，整合出版资源，形成了跨行业、跨领域、跨媒体经营的现代媒体集团。以中国科技出版传媒股份有限公司、中华医学会杂志社、高等教育出版社、卓众出版有限公司、中国人民大学书报资料中心等为代表的出版机构，所主办的期刊学术影响力和经济实力都有较大提升。

六是期刊对外交流合作取得重要进展。中国期刊是对外文化交流合作、讲好中国故事、传播中国声音的重要桥梁和窗口，一大批期刊走出国门，走向世界。中国外文出版发行事业局主管的《北京周报》《人民画报》《今日中国》《人民中国》《中国报道》等多种期刊，每年以 14 个文种、34 种纸质版，面向 180 多个国家和地区发行。孔子学院多语种期刊面向全球 140 多个国家和地区发行，《中国人民大学学报》《中国国家地理》等被多个海外机构订阅。与此同时，加强了对外传播平台建设。科学出版社自主研发中国科技期刊国际传播平台，推动中国科技期刊走向国际。中国知网推出"全英文出版与双语出版全文集成平台"等举措，用户遍及 45 个国家和地区。在中国相继举办的世界期刊大会、亚太数字期刊大会成为中外期刊交流合作的重要平台。

二、中国期刊业的重要作用

中国期刊业的发展不仅反映在自身的深刻变化方面，更重要的是体现在记录时代精神、传播科学真理、推动社会进步的作用方面。70 年来，中国期刊业发挥了以下四个方面的重要作用。

一是在服务党和国家工作大局中发挥了重要作用。从中华人民共和国的成立，到新中国经济、政治、文化、社会发展，以及重大工作部署、重大历史事件、重要历史节点，期刊都发挥了重要作用。特别是各级党刊和一批时政类、社科类期刊，着力宣传阐释党和国家的方针政策与重大工作部署，广泛凝聚共识，动员人民投入社会主义革命和建设，改革开放伟大事业，决胜全面建成小康社会、夺取新时代中国特色社会主义伟大胜利中来。《党建》《党建研究》《半月谈》《共产党员》《新湘评论》《当代贵州》《当代党员》《四川党的建设》等期刊，坚持围绕中心、服务大局，宣传党的理论，阐释党的政策，弘扬时代精神，传播先进文化。

二是在加强舆论引导、推动理论创新和学术进步方面发挥了重要作用。70年来，中国期刊在推进马克思主义中国化时代化大众化，建设具有强大凝聚力和引领力的社会主义意识形态方面发挥了重要作用。特别是党的十八大以来，期刊出版单位在深入学习宣传贯彻习近平新时代中国特色社会主义思想，培育和践行社会主义核心价值观，深化中国特色社会主义和中国梦宣传教育，弘扬民族精神和时代精神等方面发挥了重要作用。《求是》《中国社会科学》《马克思主义研究》等期刊推出了一批马克思主义理论研究的优秀文章。在推动学术进步方面，《哲学研究》《经济研究》《历史研究》《社会学研究》《文史哲》《中共党史研究》《北京大学学报》《中国人民大学学报》等期刊反映了新时代哲学社会科学新进展、新成果、新气象。

三是在推动科学研究、科技创新，服务创新型国家建设方面发挥了重要作用。科技期刊源于科技进步、兴于科技创新，而又通过汇聚、传播创新知识反作用于科技的发展，成为人类科技发展的重要推动力量。根据对科技文献的统计分析，世界创新科技知识78%以上首先在期刊上发表。陈景润关于哥德巴赫猜想的研究成果、屠呦呦的《一种新型的倍半萜内酯——青蒿素》、袁隆平的《水稻的雄性不孕性》均首次发表在我国的《科学通报》上。

1887 年创刊的《中华医学杂志》(英文版)，已有 132 年的历史，刊载了我国医学各学科高水平科研成果，对推动我国现代医学的发展起到了重要作用。《中国科学》系列期刊，反映了我国数学、化学、材料科学、地球科学等学科的研究成果。《清华大学学报》《光：科学与应用》等期刊刊载了一大批科技创新的成果。

四是在丰富人民精神文化生活，提高人民思想道德和科学文化素质方面发挥了重要作用。70 年来，期刊不断融入人民的精神文化生活，期刊的思想教育功能、社会生活功能、文化阅读功能越来越彰显。一批读者类期刊弘扬主旋律、传播正能量，发挥了润物无声的思想教育功能。创刊于 1923 年的《中国青年》，推出了无数青年楷模，影响了一代又一代青年人。创立于 1924 年的《中国工人》，大力弘扬劳模精神、劳动精神、工匠精神。《小朋友》《幼儿画报》等立足于陶冶儿童性情，开阔儿童视野，提高儿童能力。《中国妇女》《家庭》倡导妇女"自尊、自信、自立、自强"，受到女性读者喜爱。《科学》《科学画报》《科学大众》《我们爱科学》《知识就是力量》等一批知识和科普类期刊，为提高公民文化知识和科学素质作出了积极贡献。《人民文学》《当代》《十月》《收获》《美术》等文学艺术类期刊，推出了一批文艺精品。《读者》始终关注人的成长，激励人的意志，丰富人的精神需求。《知音》以鲜活的语言讲述动人的故事，传播中华优秀传统美德。《三联生活周刊》《瑞丽》《时尚》等杂志为满足人民对美好生活的需要提供了丰富的精神文化产品。

70 年来，中国期刊业在服务党和国家工作大局，促进经济、社会、文化、科技、教育事业发展等方面发挥了重要作用，对推动中国新闻出版业的繁荣发展作出了重要贡献！

三、中国期刊业的初心使命

回顾过去，我们既要看到发展的成就和变化，又要重视发展中的问题和挑战。当前，中国期刊业还存在这样一些问题和挑战：在对标世界一流期刊方面，还有明显差距；在发展方面，面临的突出挑战是融合发展的挑战，融合创新还不适应发展的需要；在竞争力和影响力方面，期刊小、散、弱的状况没有根本改变；在发展环境方面，对期刊的扶持政策力度还不够，报刊亭数量大幅减少，发行实体、零售终端和渠道萎缩的问题更加突出。

每个时代都有每个时代的挑战，每个时代都有每个时代的机遇。历史总是要前进的。只有与历史同步伐、与时代共命运的人，才能赢得光明的未来。中国期刊 70 年就是在克服困难、战胜挑战的搏击中发展壮大、砥砺前行的。我们要坚持以习近平新时代中国特色社会主义思想为指导，从历史中总结经验，汲取智慧，把握规律，做好我们这个时代守正创新的文章。

一是始终不忘初心，担当期刊使命。为中国人民谋幸福，为中华民族谋复兴，是中国共产党人的初心和使命，同样也是中国期刊人的初心和使命。毛泽东同志曾经对创办过《生活》周刊与三联书店的邹韬奋先生做了高度评价："热爱人民，真诚地为人民服务，鞠躬尽瘁，死而后已，这就是韬奋先生的精神。"中国期刊 70 年来的历史告诉我们，期刊的发展与国家的发展、民族的复兴息息相关，与服务人民的精神文化需求紧密相连。期刊工作者要不忘初心，牢记使命，始终坚持以人民为中心，以中华民族伟大复兴为己任，更加自觉地承担起举旗帜、聚民心、育新人、兴文化、展形象的使命，更好地服务人民、服务读者，为人民提供更加优秀、更加丰富的精神文化产品。

二是对标世界一流，提高出版质量。2019 年 8 月，中国科协等四部门发布了《关于深化改革 培育世界一流科技期刊的意见》，强调要以建设世界一流科技期刊为目标，构建开放创新、协调融合、世界一流的中国科技期刊体系。建设世界一流期刊，既是科技期刊的目标，也应当是其他期刊建设的方向。我们要按照世界一流期刊的目标，加强规划布局，明确重点任务，落实相关措施。要抓住提高期刊质量的关键，强化内容生产，提升内容品质。要鼓励学术创新，严格学术规范，严守出版伦理，完善评价体系，加强政策引导，吸引更多高水平的文章在中国期刊首发。

三是加快创新融合，促进产业升级。当前科技发展日新月异，人工智能、机器人技术、虚拟现实、量子科技蓬勃发展，互联网、物联网、大数据、云计算广泛应用。科技的发展正在深度改变人类的生产方式、生活方式，也在深度改变文化的生产方式和消费方式。这给包括期刊业在内的传统出版业带来了前所未有的挑战和机遇。我们往往看挑战多，看机遇少。当代科技的发展，蕴含了更大的文化消费市场和出版市场。在推动产业创新融合方面，既要重视技术、资源、平台、渠道的整合，也要重视生产方式的变革、体制机制的创新；既要加强传统媒体与新兴媒体的深度融合，也要加强出版产业与新兴文化业态的深度融合。要彰显期刊的出版功能，突出产业的文化属性，延长产业链，重构价值链，推动产业升级、多业态发展。

四是深化出版改革，创新发展活力。70年期刊业的发展受益于改革，解决当前期刊业发展的问题还在于改革。针对我国期刊集约化、集团化、国际化程度不高，小而分散、多而不强的状况，不深化改革，难以改变。要继续支持期刊出版单位转企改制，建立和完善有文化特色的现代企业制度，增强期刊出版单位发展活力。要继续推动期刊出版集约化、集团化发展，支持鼓励跨部门、跨行业、跨地区整合重组，培育一批竞争力强的期刊集团。要提升期刊市场运营能力，探索开发协作新机制。

五是加强交流合作，提升传播能力。要进一步拓展国际视野，立足国际市场，落实党的十九大提出的要求，推进国际传播能力建设，讲好中国故事，提高国家文化软实力。期刊"走出去"要在传播内容上下功夫，在创新传播方式上做文章。要积极参与国际竞争，实施本土化战略。不仅要推动期刊产品和版权"走出去"，也要推动传播渠道、营销渠道"走出去"。要搭建自主研发的国际传播平台，全面提升我国期刊的国际影响力和传播力。

我们已经开启了新时代期刊业发展的新征程，也一定能够肩负起新时代期刊人的历史使命！让我们满怀信心，努力奋斗，向历史和人民交出一份更加优异的答卷！

加强出版学科建设 *

　　今年的《政府工作报告》提出，推进一流大学和一流学科建设。改革开放以来，出版教育体系逐步建立，并取得长足进步。但从高等教育学科设置和出版人才培养来看，仍存在亟待解决的问题，直接影响出版功能的发挥。我认为，加强出版人才的培养，必须加强出版学科建设，尽快将出版学作为一级学科列入国家《学位授予和人才培养学科目录》之中。

　　出版承担着传播真理、传承文明、教育人民、服务社会的重要功能，承担着文化积累和文化传承的重要使命。出版业的繁荣发展，出版功能的有效发挥，需要建设一支高素质的队伍，培养一批高水平的教育科研人才。在学科目录中设立出版学一级学科，有助于提升高校和科研单位的研究力量。

　　2010 年，国务院学位委员会批准设立了出版硕士专业学位，

＊ 本文原载于《光明日报》2020 年 5 月 28 日第 6 版。

成立了全国出版专业学位研究生教育委员会。但出版硕士专业学位不能涵盖出版学的学术型学位，不足以支撑整个出版学的学科体系，加上全国能培养出版学博士点的高校也很少，导致现有的出版研究生专业学位点师资力量薄弱，影响出版学科的建设。

经过几十年的努力，目前，将出版学作为一级学科列入国家《学位授予和人才培养学科目录》的条件已经成熟。一是出版学具有明确的研究对象，形成了相对独立的理论和知识体系。二是出版学有自己可归属的、具有独特研究内容的二级学科。三是已有不少高校和科研机构开展了较长时间的科学研究和人才培养工作。目前我国共有 55 所高校开设了编辑出版学本科专业，19 所高校开设了数字出版本科专业，28 所高校开设了出版硕士专业，27 所高校开设了与出版相关的硕士研究生方向或专业，10 所高校依托一级学科博士点开设了出版学研究方向的博士点。四是社会对出版学科有稳定和一定规模的需求。目前，我国出版机构均需要大量掌握出版理论、熟悉出版业务、懂得出版法规、精通数字出版的人才。

根据《学位授予和人才培养学科目录设置与管理办法》，我国 2020 年将启动学位授予和人才培养学科目录的调整工作。综合各方面意见，为从根本上厘清出版学与其他学科关系、加强出版学科的长远建设，建议在《学位授予和人才培养学科目录》文学大类下独立设置出版学一级学科，与新闻传播学并列。将出版学增列为一级学科，将有助于高校和科研院所为出版业提供高质量的研究成果，培养出更适应出版工作需要的人才，进而推动我国经济、社会、文化的快速发展。

推动高质量发展，出版更多好书[*]

——出版业高质量发展专题调研手记7则

　　2021 年 4 月 6 日至 14 日，笔者随同全国政协文化文史和学习委员会专题调研组，就推动出版业高质量发展，扩大优质文化产品供给问题，到重庆、江西实地调研走访，与当地图书、报刊、数字出版单位，书刊发行企业、书店，以及新闻出版管理部门座谈交流，了解到许多出版发行单位在推动高质量发展方面，做了许多工作，取得明显成效，同时对当前面临的困难进行了深入分析，对下一步工作提出了许多有益的建议。调研收获很大，不虚此行。在此，将调研过程中随手写的 7 则手记整理出来，与读者分享。

＊ 本文原载于《人民政协报》2021 年 4 月 26 日第 9 版。

一、高质量发展在于多出精品力作

4月6日，全国政协文化文史和学习委员会调研组来到重庆，就"推动出版业高质量发展，扩大优质文化产品供给"进行专题调研。在重庆出版集团（重庆出版社）调研时发现，近年来该集团重视原创出版，推出了一批精品力作，深受读者欢迎。

重庆出版社是一家具有70多年历史，在国内有较大影响的综合性出版社，其前身是成立于1950年的西南人民出版社。2005年4月，重庆出版社整体转企改制，成立出版集团。集团始终将社会效益放在首位，努力实现经济效益和社会效益相统一，坚持品牌战略、融合发展战略与"走出去"战略，出版了一批有影响力的精品图书。其中，《忠诚与背叛》《三体》两种图书格外引人注目，在社会上影响较大，受到好评。

《忠诚与背叛——告诉你一个真实的红岩》的作者有两位。一位是何建明，中国作协副主席、报告文学作家。另一位是厉华，曾任重庆红岩历史博物馆馆长，被誉为"红岩精神的传播使者"。《忠诚与背叛——告诉你一个真实的红岩》从党性、人性的视角解密红岩，讴歌了渣滓洞、白公馆等狱中的共产党人与革命志士以丹心写精神、用热血铸忠诚的英雄气概，鞭挞了叛徒出卖组织、出卖同志的可耻行径。该书体例新颖、语言清新、史料丰富，以纪实报告文学的形式，还原了历史的细节，既有精彩的写实，使历史的瞬间曲折而生动，又有浓厚革命英雄主义和浪漫主义的基调，突显了时代风云下历史、人性的复杂及理想、信念的宝贵。该书荣获中宣部"五个一工程"奖，入选"十二五"国家重点图书出版规划项目，引起媒体和读者的关注，发行量近50万册。

《三体》系列的作者刘慈欣，是中国当代科幻小说代表作家，被誉为中国科幻文学的领军人物，中国科普作家协会会员。《三体》系列讲述了地球人类文明和三体文明的信息交流、生死搏杀及两个文明在宇宙中的兴衰历程。天文学家叶文洁向三体星人暴露了地球的宇宙坐标。正处于困境之中的三体人为了得到一个能够生存的稳定世界，出动庞大的舰队直扑地球。此时人类才发现，宇宙文明间处于"黑暗森林"状态，任何暴露自己位置的文明都将很快被消灭。借助于这一发现，人类以向全宇宙公布三体世界的位置坐标相威胁，暂时制止了三体人对太阳系的入侵，这一战略使地球与三体文明建立起了脆弱的战略平衡。掌握威慑控制的人被称为执剑人。在第一任执剑人老去，新的执剑人接替威慑控制后，三体人突然对地球发起进攻，三体人迅速占领地球。人类的远航飞船不得不飞向银河深处，文明的种子开始在新世界发芽。作者用恢宏的想象力、惊人的细节、真挚的人文关怀、精湛的文笔，描绘出宇宙间的战争与和平，以及人类在道德面前的选择困境。全文贯穿对人类命运的深刻思考，从科学的角度进一步探讨了精神、人性、道德和信仰。

《三体》系列曾获第73届雨果奖最佳长篇小说奖、第九届全国优秀儿童文学奖、第二届全球华语科幻星云奖，入选2019年"新中国70年70部长篇小说典藏"、2020年丝路书香工程，该系列输出到 26 个国家，被译为英语、日语、意大利语等 24 种语言。发行量国内突破 1000 万册，海外近 200 万册。

二、实体书店是精神家园和文化地标

调研组在重庆调研中了解到，业内人士对解决当前实体书店发展遇到的困难和问题，提出了许多有益的建议，包括给予政策方面的支持，治理电商价格乱象，加大盗版打击力度等。为什么要重视和支持实体书店的发展？主要在于实体书店的精神意义和文化价值。当前，实体书店在人们的精神文化生活中，被赋予了更多的公共文化服务功能，成为人们精神生活和文化交流的一个重要场所，被称为"精神生活的家园""城市文化的地标"。

重庆精典书店，是重庆一家很有名气的实体书店，也是全国最具影响力的书店之一，创立于 1998 年。书店自创办以来，致力于推广城市人文阅读，倡导"有阅读的生活"。精典书店通过精心挑选经典书籍，长期举办名人文化沙龙，开展文化讲堂活动，在读者中产生了广泛的影响，被广大书友誉为"重庆文化地标""重庆读书人的精神家园""城市阅读的引领者"。

精典书店现有面积 1600 平方米，图书 4 万多个品种，约 30 万册。书店融入了重庆本土文化的元素，书店中间 1/4 的面积还打造了一个小巧的吊脚楼，是和南岸区图书馆共同打造的一个图书馆分馆。这里不仅仅是买书与读书的地方，还是一个写书人与读书人交流的场所，是一个开放的文化交流空间。为了给读者更浓厚、更有价值的文化体验，精典书店邀请知名作家、学者、专家来重庆举行各种文化交流活动，让读者都能享受到来自世界各地名家、名流的思想文化盛宴。2016 年至今，共举办各类活动 300 场次，其中不仅有名家讲座、新书签售、艺术沙龙，还有书店里的音乐会、书店里的重庆文化等系列活动。在 2017 年书店亚洲论坛上，精典书店获评亚洲十大文化地标书店。2020 年在首届出版之星评选活动中，精典书店获得最美书店奖。

三、猪八戒网带动了千万人的就业创业

互联网的发展不仅推动了出版业的转型升级和高质量发展，也促进了经济社会的发展，解决了许多民生和就业问题。在重庆调研时发现，成立于 2006 年的猪八戒网，在服务企业、服务民生、解决就业等方面，发挥了"聚众智、汇众力、创众业"的重要作用。

猪八戒网是中国领先的企业服务平台，现有注册用户数量达 2800 万，在全国布局线下数字化创业区超过 100 个，10 余年来，累计有 10 万余人通过平台孵化成为公司，千万企业通过平台解决专业服务需求，用 3000 名员工带动了千万人的就业创业。

"开公司就找猪八戒网"已经成为一句流行语。猪八戒网聚集的海量专业服务人才资源，可为企业提供品牌营销、软件开发、知识产权、税务、公共服务采购、科技咨询、办公空间等多种全托管式解决方案，有 1000 余种服务产品，为企业发展的各个阶段提供专业服务。猪八戒网持续推动技术升级和商业模式创

新，得到社会用户和有关部门肯定，先后获得"国家双创示范基地""中国互联网百强企业""国家创业孵化示范基地""中国文化企业 30 强提名奖"等荣誉。

猪八戒网的成功之道，不仅在于持续推动技术升级和商业模式的创新，还在于培育具有鲜明特色的企业文化。公司文化中形成了 57 条"取经之道"。比如，公司的使命就是要让天下获得满意服务，让员工拥有满意人生。做人做事要有良知，对得起良心，即对得起客户、对得起公司、对得起社会、对得起自己。公司最大的资产不是财务报表中常规资产的定义，而是公司的人才，人才是公司最大的财富。只有当你成就客户的时候，你才能成就自己。公司倡导的这些企业文化正能量、接地气，对年轻的员工是一种激励和引导，值得借鉴。

四、网络文学异军突起

在重庆市网络作家协会调研时发现，当前网络文学发展很快，异军突起，网络文学的作品规模和用户规模再创新高。

据重庆市网络作家协会介绍，至 2020 年年底，全国网络文学用户规模已达 4.6 亿，占网民总数 50% 左右，网络文学作品超 2500 万部，网络文学注册作者总数 1400 多万人。网络文学作品延伸开发 13886 部，其中纸质出版 7942 部，电影改编 2195 部，电视剧改编 2232 部，游戏改编 705 部，动漫改编 812 部。重庆市有近 10 万名网络注册作者。重庆市网络作家协会有正式会员

421 人，完成作品 1176 部，包括出版、影视、游戏有声读物等版权改编 476 部，海外输出 212 部。

围绕如何提高网络文学作品的质量，推动网络文学高质量发展，重庆市网络作家协会做了许多有益的工作。协会搭建了全国首个网络文学创作基地和网络文学图书馆，建立了协会官方网站、微信官方公众平台、QQ 群和微信群。积极做好服务工作，加强网络作家的引导，坚持以人民为中心的创作导向，组织网络作家到各地开展采风创作，引导作家创作更多弘扬真善美的优秀作品。

五、心存高远，精品立社

调研组来到江西美术出版社，进行专题调研。地处中部地区的这家专业出版社，近年来出版了一大批精品力作，在社会和读者中获得了很高的美誉度。

江西美术出版社，成立于 1990 年 5 月，30 多年来深耕专业出版，心系文化传承。该社出版的《石渠宝笈》获第四届中国出版政府奖提名奖，《中国古代名窑》获第七届中华优秀出版物奖。《八大山人研究大系》《黄庭坚书法全集》《中国书法全集》等图书，具有重要的艺术价值、文化传承价值、研究价值和保存价值，在社会上产生了重要影响。《瓷上世界》《瓷行天下》响应"一带一路"倡议，讲好中国故事，系列图书推广到海外多个国家和地区，《瓷行天下》入选 2018 年度"中国好书"。

江西美术出版社出版的《中国书法全集》，是我国至今收录作品最多、种类最全、规模最大的一套书法作品图书。全书收录上起商周、下迄清末民国870位书法家的作品，共5764件。全书130卷，其中作品图版125卷、释文5卷，涵盖了甲骨文、金文、汉简、碑刻、墓志、造像题记、写经、法书、帛书、法帖等不同种类的书法作品，具有重要的艺术价值和研究价值。

江西美术出版社之所以能出版一批精品力作，主要在于其具有文化情怀和崇高理念：一是始终坚持正确的出版方向，坚守"书缘美伴、心存高远"的办社理念。二是目标明确，坚定前行。该社提出以"建设成为一家有温度、有情怀、有品牌、有实力的全国领先的专业出版社"为奋斗目标，矢志不渝。三是思路清晰，措施得力。坚持专业立社、品牌立社、精品立社，做到精品出版、精准出版、精细出版。出版业高质量发展，既要心存高远，又要脚踏实地。江西美术出版社的出版理念和追求值得学习。

六、为少年儿童提供更多优秀精神食粮

出版业的高质量发展，必须把社会效益放在首位，实现社会效益和经济效益的有机统一。调研组在江西二十一世纪出版社调研时发现，该社始终坚持社会效益优先，为少年儿童提供了一大批优秀的精神文化产品。在2018年、2019年图书出版单位社会效益考核中，出版社连续两年被江西省委宣传部考评为"优秀"。

二十一世纪出版社是一家以少年儿童为主要读者对象的出版机构，成立于1985年2月，前身为江西少年儿童出版社。2009

年被新闻出版总署授予"全国百佳出版社"称号。2015 年在第52 届博洛尼亚书展上，被评为"2015 世界年度最佳童书出版社"。

该社的发展经验有三点值得我们借鉴：一是注重内容创新，以优秀作品推动高质量发展。该社出版的《彩乌鸦中文原创系列》获第三届中国出版政府奖图书奖，《一百个孩子的中国梦》获中宣部第十四届精神文明建设"五个一工程"优秀作品奖，《大中华寻宝系列》获第七届中华优秀出版物图书奖，《建座瓷窑送给你》获得 2019 年"中国好书"称号。2019 年，该社少儿图书市场占有率位列全国出版社第一。

二是注重对外交流合作，推动少儿图书走向国际舞台。2016年至 2020 年，二十一世纪出版社共有 420 多部作品版权输出到30 多个国家和地区。与麦克米伦出版集团共同成立合资公司，推动中国少儿图书走向国际。在克罗地亚建立熊猫出版社，为讲好中国故事、传播中国文化发挥更大作用。

三是注重培养编辑人才。编辑是出版工作的核心，人才是出版发展的关键。二十一世纪出版社高度重视编辑人才的培养。2018 年成立了以中国出版政府奖获得者彭学军的名字命名的彭学军编辑室，传承优秀编辑理念，树立优秀编辑的标杆，以优秀编辑培养和带动更多的年轻编辑。与此同时，该社还实施了"项目部制、工作室制、事业部制"，为想干事、能干事、干成事的编辑提供发展平台。2020 年，该社启动优秀编辑选拔成长机制，设置首席编辑、项目编辑和独立编辑，形成了老中青出版人才梯队，涌现出一批有"脚力、眼力、脑力、笔力"的编辑。近 5 年，有

6 名儿童文学编辑加入了江西省作家协会，有多名同志当选江西省"四个一批"人才工程文化领军人物。

七、出版的初心

调研组来到瑞金，考察中华苏维埃共和国临时中央政府旧址，中华苏维埃共和国中央出版局、中央印刷局旧址，开展主题教育，寻找出版的初心。毛泽东同志在瑞金时提出，苏维埃文化教育的总方针，在于以共产主义的精神来教育广大的劳苦民众，在于使教育与劳动联系起来，在于使中国民众都成为享受文明幸福的人。

1931 年 11 月 7 日，中华苏维埃共和国临时中央政府在江西瑞金成立。为更好地宣传革命思想，提高苏区干部群众文化水平，指导各项事业建设，开展革命斗争，中国共产党和苏维埃中央政府高度重视新闻出版工作，组建了新闻出版的管理机构，加强了苏区新闻出版的统一管理，促进了苏区出版印刷发行事业的发展和繁荣，并形成了颇具规模的新闻出版系统，创造了我国新闻出版史上的奇迹。坚持在战火中的新闻出版工作者怀着对中国革命的坚定信念，对党的真诚和热爱，以大无畏的革命精神，排除万难，忘我工作，用青春和热血谱写了光辉的篇章。

据不完全统计，中央苏区出版机构印刷出版、发行马列经典著作、政治理论书籍和各类军事、文化、科技等书籍 350 余种，各类报刊 130 余种，为宣传革命思想、普及文化知识、活跃民众生活、巩固苏维埃政权，发挥了重要作用。

高扬党的旗帜，坚守党的使命*

100 年前，在马克思列宁主义同中国工人运动相结合的进程中诞生了中国共产党。中国共产党的诞生，是中华民族发展史上开天辟地的大事变，具有伟大而深远的意义。从此，中国人民有了强大的凝聚力量，中华民族有了光明的发展前景，中国革命有了正确的前进方向。在中国共产党的百年辉煌历程中，党刊与党的事业紧密相连，同呼吸，共命运，始终坚守初心使命，高扬党的旗帜，宣传党的主张，反映群众呼声，在党的各个历史时期发挥了重要作用。

一是在传播马克思主义、推动理论创新方面发挥了重要作用。党刊积极传播马克思主义，推出了一大批宣传阐释马克思主义的重要文章，为推进马克思主义中国化时代化作出了突出贡献。1919 年，李大钊在《新青年》上开辟马克思主义研究专号，发表

---

* 本文原载于《中国出版》2021 年第 13 期。

《我的马克思主义观》一文，全面、系统地介绍马克思主义，开了通过期刊在中国传播马克思主义的先河。1920年9月，上海早期党组织将《新青年》改为党的公开理论刊物，向社会宣传马克思主义。在党的各个历史时期，党刊始终将积极宣传马克思主义，推动马克思主义中国化作为首要的任务。党的十八大以来，广大党刊充分发挥主阵地、主力军、主渠道作用，通过专文、专栏、专刊，深入宣传阐释习近平新时代中国特色社会主义思想，推出了一批有深度、有温度、有水平、接地气的好文章。

二是在服务党和国家工作大局方面发挥了重要作用。无论是新民主主义革命时期，还是新中国成立以后，党刊在党的各个历史时期，在重大历史事件、重要历史节点上都发挥了重要作用。广大党刊着力宣传阐释党的主张、党和国家的方针政策和重大决策部署，广泛凝聚共识，动员人民投入到革命、建设、改革伟大事业，开启全面建设社会主义现代化国家新征程中来。近年来全国党刊在"期刊主题宣传好文章"推荐活动中表现突出，推出了一批宣传党的十九大和十九届三中、四中、五中全会，新中国成立70周年，决战脱贫攻坚，抗击新冠疫情，全面建成小康社会，深入开展党史学习教育等主题文章，体现了党刊强烈的政治意识、使命情怀、责任担当。

三是在提高人民思想道德和科学文化素质方面发挥了重要作用。在党的各个历史时期，党刊充分发挥思想教育功能，注重文化引领，努力弘扬中华优秀传统文化和传统美德，不断提高人民的思想觉悟、道德水平和文明素养。党的十八大以来，党刊结合各自的特色，充分发掘各地文化资源，开办各种形式的专栏，推出了一大批思想性、可读性强的文章，在培育和践行社会主义核心价值观，深化中国特色社会主义和中国梦宣传教育，弘扬中国精神，传播中国价值，讲好中国故事，展示中国形象，推动中华优秀传统文化创造性转化、创新性发展等方面发挥了重要作用，为提高公民文化和科学素质作出了积极贡献。在 2020 年的抗疫斗争中，党刊积极落实工作要求，在做好纸刊的同时，迅速推出电子刊和全媒体作品，生动讲述各地抗疫故事，广泛普及科学防控知识，大力宣传伟大抗疫精神，受到社会的肯定和读者的欢迎。

四是在推动中国期刊业繁荣发展方面发挥了重要作用。党刊是中国期刊业的一支重要有生力量，在推动中国期刊业的繁荣发展方面，发挥了引领和骨干作用。新中国成立后，党刊得到迅速发展，尤其是一大批地方党刊应运而生，不断壮大了党刊力量。至 2020 年，中国期刊协会党刊分会 44 家会员有 60 余种刊物，涵盖了所有省级党刊，并吸纳了部分省级部门和地市级党刊。至 2020 年年底，全国地方党刊会员单位期发行量达 1003 万份，年发行量近 16400 万份。平均期印数在 15 万份以上的有 28 种，30 万份以上的有 20 种，党刊在期刊业转型中实现了逆势增长。近年来，一大批地方党刊荣获"中国百强报刊""中国出版政府奖期刊奖""中国最美期刊""中国期刊方阵双效期刊""中国精品期刊"等荣誉，实现了社会效益和经济效益双丰收。

在党的百年波澜壮阔的历程中，党刊的作用越来越重要，党刊的影响力越来越明显，党刊的队伍越来越壮大。一代又一代党刊工作者，胸怀理想，担当使命，兢兢业业，默默耕耘，为党刊事业的繁荣和发展作出了重要贡献！

百年恰是风华正茂，百年仍需风雨兼程。今天，我们已经站在了"两个一百年"的历史交汇点上。我们要从党的百年历史中吸取精神力量，从党刊不断发展中把握历史规律，紧紧抓住新的历史机遇，奋力推进党刊事业迈向新的一百年。

一要始终坚守党刊使命。党刊姓"党"，这是党刊的本质特点。党刊要始终牢记自己的初心，坚守自己的使命。在党的百年历史中，党刊开了在中国传播马克思主义的先河。在新的历史征程中，党刊要继续深化马克思主义理论宣传和阐释工作，不断推进马克思主义中国化。要继续推出一批深入学习宣传贯彻习近平新时代中国特色社会主义思想的优秀理论文章。要深入开展党史学习教育，讲好党的百年初心和辉煌历史。要对外讲好中国共产党的故事，讲好新时代中国和中国人民的故事，努力塑造可信可爱可敬的中国形象。

二要积极推进内容创新。百年党刊，历久弥新，得益于期刊的内容创新，引领时代，赢得读者。习近平总书记在2021年5月9日给《文史哲》编辑部全体编辑人员的回信中指出，高品质的学术期刊就是要坚守初心、引领创新，展示高水平研究成果，支持优秀学术人才成长，促进中外学术交流。习近平总书记的回信，为我们在新时代条件下进一步做好期刊工作，提出了明确任务和要求。我们要深入学习贯彻习近平总书记给《文史哲》编辑部全体编辑人员重要回信精神，在推动期刊内容创新、提升办刊质量方面下大力气，见真功夫。"文章合为时而著，歌诗合为事而作"。内容创新要与时代和社会紧密结合。要坚持为时代立言，回应时代的关切，也要更加贴近社会实际，反映读者阅读需求。要践行"四力"要求，深化党刊近年来开展的一系列大型主题采访活动，继续推出一批有感召力、说服力，能留得住、传得开的精品力作。

三要大力推动高质量发展。党的十九届五中全会明确提出到2035年建成文化强国，强调在"十四五"时期推进文化强国建设。党刊在文化强国建设中负有重要使命，要继续发挥骨干作用。党刊具有较好的发展基础，要增强忧患意识和前瞻意识，抢抓发展的机遇，加强规划引领，谋划发展布局，调整发展结构，加快体制机制创新、人才队伍建设创新。在继续加强纸媒出版的同时，要加快推进党刊媒体融合发展，加强数字化和网络化平台建设，加快新业务布局，推进线上线下一体发展。

我们即将开启党刊发展的新征程，一定能够肩负起党刊人新的历史使命！"长风破浪会有时，直挂云帆济沧海。"让我们满怀信心，努力奋斗，为党刊事业的繁荣发展作出新的更大贡献！

读书"十要"：古人的读书智慧[*]

中国古代先贤勤奋好学，博览群书，孔子、孟子、荀子、董仲舒、韩愈、司马光、朱熹等，皆是发奋读书的典范。韦编三绝、悬梁刺股、囊萤映雪、凿壁偷光等许多流传至今的成语，都与古人勤学苦读有关。古代先贤读书治学的成功之道，不仅在于他们勤奋刻苦，还在于他们善于提炼和总结读书的经验与读书的方法。

孔子在《论语·卫灵公》中说："工欲善其事，必先利其器。"读书也如此。苦读是基础，善读是关键。要读出成效，也需利其"器"。这里说的"器"，就是读书的方法。从中国古代先贤的读书观中，我们可以学习善读书的智慧，找到善读书的方法，取得善读书的成效。

一是要有高尚的情怀和高远的志向。北宋政治家、史学家司马光主张"读书在得道利民"。司马光在《与薛子立秀才书》中

＊ 本文原载于《光明日报》2021 年 11 月 19 日第 16 版。

谈道："士之读书岂专为利禄而已哉？求得位而行其道以利斯民也。国家所以求士者，岂徒用印绶粟帛富宠其人哉？亦欲得其道以利民也。"司马光认为，读书要超越一己私利，明大道、求利民。读书既要有高尚的情怀，还要有高远的志向。汉魏之际文学家、建安七子之一徐幹，明确提出"志者，学之师也"。徐幹在《中论》中谈道："故虽有其才而无其志，亦不能兴其功也。志者，学之师也；才者，学之徒也。学者不患才之不瞻（通赡，丰富），而患志之不立。是以为之者亿兆，而成之者无几，故君子必立其志。"在这里，徐幹提出了学习中志向与才学关系的重要问题。他认为，志是第一位的，才是第二位的。有的人虽有天赋才学，却没有远大志向，因而还是不能够建功立业。只有立志于学，坚持不懈，才能学有所成。

二是要培育崇高的道德操守。战国末期哲学家、教育家荀子是先秦时期关于阅读理论的集大成者，他的许多观点对我们很有借鉴意义。荀子在《劝学》篇中提出，"君子博学而日参省乎己，则知明而行无过矣"，"积善成德，而神明自得，圣心备焉"。"参省"即反省、考察。他认为，君子只有广泛地学习，每天省察自己，才会积善成德，见识高明，行为不会出错。荀子关于"君子博学而日参省乎己"的观点告诉我们，积累知识是手段，培养道德操守、涵养君子人格是目标。明确了学习的目标，才会做到博学多闻，永不停步！

三是要有一个好的学习态度。春秋时期的思想家、教育家孔子，在为学读书方面有不少精彩论述流传至今，影响深远。孔子在《论语》中，多处谈到为学读书，对我们很有启迪：一是要做到不耻下问。《论语》记载了孔子与子贡的一段对话。子贡问曰："孔文子何以谓之'文'也？"子曰："敏而好学，不耻下问，是以谓之'文'也。"（《论语·公冶长篇第五》）孔子认为，孔文子之所以谥号为"文"，是因为他既聪明灵活、爱好学习，又谦虚下问，不以为耻。其实，孔子自己就是一个谦逊的人。《论语·八佾篇第五》记载："子入太庙，每事问。"孔子到了太庙，每件事都要向别人请教。他认为，这正是礼的要求。二是要做到学而不厌。子曰："默而识之，学而不厌，诲人不倦。"（《论语·述而篇第七》）孔子勉励人们努力学习而从不满足，教诲他人而不知疲倦。从孔子的论述中，我们可以看到，一个人的学习态度，对于学习成效和读书效果是至关重要的。不耻下问、学而不厌，这正是我们今天应当大力弘扬的良好学风和传统美德。

四是要善于利用时间。三国时魏国学者董遇在如何运用时间读书学习方面颇有见解。据《三国志·魏志·董遇传》记载：人有从学者，遇不肯教，而云："必当先读百遍。"言："读书百遍，其义自见。"从学者云："苦渴无日（苦于没有时间）。"遇言："当以三余。"或问"三余"之意。遇言："冬者岁之余，夜者日之余，阴雨者时之余也。"董遇的读书观，值得我们思考：一是"读书百遍，其义自见"。倡导书要熟读，反复读，读书上百遍，书中之义自然领会。二是"当以三余"。不少人表示，想读书，没时间。董遇提出，读书要抢时间，运用好时间，岁之余、日之余、时之余，总能抢到读书的时间。

五是要有选择标准。读好书是善读书的应有之义，我们需要了解和借鉴读好书的要求和评价标准。战国时期思想家墨子提出"言有三表"的评价标准，值得我们借鉴。《墨子·非命上第三十五》记载了墨子的一段话：故言必有三表。何谓三表？子墨子言曰：有本之者，有原之者，有用之者。于何本之？上本之于古者圣王之事；于何原之？下原察百姓耳目之实；于何用之？废以为刑政，观其中国家百姓人民之利。此所谓言有三表也。在这里，墨子为我们提出了判断言论、文章和读物是非对错、真伪好坏的三个标准：第一要能追根溯本，向上去探究古代圣王的事情；第二要能向下考察百姓的实情；第三要能用之于实际，就是把它应用到刑罚与政务方面，看它是否符合国家百姓的利益。墨子把"事""实""利"综合起来，以大家所看到的、所听到的为依据，以古代圣王的间接经验、普通百姓的直接经验和国家治理的社会效果为准绳，来评价文章、言论的是非对错与真伪好坏。墨子提出的这些观点，对我们如何理解评价古代典籍文献，如何选择判断阅读内容，具有重要的参考价值。

六是要心无旁骛。南宋哲学家朱熹读书广泛，治学严谨，在读书方面多有论述。人们经常讨论善读书的问题，何谓善读书？朱熹认为，一心在书上，方谓善读书。朱熹在《朱子语类》中谈道："读书者当将此身葬在书中，行住坐卧，念念在此，誓以必晓彻为期。看外面有甚事，我也不管，只凭一心在书上，方谓是善读书。"此处，朱熹所谓"善读书"，即善在"心上"，做到读书时心无旁骛，雷打不动。如果心不在焉，纵有千万种读书方法也是枉然。人们对朱熹读书有"三到"的观点也耳熟能详。《古今图书集成·训学斋规》记载了朱熹的这段话:"余尝谓,读书有'三到',谓心到,眼到,口到。心不在此,则眼不看仔细,心眼既不专一,却只漫浪诵读,决不能记,记亦不能久也。'三到'之中,心到最急。心既到矣,眼口岂不到乎?"所以,"三到"之中,心无旁骛最为重要。

七是要下足"寻思"功夫。读书要读出成效,务必做到读思结合,下足"寻思"功夫。子曰:"学而不思则罔,思而不学则殆。"(《论语·为政篇第二》)孔子认为,如果只是读书而不思考,就会迷惘无所得;反之,如果只是空想而不去读书,就会有许多疑惑。明代学者薛瑄在《读书录》中谈道:读书记得一句,便寻一句之理,务要见得下落,方有益。先儒谓"读书只怕寻思",近看得"寻思"二字最好。如圣贤一句言语,便反复寻思:在吾身上,何者为是;在万物上,何者为是。在此,薛瑄强调的是读书要做到边读书、边思考。思考什么呢?就是要思考每一句话的道理所在、含义所在,思考这句话的来龙去脉,要联系自身、联系万物去探究。如此,读书才有收获。

八是要做到学行结合。古人论及读书,多强调学与行相结合。西汉哲学家扬雄提出,"读而能行为之上"。他在《法言》中谈道:"学,行之,上也;言之,次也;教之,又其次也;咸无焉,为众人。"扬雄认为,读书学习之后的成效,大致可分为四等:上等是在读书学习之后,能见诸行动,其次是著述立言,再次是传道授业。如果前面的情况都没有,那就是第四等,即普通人。扬雄告诉我们，读书学习最重要的是见诸行动，将所学到的知识和理论，用以指导自己的实践，做到知与行的统一。

九是要共读切磋。古人谈读书，大多强调共读切磋的益处。南北朝时期思想家、教育家颜之推将自己亲身见闻与立身、治家、处世之道，写成《颜氏家训》，对后世有深远影响。他主张"读书须切磋相起"。他在《颜氏家训·勉学》中谈道："《礼》（即《礼记》）云：'独学而无友，则孤陋而寡闻。'盖须切磋相起明也。见有闭门读书，师心自是。稠人广坐，谬误差失者多矣。"颜之推认为，《礼记》上讲得很明白，"独学而无友，则孤陋而寡闻"。所以，读书要相互切磋，相互启发，如此才能到达通晓明白、相互提升的目的。从颜之推的论述中看到，"切磋相起"、共同读书，这是一种读书的好方法，能提升读书学习的效果。

十是要会通古今。读书不仅要读懂，还要读通。清代史学家、经学家王鸣盛强调，"读书之道，会通古今"。王鸣盛在《十七史商榷》中谈道："读周、汉以前书，用古音，读晋、唐以后书，用今音，斯可矣。大约学问之道，当观其会通，知今不知古，俗儒之陋也；知古不知今，迂儒之癖也；心存稽古，用乃随时，并行不相悖，是谓通儒！"王鸣盛在这里谈的是如何读书、如何做学问，其要旨在"会通古今"四字。在他看来，儒者读书、做学问，常有两种类型，即俗儒和陋儒。前者知今不知古，后者知古不知今。王鸣盛认为，知古与知今，并行不相悖，读书做学问，要古今会通。

深入推动全民阅读，努力建设书香社会 *

　　中华民族素来有着耕读传家、诗书继世的优良传统。热爱学习、勤奋读书，是我们民族精神动力不竭的源泉，也是中华优秀传统文化传承的重要途径。为了更好地继承和发扬中华民族悠久的读书传统，2006 年，中宣部等 11 部门联合发出《关于开展全民阅读活动的倡议书》，倡导全国各地区、各部门、各团体，要积极开展全民阅读，为中华民族伟大复兴而努力读书、终身学习。

　　全民阅读的全面推广，对于大力弘扬中华优秀传统文化和社会主义核心价值观、提高公民的思想道德素质和科学文化素质、推动书香社会建设，发挥了重要作用。十余年来，全民阅读在以下四个方面取得重要进展。

　　一是阅读机制初步形成。全民阅读是一项关系国家长远发展的文化事业，需要建立健全相应的法律法规和组织保障机制。

＊ 本文原载于《中国出版》2022 年第 9 期。

2017 年 3 月 1 日，《中华人民共和国公共文化服务保障法》正式施行，2018 年 1 月 1 日，《中华人民共和国公共图书馆法》正式施行，这两部法律都列入了全民阅读的内容，对开展全民阅读提出明确要求。江苏、湖北、辽宁等 17 个省市先后完成了全民阅读的地方立法工作，全民阅读步入法治化轨道。2016 年 12 月，我国首个"国家级"全民阅读规划——《全民阅读"十三五"时期发展规划》(以下简称《规划》)发布。《规划》编制历时 3 年多，结合国家"十三五"规划纲要等要求，明确了"十三五"时期全民阅读推广工作的重点任务及时间表、路线图等，以进一步推动全民阅读工作常态化、规范化，共同建设书香社会。2020 年 10 月，中宣部下发《关于促进全民阅读工作的意见》(以下简称《意见》)，对全民阅读工作作出了全面部署，提出了重点任务和目标要求。《意见》明确，到 2025 年，通过大力推动全民阅读工作，基本形成覆盖城乡的全民阅读推广服务体系，全民阅读理念更加深入人心，活动更加丰富多样，氛围更加浓厚，成效更加凸显，优质阅读内容供给能力显著增强，基础设施建设更加完善，工作体制机制更加健全，法治化建设取得重要进展，国民综合阅读率显著提升。《意见》要求，加强组织领导，建立党委宣传部门牵头负责的全民阅读工作联席会议制度，形成工作合力，加强服务保障，推进全民阅读工作法治化建设。目前，各地已经成立了全民阅读工作组织领导机构，将全民阅读纳入总体工作部署和文化发展战略。

二是阅读条件得到改善。农家书屋、职工书屋、社区书屋、书店书吧、公共图书馆、文化中心的建设，较快地拓展了阅读空间，提供了阅读条件。截至 2021 年，在全国建成 58.7 万家农家书屋，推动 12.4 亿册图书进农村，农民人均图书拥有量增长了近 20 倍。全国 3000 多家公共图书馆全部免费向读者开放，多个市县还专门设立了少年儿童图书馆。已累计建成全国工会职工书屋示范点 1.4 万多家，带动各地建成职工书屋 14 万多家，覆盖职工 8000 多万人。积极开展实体书店扶持工作，城市书吧、社区书屋等新型阅读空间建设不断推进，乡镇（街道）、村（社区）基础综合性文化中心建设取得积极进展。

三是阅读推广更加务实。全民阅读活动由面上倡导，到进入企业、农村、机关、校园、社区、军营、网络，形成了一批有影响力的阅读推广品牌项目。全国所有省（区、市）都开展了丰富多彩、各具特色的全民阅读活动，400 多个城市常设读书节、读书月等。各地各部门在"4·23 世界阅读日"期间，开展了"北京阅读季""书香江苏""长江读书节""广州读书月""全国青少年爱国主义读书教育活动"" '职工驿站' 数字阅读服务"等品牌读书活动。全国图书交易博览会、上海书展、江苏书展、天府书展等成为连接作者、读者、出版者和书店、媒体的阅读桥梁。2013 年，联合国教科文组织授予深圳"全球全民阅读典范城市"称号，表彰深圳在推广书籍和阅读方面发挥的典范作用。

四是阅读成效明显提升。全民阅读活动的开展，引领和促进了社会的读书风气，社会读书氛围日渐浓厚。全国国民阅读调查结果显示，从 2006 年到 2021 年，成年人图书阅读率由 42.2%

增长到 59.7%，提高了 17.5 个百分点；成年人数字化阅读率由 27.8% 增长到 79.6%，提高了 51.8 个百分点。这两组数字在一定程度上反映了推动全民阅读活动的成效。

在看到全民阅读取得重要进展的同时，也要看到存在的不足。尤其是国民阅读率还不够高，整体阅读量偏低，与新时代深入开展全民阅读，努力建设书香社会的要求还有明显差距。4 月 23 日，习近平总书记致信首届全民阅读大会，对深入推动全民阅读指明了努力方向，提出了明确要求。2014 年到 2022 年，《政府工作报告》连续 9 次写入全民阅读的内容，从提出"倡导全民阅读"到要求"深入推进全民阅读"，一方面说明了党和政府对全民阅读的高度重视，另一方面也体现了党和政府对推动新时代全民阅读工作提出的新要求。

新时代全民阅读工作重点要在如何深入方面下功夫，在建设书香社会方面见成效，为实现"两个一百年"奋斗目标和中华民族伟大复兴的中国梦提供强大精神动力和智力支持。为更好适应新时代的要求，全民阅读需要在以下四个方面深入推进。

一是加强优秀读物的推荐。全民阅读，重点在读。爱读书、读好书、善读书，是推动全民阅读最基本的目标要求。近年来，出版单位出版了一大批优秀读物，各方面也推荐了一批好书。但是，相对于读者的阅读需求而言，推荐读物的种类和数量还不够。目前，出版的品种越来越丰富，阅读人群分众化和阅读需求多样化、个性化特征更加鲜明，人们对推荐优秀读物的需求更加迫切。为了做到爱读书、读好书、善读书，需要进一步完善面向不同读者群体的优秀读物推荐机制，加强分类推荐。针对不同年龄、不同职业、不同文化程度、不同阅读兴趣的读者，推荐更多满足他们实际需要的读物。同时，需要加大优秀读物的宣传推介力度，提高优秀读物的知名度和影响力，建立健全国家层面的优秀读物推荐资源库和书单，便于读者查阅和选用，做到共享共读。

二是加快阅读服务体系建设。全民阅读，重心在基层，落脚点在群众。阅读服务需要更好地面向基层，面向群众，为群众提供更好的阅读条件。需要进一步完善覆盖城乡、使用便利、服务高效的全民阅读设施，推进城市书吧、社区书屋等新型阅读空间建设，支持实体书店发展，加强报刊亭建设。需要适应多媒体发展的新形势，加快公共数字化阅读平台建设，为读者创造更好的阅读条件，提供更多的数字化阅读产品。在阅读指导服务方面，需要加强阅读推广队伍建设，鼓励和支持教师、大学生、新闻出版工作者、文艺工作者、离退休人员等作为志愿者加入阅读推广人队伍，组织开展面向各类读者群体的专业阅读辅导和推广服务。

三是促进重点群体的阅读。全民阅读既要提倡面上推动，也要着力重点突破。从阅读人群看，首先需要重点推动少年儿童阅读，大力倡导和开展家庭阅读、亲子阅读活动，鼓励学校开展阅读指导、开设必要的阅读课程、开展多种形式的校园阅读活动，进一步保障农村留守儿童、城市流动儿童、贫困家庭儿童的基本阅读需求。其次，需要重视老年阅读。第七次人口普查的数据显示，我国60岁及以上人口为2.64亿人，占总人口的18.7%。我国老年人口众多，老年人群已成为阅读人群的主体之一。在推动老年阅读方面，需要为老年人提供更有针对性、实用性、可读性的优秀读物，完善老年人阅读设施和阅读服务。此外，还需要切实保障困难群体阅读，建立和完善对困难群体的阅读帮扶机制，为困难群体提供阅读保障。

四是推动全民阅读研究。全民阅读是一项关乎国家发展、社会进步、民族复兴的宏伟事业，也是一项立足长远、面向未来的文化工程。深入推动全民阅读，不仅需要从体制机制、政策法规上提供保障，也需要从阅读研究方面提供智力支持。从长远看，既需要加强阅读理论、阅读方法、阅读推广、阅读服务等方面的研究，也需要加强阅读立法、阅读政策、阅读评价等方面的研究，还需要拓展对国外阅读状况的研究，借鉴他们有益的经验和做法。为此，需要健全阅读研究机构，建立全民阅读智库，培育一支高水平的全民阅读研究队伍，为深入开展全民阅读打下深厚基础。

为老年阅读创造更好的条件 *

　　随着全民阅读的深入开展，老年阅读日益受到社会的重视和关注。为了满足老年人精神文化需求，中国老龄协会会同新闻出版等部门，自 2014 年起组织"向全国老年人推荐优秀出版物活动"，已连续举办了 8 年。2021 年，全国老龄办、中国老龄协会、中国出版协会联合开展了"向全国老年人推荐优秀出版物活动"，首次将推荐目录由往届的 50 余种提升至 100 种，力求将更多的优秀出版物奉献给老年读者。这一举措，受到老年读者的欢迎和肯定，也得到了出版界的响应和支持。

一、为什么要重视老年阅读

　　一是老年人口众多。根据 2020 年第七次人口普查数据，我

---

　　* 本文原载于《新阅读》2022 年第 5 期。

国 60 岁及以上人口为 2.64 亿人，占总人口的 18.7%。其中，65 岁及以上人口为 1.91 亿人，占总人口的 13.5%。老年人群已成为阅读人群的主体之一。在全民阅读群体之中，"一老一少"，即老年人和少年儿童已经是两个重要的阅读群体。

二是老年人有强烈的阅读需求。西汉文学家、经学家刘向曾经谈道："少而好学，如日出之阳；壮而好学，如日中之光；老而好学，如炳烛之明。"在刘向看来，人的一生，学无迟暮。无论少年、壮年，还是老年，读书学习，各有风景，不分早晚，何谈迟暮？多数老年人退休以后，生活方式、社会交往都发生了相应变化，工作的压力小了，休闲的时间多了，对精神文化的需求更迫切，对阅读的需求更强烈。

三是老年阅读意义重大。加强老年阅读，是积极应对老龄化社会的重要举措。积极应对我国人口老龄化，事关国家发展全局，事关亿万百姓福祉，事关社会和谐稳定，对于全面建设社会主义现代化国家具有重要意义。做好老年阅读，有利于提升广大老年人的获得感、幸福感，在实现老有所养、老有所为的同时，也同样实现老有所学、老有所乐，让老年人安享幸福晚年。

二、老年阅读服务有哪些不足

从整体上看，目前在老年阅读服务方面还存在以下四个方面的不足。

一是阅读需求还没有得到有效满足。老年阅读与一般的成年人阅读有许多相同之处，也有更多不同之处。老年人的阅读兴趣更为广泛，阅读需求更加分众化、多样化，老年人更为关注身心健康和精神文化生活。现在真正能够满足老年人阅读需求的读物还不够多，种类不丰富。特别是在阅读内容方面，有关退休生活指引、健康养生、心理指导、老年人再教育、老年人再就业、老年人精神文化生活的读物数量偏少，优质阅读内容还很缺乏。

二是数字化阅读还有较大差距。为老年人开发的数字阅读产品较少，一般智能手机和阅读终端上专门适合老年人的听书、看书的设备和 APP 还比较少。老年人在数字产品使用和阅读方面，还有不小的数字鸿沟。

三是老年人阅读服务还不到位。在公共文化服务体系建设中，考虑老年人的阅读需求不够，老年阅读友好性不强。社区老年人阅读活动空间少，一些公共阅读空间和图书馆在方便老年人借阅和阅读方面没有提供更多的方便条件。在阅读方面，大字号的读物相对较少。

四是老年人阅读参与度不高。在阅读推广方面，专门针对老年人的阅读活动还不多，老年人共读、共享不够，对老年人的阅读指导和服务需要加强。

三、怎样深入推动老年阅读

深入推动老年阅读，是深入开展全民阅读的必然要求，需要社会各方面的支持，为老年阅读创造更好的条件。

一是为老年人提供更多优秀读物。一方面要丰富老年读物的载体、品种和数量，鼓励图书、期刊、报纸等新闻出版单位推出更多服务老年人阅读需求的图书、文章和栏目，鼓励数字出版单位开发更多方便老年人操作使用的数字阅读产品和多媒体读物。每年向全国老年人推荐优秀出版物，不仅要扩大数量，还要由图书扩大到期刊和数字出版物。向老年人推荐的优秀读物，要加大宣传力度，扩大影响力，使广大老年朋友知晓选用。另一方面，出版单位要深入了解当代老年人生活心理需求、健康养生需求、情感交流需求、文化娱乐需求和再教育再就业需求，了解老年人的阅读习惯和阅读倾向，加强老年读物出版的针对性、实用性和可读性，提高老年读物的出版质量，提供更多优质的阅读内容。

二是完善老年人阅读设施和服务。在城乡建设和公共文化服务体系建设中，要将老年人阅读纳入整体规划，支持街道社区积极为老年人提供更多阅读空间，鼓励和支持社会力量参与老年人阅读服务。社区书屋、农家书屋和职工书屋，以及养老院、养老驿站，要配备专门的老龄书架。社会各图书馆等公共阅读空间，要专设老年人借阅通道，提供老年人阅读设备，做好老年人阅读服务。在出版方面，增加大字号读物，以方便老年人阅读。在图书市场分类和销售方面，增加老年读物子目，以方便老年人购买。

三是加强老年人阅读推广。要把老年人阅读纳入全民阅读活动，统一规划，一起部署。在全民阅读活动中增设专门的老龄阅读，培养一支热心公益的老年阅读推广人队伍。鼓励和支持教师、学生、新闻出版工作者、离退休人员等作为志愿者加入老龄阅读推广人队伍，组织开展面向老年读者群体的专业阅读辅导和推广服务。在城市和农村社区组织老龄读书会，开展各种形式的老年人阅读活动，引导更多老年人参与阅读活动。

四是加大老年读物的政策支持。为了向老年人提供更多的阅读资源，鼓励图书、期刊、数字出版单位出版更多适合老年人的优秀读物，建议在出版基金、评奖推优方面加大对老年读物的支持力度，在书号、刊号等资源配置上向老年读物倾斜。为了深入了解老年人的阅读需求，应支持鼓励社会研究机构设立老年阅读专项科研项目，进行老年人阅读状况调查，提出深入促进老年阅读的政策建议。

积极彰显中国式现代化中的文化力量 *

  党的二十大报告对中国式现代化的基本特征和本质要求作了高度概括和深刻阐述，指出中国式现代化是物质文明和精神文明相协调的现代化，中国式现代化要求丰富人民精神世界。与此同时，党的二十大报告对建设社会主义文化强国作出了新的战略部署，提出了新的任务要求。在全面建成社会主义现代化强国，以中国式现代化全面推进中华民族伟大复兴新征程中，文化的地位更为重要，文化的力量更加彰显。

  习近平总书记指出，文化是一个国家、一个民族的灵魂。文化兴国运兴，文化强民族强。没有高度的文化自信，没有文化的繁荣兴盛，就没有中华民族伟大复兴。习近平总书记深刻阐明了文化的地位和作用。文化与国家兴盛、民族复兴息息相关。文化与中国式现代化紧密相连。可以说，文化是推进中国式现代化过

＊ 本文原载于《人民政协报》2022 年 10 月 31 日第 9 版。

程中重要而持久的力量。

当代中国特色社会主义文化，既包含了深厚的中华优秀传统文化，又包含了党领导人民创造的革命文化和社会主义先进文化。推进中国式现代化，全面建成社会主义现代化强国，须臾离不开文化力量的支撑。文化的力量不仅体现在为社会、政治、经济发展提供精神动力和智力保障等软实力方面，也体现在融入国民经济发展的硬实力方面。

文化赋予经济建设以深厚的人文价值，劳动力素质的提高、企业文化的养成、生产力水平的提升、经济竞争力的增强，都有赖于文化的力量。文化对于政治建设、社会建设、生态文明建设具有重要的引领和推动作用。以文化人、以文育人，文化具有多方面的功能。就个人而言，文化起着塑造个人人格、实现社会化的作用。就团体而言，文化起着目标、规范、意见和行为整合的作用。对于整个社会，文化起着社会整合和社会导向的作用，而价值或价值观的整合，又是其中最基本、最重要的一种功能。文化对调整和化解人与人、人与自然、人与社会的关系和矛盾，丰富人民的精神世界，提高人们的思想道德和综合素质具有重要的作用。文化以其润物细无声的力量，对推进物质文明和精神文明相协调的现代化，推进全体人民共同富裕的现代化，推进人与自然和谐共生的现代化发挥重要的支撑和保障作用。

在中华民族5000多年历史长河中，形成和发展了独具特色、博大精深的中华文化，为中华民族生生不息、繁荣发展，提供了强大的精神支撑。中华文化积淀深厚，资源丰厚，对推进中国式现代化具有独特的作用。先秦时期诸子百家的经典、历朝历代的史料文献、辉煌灿烂的文学艺术作品等，构筑起中华文化的殿堂。就出版的典籍而言，已经查明，我国古代典籍（1911 年以前）保存至今的有 20 万种。这些历代积累下来的文献和图书都是重要的文化资源，也是彰显中国文化力量的自信源泉和内容优势。

在中国式现代化的建设中，应当充分发挥优秀传统文化的作用，坚持创造性转化、创新性发展。围绕举旗帜、聚民心、育新人、兴文化、展形象的使命，深入挖掘中华优秀传统文化中蕴含的与中国式现代化建设相适应的思想观念、人文精神、道德规范。特别是要针对现代化建设中的经济建设、政治建设、文化建设、社会建设和生态文明建设，深入研究和提炼中华优秀传统文化中的核心理念、价值观念、思想精华和传统美德。在推进中国式现代化建设的过程中，我们必须也能够从中华优秀传统文化中挖掘宝贵资源，汲取丰厚滋养、增强精神支撑，提供智力保障、增添文化力量。

加快促进深度融合，推动期刊高质量发展[*]

　　近年来，中国期刊业聚焦高质量发展，在转变发展理念、提高内容质量、提升出版能力、助力一流学术期刊建设、推动数字化转型和融合发展方面都取得了新的进展。期刊业发展至今，遇到了前所未有的挑战，传统纸刊的出版发行受到严重冲击。在融合发展方面，有不少期刊单位数字化转型尚未完成，还未探索出新媒体有效的盈利模式，加快融合发展的问题仍然突出。推动期刊高质量发展，需要深入落实党的二十大精神，加强创新引领。

　　一是推动内容创新，转化四种优势。期刊融合发展，需要充分发挥期刊优势，做好四个转化。在我国出版产业中，期刊业具有数量多、体量大、品类多样、供给丰富、产业体系比较完备等特点。长期以来，特别是党的十八大以来，我国期刊在服务党和国家工作大局、推动理论创新和学术进步、促进科学研究和科技

＊ 本文原载于《中国出版》2023 年第 1 期。

加快促进深度融合，推动期刊高质量发展 /

305

创新、丰富人民精神文化生活等方面，刊载了一大批有思想价值、学术价值、文化价值和阅读价值的高质量文章。这是期刊的宝贵财富，也是期刊独特的内容优势，更是推动期刊融合发展最具价值的资源宝库。同时，期刊业多年来积蓄了产业发展的资源优势，形成了发行推广的渠道优势，汇聚了编辑出版的人才优势。历史形成的上述四种优势，即内容优势、资源优势、渠道优势和人才优势，为推动期刊业深度融合和高质量发展，打下了坚实的基础。我们必须极大地发掘和发挥自身优势，努力做好四个转化：一是推动内容优势转化为融合创新优势；二是推动资源优势转化为产业发展优势；三是推动渠道优势转化为传播优势；四是推动人才优势转化为质量优势。集聚期刊在内容、资源、渠道、人才等多方面优质资源，一体推动期刊动能转换，提高发展质量。当前，在建设一流期刊的征程中，我们更是要抓住期刊高质量发展的关键，在狠抓内容建设的同时，应着力培育"一专多能"的复合型出版融合发展人才，增强出版能力，重视内容创新，提升期刊品质，提高阅读价值，以内容优势赢得发展优势，以人才优势换来质量优势。

二是推动传播创新，满足阅读需求。推动深度融合，促进传播创新，是推动高质量发展的内在动力。随着文化产品的日益丰富、传播渠道的不断拓展，人们的阅读需求呈现分众化、差异化和多样化的趋势，迫切需要期刊业加快传播方式创新、传播渠道创新和阅读产品创新。与此同时，面对经济和技术发展带来的多重挑战，迫切需要期刊业加快媒体转型和深度融合，加速向数字化转移，向线上聚集。在推动传播创新方面，需要加强前沿科学技术的应用，特别是要强化 5G、大数据、云计算、人工智能、区块链、物联网、虚拟现实与增强现实等新技术在期刊出版领域的应用，为期刊高质量发展提供更大动能。必须适应读者阅读需求的变化和数字经济快速发展的大趋势，加强期刊数字化和网络化平台建设，促进期刊数字内容多介质、多角度延伸，推出更多为读者接受、适合网络传播的新型阅读产品，拓展期刊传播新渠道，实现实体渠道、网络传播渠道、传统电商渠道、短视频电商渠道的有机结合。

三是推动业态创新，促进做强做大。推动期刊业深度融合、转型发展，不仅仅是内容、产品、传播与技术的深度融合，还要深入推动传统出版与数字出版业务相融合的新型出版业态，推动产业发展的深度融合，全方位拓展产业融合的链条，促进产业链条上、中、下游的立体融合，一体发展。我们一方面要把传统出版与发行模式的文章做足，另一方面要积极探索网络优先出版、数据出版、增强出版、全媒体出版等新型出版模式。积极探索期刊业跨界融合，拓展期刊业服务社会的功能，推动期刊业数字出版与经济社会各领域相加相融。

为建设文化强国培养更多期刊人才 *

　　党的二十大报告明确提出，培养造就大批德才兼备的高素质人才，是国家和民族长远发展大计。期刊是人们记录、传播、保存知识和信息的主要载体之一，承担着传承文明、弘扬文化、传播知识、服务社会、推动发展的功能。全面建设社会主义现代化强国，大力推进中国式现代化，深入推动文化强国建设，促进期刊业高质量发展，需要培养一支政治素质高、业务能力强、善于创新创造的期刊人才队伍。

　　人才强则文化强，人才兴则期刊兴。期刊业作为知识和内容产业，是高素质人才聚集的行业。期刊业过去的发展靠人才支撑，期刊业未来的兴盛更要靠人才保障。期刊人才建设和培养需要立足新时代、新征程的中心任务和战略部署，紧密结合行业实际和发展实际，群策群力，系统谋划。

　＊　本文原载于《中国出版》2023 年第 5 期。

一、期刊业发展与队伍状况

目前，中国期刊业依然保持着平稳发展的态势。据统计，2021 年全国共出版期刊 10185 种，种数降低 0.07%，相比上一年基本持平。从期刊印刷发行情况看，每种期刊平均期印数 1.12 万册，总印数 20.09 亿册，总印张 118.97 亿印张，全行业营业收入 224.63 亿元。与上一年相比，两项指标略有下降，即每种平均期印数降低 0.69%，总印数降低 1.29%；另有两项指标保持增长，即总印张增长 2.21%，全行业营业收入增长 15.67%。近年来在新冠疫情等严峻挑战的大环境下，期刊业保持平稳发展的趋势，实属不易。

期刊业的发展遇到不少困难和问题，其中人才队伍建设问题尤为突出。从当前期刊单位的情况看，队伍状况出现了"双减"现象，即期刊从业人员在减少，期刊人才也在减少，人才流失问题比较突出。统计表明，2021 年期刊出版从业人员 6.18 万人，比上年的 6.33 万人下降 2.40%，减少了 1500 人，期刊从业人员总数延续了近年来持续下降的趋势。

二、期刊人才建设的紧迫性

期刊业发展要靠人才支撑。期刊人才队伍状况出现"双减"现象，突显人才建设问题的紧迫性。在期刊人才建设方面，存在以下四个方面的突出问题。

一是人才结构不适应发展要求。人才结构存在三个失衡现象。在编辑专业结构方面，从事编辑加工的一般编辑人员过剩，而高级编辑人才、新媒体人才、新技术人才、数字出版人才、运营管理人才、版权和国际贸易人才、全媒体复合型人才较少；在学科专业结构方面，单一学科人才过剩，跨学科、跨领域人才较少，复合型人才更少；在人才梯队结构方面，基础人才过剩，领军人才、骨干人才较少。

二是人才体制机制不完善。在有的部门和单位，选人用人存在体制瓶颈，尤其是学术期刊出版单位，许多是非法人的编辑部，一些主管、主办部门对所属期刊单位的人员编制、岗位设置管得过严，期刊单位缺乏用人选人自主权和话语权。有些单位在期刊人才管理方面，采用一般干部考察提任方式，忽视期刊出版专业特点，人才流动不畅，职业上升通道较窄。人才评价方面同样存在唯论文、唯职称、唯学历、唯奖项的"四唯"问题。

三是人才政策和保障措施不到位。在薪酬待遇、生活工作条件方面，相应的政策和措施滞后，一些学校和部门认为校办期刊、主办期刊不是主业，期刊编辑地位存在边缘化现象。编辑人员的薪酬待遇与科研、教学人员同等职级相比偏低。一些学术期刊和外文期刊对编辑的专业素质、学术水平、外语能力要求非常高，但是相应的薪酬待遇低。高要求与低待遇，难以留住人才，更难引进人才。

四是人才教育和培训创新不够。包括期刊在内的出版人才，教育和培训渠道较窄，不能满足人才增长需求。在学校教育方面，调查发现，出版专业本科招生总人数呈递减趋势。与此同时，随着市场环境变化和技术创新发展，融媒体、全媒体人才将成为教育培养的重点方向，但有些高校教材没有及时修订，跟不上发展的趋势和教育培训的需求。此外，鼓励和调动社会资源参与出版人才教育培训的措施还不多，国际化人才培训渠道还不宽，力度还不够。

三、期刊人才建设的重点方向

十年树木，百年树人。期刊出版人才建设需要立足长远，突出三个重点方向。

一是要面向全面建成社会主义现代化强国总体目标和战略安排。长期以来，期刊在服务党和国家工作大局，促进理论创新和学术进步，推动科学研究、科技创新、经济发展和社会进步等方面发挥了重要作用。新时代新征程，期刊的作用更加突显，期刊编辑的任务也更为艰巨。习近平总书记在党的二十大报告中指出，从现在起，中国共产党的中心任务就是团结带领全国各族人民全面建成社会主义现代化强国、实现第二个百年奋斗目标，以中国式现代化全面推进中华民族伟大复兴。期刊的使命，就是要围绕党的中心任务和总体目标这个重点，提供强大的精神动力和各方面的智力支持。完成好这一重大使命，期刊需要汇聚一大批高素质人才，做好人才支撑。

二是要面向建设社会主义文化强国的战略目标和部署要求。党的二十大报告发出了"推进文化自信自强，铸就社会主义文化新辉煌"的号召，提出了建设社会主义文化强国的目标，对文化建设作出五个方面的战略部署。期刊的任务就是要围绕建设社会主义文化强国的战略目标，担负起建设具有强大凝聚力和引领力的社会主义意识形态，培育和践行社会主义核心价值观，推出更多满足人民精神文化需求、增强人民精神力量的优秀作品，增强中华文明传播力影响力等方面的重任。完成好这一重要任务，期刊需要集聚一批高素质人才，做好人才保障。

三是要面向推动期刊业高质量发展的首要任务和本质要求。推动高质量发展是期刊业面临的首要任务。期刊业发展至今，遇到了前所未有的挑战，传统纸刊的出版发行受到严重冲击，传统的办刊模式不适应新技术、新媒体发展的要求。不少期刊单位在融合发展方面，还未探索出新媒体有效的盈利模式。推动期刊业高质量发展，需要完整、准确、全面贯彻新发展理念，进一步转变观念，加强创新引领，推动内容创新、产品创新、技术创新、传播创新、业态创新。期刊的任务就是要围绕推动高质量发展这个重点，办出更多高品质、高水平、高质量期刊，推动一流学术期刊建设，促进期刊业转型融合。完成好这一重要任务，期刊需要培育一批高素质人才，打好人才基础。

四、加强期刊人才建设的主要措施

创新之道，唯在得人。加强期刊人才培养教育，需要强化四项措施。

一是制定和完善人才发展规划。人才建设非一日之功，也非一个行业所能解决，必须发挥中国特色社会主义制度优势，做好统筹协调，加强规划引领和人才建设。国家有关行政部门，要将期刊和出版业人才总体需求和教育培训，进一步纳入国家人力资源、国家教育事业规划之中，统筹做好出版和期刊人才队伍建设。

二是创新人才体制机制。要吸引更多人才进入期刊行业，需要抓住创新体制机制这个关键，给期刊单位更多选人用人自主权。期刊主管主办单位应在编制、职称、薪酬管理等方面向期刊单位适度倾斜，进一步畅通期刊人才特别是青年人才职业上升和事业发展通道。期刊单位要深化内部改革，改变人才评价"四唯"现象，建立健全以创新能力、质量、实效、贡献为导向的出版人才评价体系。同时，要改进、完善人才政策和措施，深化出版职称制度改革。在薪酬待遇、岗位设置、工作生活等方面提供良好条件，使人才干事有劲头，创业有奔头，发展有前途。

三是优化人才结构布局。期刊人才的培养，需要紧跟时代步伐，适应事业发展、技术进步、产业转型的要求，增强针对性、前瞻性，逐步解决人才结构失衡问题，补上人才需求短板。从当前看，亟须培养和引进新媒体人才、新技术人才、数字出版人才、运营管理人才、版权与国际贸易人才、全媒体复合型人才；从长远发展看，需要重点培养一批精通编辑出版业务、具备较高理论学术素养、具有宽广国际视野的期刊英才，培养造就一批期刊领域名家大师。

四是加强人才教育培训。高校仍然是出版人才教育培养的主体，需要加快出版学科建设，加大在出版人才教育培养方面的师资和经费投入，及时修订出版教材，培养更多出版专业人才。同时，还需要建立多元教育培养体系，打通专业和领域限制，鼓励和调动行业协会、社会机构参与出版人才教育培训，建设更多培养人才的平台。在期刊国际化人才培养方面，要进一步鼓励"走出去"和引进来，加强对外交流与合作，拓展与国际同行教育培训的广度和深度。

事业因人才而兴，人才因事业而聚。建设社会主义文化强国，推动期刊业繁荣兴盛，需要一大批人才，也必将造就一大批人才。让我们共同努力，为培养更多期刊人才作出积极的贡献！

推动科普阅读，提高科学素质 *

党的二十大报告明确提出，加强国家科普能力建设，深化全民阅读活动，深刻指出了科普工作在全面建设社会主义现代化国家中的重要意义。近年来，国家大力推进全民阅读，推动科普工作，科普阅读的地位与作用越发显著。《中国科普统计（2021年版）》显示，2020年，全国共发行科技类报纸1.58亿份，出版科普图书9853.60万册，发行科普期刊271种、1.31亿份（册），广播电台播出科普（技）节目12.83万小时，电视台播出科普（技）节目16.46万小时，共建设科普网站2732个、科普类微博3282个、科普类微信公众号8632个，科普传播载体、形式和渠道更加丰富，覆盖面进一步扩大，社会影响力得到提升。各类科普读物及媒体的涌现，在丰富群众精神文化需求、提高全民科学素质、促进我国社会发展等方面发挥了重要作用。

＊ 本文原载于《新阅读》2023年第7期。

　　为鼓励更多期刊推出优秀科普作品，推进全民阅读深入开展，中国期刊协会和中国科普作家协会于今年 2 月共同开展了"期刊科普原创好作品"推荐活动。经专家组多轮评审，最终共有 44 篇（组）文章从近 500 篇（组）申报作品中脱颖而出，成功入选。此次入选文章是好中选好，优中选优，是对期刊科普原创内容出版的一次全新检阅，呈现出四个特点。

　　一是导向正确，主题鲜明。在作品选题立意方面，通过倡导和传播科学方法、科学思想，大力弘扬科学精神，增强实现中华民族伟大复兴的精神力量。如《新民周刊》在"中国天眼"正式向全球开放之际，策划《开天眼》封面报道，在丰富读者天文学知识的同时，更激发了读者的民族自豪感。《课堂内外（初中版）》策划的《地理看党史：长征路上的烽火地标》邀请地理学专业的科普作者，从地理学科普角度带领读者重新探索中国共产党伟大的长征之路，引导读者回顾百年奋斗史，传承红色基因。

　　二是聚焦科技前沿，服务科技创新。在此次入选的作品当中，绝大多数为科技工作者原创佳作，有的围绕航空航天、信息技术、深海探测、"双碳"目标等前沿科技领域开展主题策划，邀约科研团队院士、专家撰写。如《科学画报》推出的《为银河系中心黑洞拍照》，《科学大众》推出的《长江，你从哪里来》，《百科知识》推出的《光刻机——信息时代的制造之王》等。

　　三是满足群众阅读需要，面向人民生命健康。这次推出了一批人民群众关切的日常生活与生命健康的科普作品，如《中华骨与关节外科杂志》推出的《科学跑步不伤膝》，《大众医学》推出的《关于肺结节的 15 个真相》,《中华实用儿科临床杂志》推出的《儿童发热健康教育 30 问》等作品。

四是题材丰富,风格多样。此次入选作品涉及多个学科和领域,文章有深度、有温度、有品质、有创新,配图设计美观,体现出科学性、通俗性与艺术性的结合。如《森林与人类》的特别策划《中国天坑:喀斯特"青春之歌"》系列文章,采用了作者在科学探险过程中的摄影作品,画面震撼而珍贵,兼具科学价值与欣赏价值。

"期刊科普原创好作品"推荐活动,得到了期刊界的积极响应和科普作家的热情支持,在社会上产生了引领作用。科普期刊出版工作和科普阅读推广活动还需要不断完善。

一是要增强新时代科普阅读推广的使命感、责任感。习近平总书记指出,科技创新、科学普及是实现创新发展的两翼,要把科学普及放在与科技创新同等重要的位置。要深刻理解科普阅读在国家科普能力建设中的重大意义,在办刊的过程中,既要着眼于科学和技术知识的普及,提升人民群众应用科学知识解决实际问题的能力,也要更加重视科普阅读,大力营造讲科学、爱科学的阅读氛围,全面提高全民科学素质和社会文明程度。

二是要提升科普原创能力,打造内容精品。要坚持面向世界科技前沿、面向经济主战场、面向国家重大需求、面向人民生命健康,依托优势资源,着力推出一批内容准确、有阅读价值、公众喜闻乐见的优秀期刊科普作品。同时,还要加大对优秀科普作品的推广力度,鼓励更多科学家和科普作家发表科普文章和著作,对推出高质量、高品质科普文章和科普著作的出版单位和编辑给予奖励，持续提升科普作品原创能力。

三是聚焦科普阅读的重点。在科普阅读方面，要突出抓好两个重点：一是抓好青少年读者。科学知识要从小抓起，打好基础。二是抓好新媒体传播平台。目前，网络和手机已经成为人们获取科学知识的重要渠道和阅读方式之一，网络、手机传播的各种知识鱼龙混杂，有的甚至严重误导读者。要把传统媒体，包括图书、报纸、期刊的科普知识资源利用起来，加大科普知识权威发布和推送力度。